网络营销与直播电商专业系列教材

数字化营销渠道运维

主　编◎邱　阳　黄金亮

副主编◎余　苗　陈子诣　王　珏　贾亚黎　宋国臣

电子工业出版社·
Publishing House of Electronics Industry
北京·BEIJING

内 容 简 介

本教材紧扣高职院校的人才培养目标和课程教学要求，在打造产教融合联合体的背景下，遵循渠道管理的客观规律，采用层层递进的方式，融入典型应用范例与企业实例，以任务驱动，阐述数字化营销渠道拓展、数字化营销渠道策划、数字化营销渠道建设、数字化营销渠道闭环构建 4 个方面的方法和技巧。本教材具有应用性、针对性、可操作性，旨在培养学生的数字化营销渠道运维能力，有效提升学生开拓、维系和绩效考核营销渠道的数字化分析能力。

本教材内容循序渐进、通俗易懂、图文并茂、可操作性强，符合高职学生的认知特点。本教材的主要内容包括数字化营销渠道的发展历史、数字化营销渠道的构成三要素、数字化营销渠道流量拓展、数字化营销渠道"六双"运营体系、数字化营销渠道建设、数字化营销渠道构建、绘制数字化全景图、数字化营销渠道闭环构建。本教材既可作为高职院校和其他大专院校电子商务类专业的教材，也可作为市场营销、经济管理类专业技术人员的自学和培训用书，还可作为渠道管理人员进行数字化变革的参考书。

未经许可，不得以任何方式复制或抄袭本书之部分或全部内容。
版权所有，侵权必究。

图书在版编目（CIP）数据

数字化营销渠道运维 / 邱阳，黄金亮主编． —— 北京：
电子工业出版社，2025．5．—— ISBN 978-7-121-50155-5
Ⅰ．F713.365.2
中国国家版本馆 CIP 数据核字第 20255JW861 号

责任编辑：刘　洁
印　　刷：中煤（北京）印务有限公司
装　　订：中煤（北京）印务有限公司
出版发行：电子工业出版社
　　　　　北京市海淀区万寿路 173 信箱　　邮编：100036
开　　本：787×980　1/16　印张：15　字数：384 千字
版　　次：2025 年 5 月第 1 版
印　　次：2025 年 5 月第 1 次印刷
定　　价：54.80 元

凡所购买电子工业出版社图书有缺损问题，请向购买书店调换。若书店售缺，请与本社发行部联系，联系及邮购电话：（010）88254888，88258888。

质量投诉请发邮件至 zlts@phei.com.cn，盗版侵权举报请发邮件至 dbqq@phei.com.cn。
本书咨询联系方式：（010）88254178 或 liujie@phei.com.cn。

《数字化营销渠道运维》编写委员会

主　编：邱　阳　黄金亮

副主编：余　苗　陈子诣　王　珏　贾亚黎　宋国臣

参　编：宋　磊（武汉道远商业管理咨询有限公司）

　　　　童海君（台州职业技术学院）

　　　　俞洋洋（襄阳职业技术学院）

　　　　许明星（安徽财贸职业学院）

　　　　陈小芳（安徽财贸职业学院）

　　　　余正伟（绍兴技师学院）

　　　　余　海（上海信息技术学校）

　　　　乔　涛（义乌市臻径职业技能培训学校有限公司）

前　言

　　党的二十大报告指出，要加快建设网络强国、数字中国。企业数字化的重中之重是营销渠道数字化。电子商务的发展对实体经济造成了一定的冲击，新媒体营销、直播带货、社交电商等新业态不断涌现。要想构建线上、线下融合的营销渠道系统，进行营销渠道数字化变革，企业迫切需要大量懂营销、懂电商的人才。

　　编写委员会受全国直播电商职业教育集团的委托，组建课程设计团队，编写 2023 版《全国网络营销与直播电商》专业标准中的《营销渠道运维》。在"互联网+"背景下，原有的营销渠道面临各种新业态的冲击，市面上鲜有详细介绍数字化营销渠道的书籍，因而课程设计团队开始收集各媒体平台中关于数字化营销渠道的资料。

　　本教材紧扣高职院校的人才培养目标和课程教学要求，采用产教融合的形式，重构理论与实践知识体系，融入典型应用范例与企业实例，以任务驱动，阐述数字化营销渠道拓展、数字化营销渠道策划、数字化营销渠道建设、数字化营销渠道闭环构建 4 个方面的方法和技巧。本教材具有应用性、针对性、可操作性，旨在培养学生的数字化营销渠道运维能力，有效提升学生开拓、维系和绩效考核营销渠道的数字化分析能力。

　　本教材内容循序渐进、通俗易懂、图文并茂、可操作性强，符合高职学生的认知特点。本教材的主要内容包括数字化营销渠道的发展历史、数字化营销渠道的构成三要素、数字化营销渠道流量拓展、数字化营销渠道"六双"运营体系、数字化营销渠道建设、数字化营销渠道构建、绘制数字化全景图、数字化营销渠道闭环构建。

　　本教材由邱阳和黄金亮担任主编，由余苗、陈子诣、王珏、贾亚黎、宋国臣担任副主编。第一章由邱阳编写，第二章、第三章由黄金亮编写，第四章由宋国臣编写，第五章由陈子诣编写，第六章由王珏编写，第七章由贾亚黎编写，第八章由余苗编写。此外，宋磊为本教材提供了大量案例，童海君对本教材中的图片进行了编审，俞洋洋、许明星参与了本教材的题库建设，陈小芳、余正伟、余海、乔涛参与了本教材的在线课程设计和资料整理工作。特别感谢张琼方和王哲娴同学收集大量案例和实训素材，协助完善题库。

本书是义乌工商职业技术学院国际经济与贸易专业第三批国家级职业教育教师创新团队建设项目（教师函〔2023〕9号）的研究成果。

本教材既可作为高职院校和其他大专院校电子商务类专业的教材，也可作为市场营销、经济管理类专业技术人员的自学和培训用书，还可作为渠道管理人员进行数字化变革的参考书。有需要的读者可以向369394258@qq.com发送电子邮件索取本教材的配套资料。

编写委员会
2025 年 3 月

目 录

第一章　数字化营销渠道的发展历史 …………… 001

【知识目标】………………………………………… 002
【能力目标】………………………………………… 002
【素养目标】………………………………………… 002
【思维导图】………………………………………… 002
【引导案例】………………………………………… 002

1.1 数字化营销渠道的概念 ………………………… 004
 1.1.1 数字化营销渠道的定义 ……………… 004
 1.1.2 F2B2b2C模式的运营流程 …………… 005
 1.1.3 F2B2b2C模式的两个阶段 …………… 005

1.2 数字化营销渠道的发展 ………………………… 008
 1.2.1 合理选择数字化主战场 ……………… 008
 1.2.2 数字化的三大战场 …………………… 009
 1.2.3 平台主导数字化的第一个战场 ……… 010
 1.2.4 传统行业的龙头企业主导数字化的
    第二个战场 …………………………… 013
 1.2.5 零售巨头主导数字化的第三个战场 … 015
 1.2.6 渠道数字化发展的未来 ……………… 017

职业技能训练 ………………………………………… 020

第二章　数字化营销渠道的构成三要素 …………… 023

【知识目标】………………………………………………………… 024
【能力目标】………………………………………………………… 024
【素养目标】………………………………………………………… 024
【思维导图】………………………………………………………… 024
【引导案例】………………………………………………………… 025

2.1 数字化营销渠道的构成三要素之场景体验 ……………… 026
    2.1.1 场景体验营销，认知"返祖" ………………………… 027
    2.1.2 场景体验是起手式 ……………………………………… 031
    2.1.3 场景体验是可以设计的 ………………………………… 035

2.2 数字化营销渠道的构成三要素之KOC …………………… 036
    2.2.1 社群营销是商业主流 …………………………………… 037
    2.2.2 社群商业模式 …………………………………………… 038
    2.2.3 三大流量互通，社群增强连接 ………………………… 041
    2.2.4 建立"双客群"和"双货架"，
          社群是"连接器" ……………………………………… 047
    2.2.5 没有KOC，就没有社群 ……………………………… 051

2.3 数字化营销渠道的构成三要素之云店 ……………………… 051
    2.3.1 "商店"与"店商"的区别和联系 …………………… 052
    2.3.2 新店商创造新增量 ……………………………………… 053
    2.3.3 从"地段流量"到"本地流量池" …………………… 056
    2.3.4 新店商"脸谱" ………………………………………… 058
    2.3.5 品牌商运营新店商 ……………………………………… 060

职业技能训练 ……………………………………………………… 060

目 录

第三章 数字化营销渠道流量拓展 … 063

【知识目标】… 064
【能力目标】… 064
【素养目标】… 064
【思维导图】… 064
【引导案例】… 065

3.1 新媒体营销传播矩阵 … 066
　3.1.1 商业认知的3种认知生态：口碑、品牌、IP … 067
　3.1.2 传播品牌落幕，渠道品牌登场 … 068
　3.1.3 KOL是媒体，KOC是渠道 … 072
　3.1.4 品牌与IP … 075
　3.1.5 品牌退场，IP崛起 … 078

3.2 渠道直播 … 081
　3.2.1 3类直播，3种商业模式 … 082
　3.2.2 只有与消费者站在统一战线，才能海量带货 … 084
　3.2.3 网红经营好产品，品牌商经营好网红 … 088
　3.2.4 网红直播退潮，品牌商"店播"、渠道"闪播"兴起 … 089

3.3 社区社群 … 092
　3.3.1 社区社群，传统商业唱主角 … 092
　3.3.2 社群营销连接3个最小商业单元 … 095

3.4 互联网深度分销 … 097
　3.4.1 从人海战术到"精准爆破" … 097
　3.4.2 互联网深度分销"三链叠加"：人链、数字链、社群链 … 099
　3.4.3 互联网全程渗透深度分销：招商、铺货、动销、推广 … 102

职业技能训练 … 106

数字化营销渠道运维

第四章　数字化营销渠道"六双"运营体系 …… 109

【知识目标】……110
【能力目标】……110
【素养目标】……110
【思维导图】……110
【引导案例】……111

4.1 数字化营销渠道"六双"运营体系概述 ……112
- 4.1.1 数字化落地实操模型 ……112
- 4.1.2 数字化营销渠道"六双"运营体系的设计原则 ……114
- 4.1.3 数字化营销渠道"六双"运营体系的保障 ……115

4.2 "双路径":"长路径触达+短路径运营" ……116
- 4.2.1 获取亿级用户的关键 ……116
- 4.2.2 长路径触达,成倍扩大用户规模 ……117
- 4.2.3 短路径运营,流量入口决定利益分配 ……118
- 4.2.4 "百万终端、千万触点、亿级用户" ……118

4.3 "双私域":"品牌商私域+零售商私域" ……120
- 4.3.1 公域和私域互补机制 ……120
- 4.3.2 让用户成为忠诚的私域 ……121
- 4.3.3 "双私域"的流量来源 ……122
- 4.3.4 运营"双私域"的条件 ……123
- 4.3.5 "双私域"的用户激活 ……124

4.4 "双场景":"线下场景+线上场景" ……126
- 4.4.1 三大交易场景的颠覆性创新 ……127
- 4.4.2 "'双场景'+三度空间" ……128
- 4.4.3 "双场景"新店商解商店之困 ……130
- 4.4.4 抓住零售店的机遇 ……131
- 4.4.5 线下做透一个店,线上打爆一个县 ……131

4.5 "双货架":"线下货架+线上货架" ……132
- 4.5.1 "双货架"是一场商业革命 ……133
- 4.5.2 小型零售店用"双货架"做大生意 ……134

4.6 "双交付"："线下交付+线上交付" …………………… 136
  4.6.1 2B交付与2C交付 ………………………… 136
  4.6.2 从分级配送到直达用户 ………………… 138
4.7 "双中台"："前方中台+后方中台" …………………… 139
  4.7.1 总部中台和区域中台 …………………… 140
  4.7.2 谁来充当中台的角色 …………………… 140
职业技能训练 …………………………………………… 141

第五章　数字化营销渠道建设 …………………… 143

【知识目标】 ……………………………………………… 144
【能力目标】 ……………………………………………… 144
【素养目标】 ……………………………………………… 144
【思维导图】 ……………………………………………… 144
【引导案例】 ……………………………………………… 145
5.1 数字化营销渠道的主体 ………………………………… 146
  5.1.1 主战场的"主战队" ……………………… 146
  5.1.2 "双中台"的"双主角" ………………… 147
  5.1.3 高层转型在认知，基层转型在习惯，
     关键在模式 ………………………………… 148
5.2 经销商站在数字化第一线 ……………………………… 149
  5.2.1 渠道7级常数 ……………………………… 150
  5.2.2 新时代经销商的职能 …………………… 152
5.3 数字化怎样实现模式化复制 …………………………… 153
  5.3.1 试错 ………………………………………… 153
  5.3.2 试对 ………………………………………… 155
  5.3.3 模式化复制 ………………………………… 156
  5.3.4 复制速度与模式壁垒 …………………… 157
职业技能训练 …………………………………………… 160

第六章　数字化营销渠道构建 163

【知识目标】...... 164
【能力目标】...... 164
【素养目标】...... 164
【思维导图】...... 164
【引导案例】...... 165

6.1 最小经营单元管理 166
6.1.1 渠道的最小经营单元就是"最小根据地" 166
6.1.2 单店社群是最佳操作抓手 168
6.1.3 模式化复制：轰动策略和滚动策略 169

6.2 BC一体化触达 169
6.2.1 触达、连接用户的4个关键步骤 170
6.2.2 让数字化效果倍增的隐性连接 172

6.3 高频激活用户与用户黏性 172
6.3.1 用户没有被激活，就会"沉底" 173
6.3.2 用户激活手段 174
6.3.3 保持用户黏性的3个关键因素 175

6.4 增加用户密度 176
6.4.1 先增加用户密度，再扩大用户规模 176
6.4.2 用户密度阈值——华为的市场占有率"生死线" 177
6.4.3 用户连接：有节奏的3轮用户激活 178
6.4.4 社区用户密度从何而来 179

6.5 产生有感增量 180
6.5.1 只有产生有感增量，b端才会认同 180
6.5.2 数字化为什么能产生有感增量 181

职业技能训练 185

第七章 绘制数字化全景图 ……………………………………… 187

【知识目标】………………………………………………… 188
【能力目标】………………………………………………… 188
【素养目标】………………………………………………… 188
【思维导图】………………………………………………… 188
【引导案例】………………………………………………… 189

7.1 数字经济与数字化战略 ………………………………… 190
7.1.1 数字经济 ………………………………………… 190
7.1.2 数字化战略 ……………………………………… 191

7.2 信息化与数字化 ………………………………………… 193
7.2.1 信息化与数字化的基础要素 …………………… 193
7.2.2 信息化与数字化的关系 ………………………… 194

7.3 企业数字化转型行进路线 ……………………………… 195
7.3.1 基本原则与行进路线 …………………………… 195
7.3.2 项目推进 ………………………………………… 196
7.3.3 企业数字化全景图 ……………………………… 199

7.4 始于C端、终于C端的数字化闭环 …………………… 200
7.4.1 数字化微闭环、数字化小闭环、数字化大闭环 … 202
7.4.2 数字化闭环的必备环节 ………………………… 204
7.4.3 数字化闭环缺失的代价 ………………………… 204

职业技能训练 …………………………………………………… 206

数字化营销渠道运维

第八章　数字化营销渠道闭环构建 …………… 207

【知识目标】……………………………………………………… 208
【能力目标】……………………………………………………… 208
【素养目标】……………………………………………………… 208
【思维导图】……………………………………………………… 208
【引导案例】……………………………………………………… 208

8.1 数字化微闭环 …………………………………………… 211
8.1.1 数字化微闭环的3个特点 ………………………… 211
8.1.2 "快时尚"数字化产品研发 ……………………… 212

8.2 数字化小闭环 …………………………………………… 213
8.2.1 产品画像与用户画像的数字化匹配 ……………… 214
8.2.2 短路径运营 ………………………………………… 214
8.2.3 用户直达 …………………………………………… 214

8.3 数字化大闭环 …………………………………………… 215
8.3.1 数字化新经营生态 ………………………………… 215
8.3.2 以闭环思维把握数字经济发展新航向 …………… 215
8.3.3 打造可持续发展的数字化闭环供应链 …………… 218

职业技能训练 …………………………………………………… 222

参考文献 ……………………………………………… 224

第一章
数字化营销渠道的发展历史

数字化营销渠道运维

【知识目标】

- 了解数字化营销渠道的概念；
- 掌握F2B2b2C模式的运营流程；
- 了解数字化的三大战场。

【能力目标】

- 能理解F2B2b2C模式的两个阶段；
- 能结合企业实际选择合适的数字化战略；
- 能结合企业实际选择合适的数字化技术。

【素养目标】

- 培养学生的数字化思维和能力；
- 引导学生践行社会主义核心价值观；
- 培养学生的团队精神和职业道德。

【思维导图】

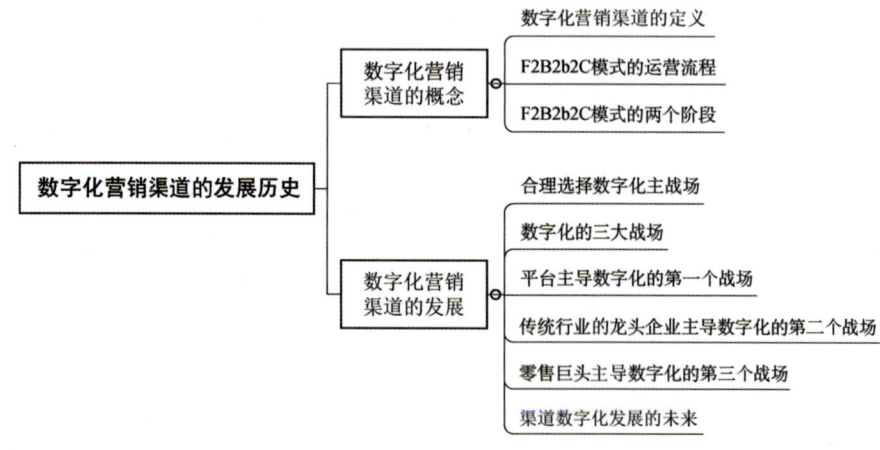

【引导案例】

对营销而言，实践往往先于理论。一些企业也许没有使用"数字化营销渠道"这个名词，但已然在现实中践行数字化战略。企业的类型有很多种，既有新兴的互联网企业（如小米），也有传统

第一章 数字化营销渠道的发展历史

企业（如格力、美的等）。

小米是靠社群营销走红的，其通过社群营销模式聚集大量"米粉"，让粉丝在社群中获得参与感。信息在社群中裂变式传播，小米商城中的产品得以热销。社群成为粉丝的聚集地，粉丝涌入小米商城中购物，这条路径进一步巩固了小米的品牌实力。目前，小米正在布局小米之家，打造用户体验场景，不断加强与用户的立体连接。小米的立体连接路径是"社群→线上→线下门店"。

"线下门店＋社群＋线上"是一种巧妙的推广方式，这种推广方式将单一的线下门店融入团体环境下的立体连接体系。借助粉丝的力量，一些企业实现了商业化营销。有些粉丝甚至会自发地投入资金，为企业出谋划策，成为企业的支持者。

近几年，许多互联网企业崛起，不过只有少数互联网企业达到了亿级用户的规模，如小米。打通"社群→线上→线下门店"的路径，进行线下门店布局，是小米崛起的重要原因之一。在各大电商节当日，小米遍布全国的线下门店不打烊，消费者可以享受线上、线下同步优惠价，从而真正实现立体连接。

除了小米，西贝莜面村也通过数字化营销成功打造了全渠道新零售模式。西贝莜面村实现了线上、线下一体化运营，将口碑推广、会员制度、物流配送等与线上平台相结合，提升了消费者的购物体验和购物便捷度。作为一家传统餐饮企业，西贝莜面村通过立体连接实现了营业额翻番。

西贝莜面村的厨房是开放式厨房，体验感非常好，深受广大家长和小孩子的喜爱。基于此，西贝莜面村创造了一个新场景——亲子活动。每年有数万个家庭参与西贝莜面村的亲子活动，这些亲子活动既加深了家庭成员之间的感情，也增强了消费者与西贝莜面村之间的黏性。

在社群方面，西贝莜面村以个人微信号为主阵地，有针对性地设计亲子内容，并努力打造餐饮界的"亲子餐厅"形象，同时建立福利群，配合小程序销售产品。西贝莜面村善于利用社群，不断地为消费者谋福利，逐渐赢得了消费者的信任，增强了消费者与店铺之间的黏性。得益于较强的社群黏性，加之线下场景体验让消费者更加熟悉西贝莜面村的细致食材，西贝莜面村从餐饮经营走向了供应链经营。

线下场景体验使社群黏性更强。西贝莜面村对线上平台中的互动进行统一管理，由总部的专门团队负责，系统监测、关注各大主流线上平台，每10分钟刷新一次，和提到"西贝莜面村"的网友互动，形成了西贝莜面村线上互动的标准流程——"呼之即来"。

2018年10月，西贝莜面村上线小程序"西贝甄选"（现更名为"西贝商城"），利用线下门店流量在电商平台中销售周边产品，同时尝试拼团业务。目前，"西贝商城"首页主推3个购物频道，分别为量贩特惠、营养早餐、回购榜单，包括大米、小米等100多款产品。

【案例分析】数字化渠道营销是继全渠道营销后的又一次重大革命。传统企业和互联网企业都可以将线下门店、社群、线上作为突破口，与用户形成立体连接。例如，小米的立体连接路径是"社群→线上→线下门店"，西贝莜面村的立体连接路径是"线下门店→社群→线上"。渠道管理需要进行数字化变革，为每一个用户绘制清晰的数据画像，建立利益共享的数字化营销渠道系统。

1.1 数字化营销渠道的概念

2021年，阿里巴巴原CEO（首席执行官）指出：电商已经进入存量市场和增长平缓期。自2012年以来，电商成为主要的增量战场；2021年后，数字化增长新方式促进了数字化主战场的转换。2021年是企业寻找数字化转型方向的一年，BC一体化的渠道数字化模式F2B2b2C（厂家—经销商—零售商—用户）被越来越多的企业（特别是快消品行业的龙头企业）视为新的数字化主战场的运营模式。2022年，在确定了BC一体化的基本方向后，探索F2B2b2C模式如何实现操作模式化成为企业的主要任务。操作模式化是大规模推广F2B2b2C模式的前提。

 素养提升

新零售时代有以下两个非常明显的趋势。

（1）消费者触点正在快速发生变化。在线上，有微信、小红书、抖音等各类社交媒体触点；在线下，围绕门店里的环境、产品、服务者，有门店二维码、产品码、点单码、导购等触点。

（2）消费者接受内容的形态发生了非常大的变化。群聊、朋友圈、信息流文章、社群"种草"、短视频、直播6种形态几乎占用了消费者每天使用手机时间的90%以上。

基于上述趋势，零售企业的数字化升级诉求日益明确，那就是通过增强数字化能力，实现直接连接消费者、优化供应链、产品创新、渠道再造，进而产生增量。

1.1.1 数字化营销渠道的定义

数字化营销渠道是指用数字化工具连接用户，获取用户实时数据，从而根据数据开展企业经营活动的渠道。

数字化营销渠道有3个关键词，分别为获取用户实时数据、用数字化工具连接用户、企业经营活动。

用户实时数据除了包括交易数据，还包括使用数据（如产品的使用状态）、社交数据、内容数据，这些数据反映了用户的总体状态。企业经营活动将线上作为销售渠道，同时获取用户实时数据、洞察用户需求，改善供应链和分销链的经营环节，从用户身上获取研发产品、改善供应链、智能制造、渠道运营等所需的数据，进而改善所有经营环节，达到令用户受益的目的。

厂家连接C端的模式有以下3种：电商模式——B2C（经销商—用户），新零售或私域流量模式——F2C（厂家—用户），渠道数字化模式——F2B2b2C或F2b2C（厂家—零售商—用户）。

数字化渠道与信息化渠道的不同之处在于前者可以获取用户实时数据。随着移动互联网的普及，手机已经成为人们的"第六感觉器官"，它记录着用户的个人信息。企业只要通过手机连接用户，就可以获取用户实时数据，包括个人特征数据（如姓名、年龄、学历等）、行为数据、地址数

第一章　数字化营销渠道的发展历史

据。通过合理利用用户实时数据，并用相应的数据模型进行分析，企业能够洞察用户需求。

用数字化工具连接用户不是指与用户建立线下关系、社群关系或其他形式的关系，而是指通过技术手段（如 App、小程序等）连接用户。通过技术手段连接用户的好处是企业能够获取用户实时数据。

在获取用户实时数据、洞察用户需求后，企业就可以开展经营活动了。新零售或私域流量模式的运营流程被称为 AARR［Acquisition（获取）、Activation（激活）、Retention（留存）、Referral（推荐）］模型，它是 F2C 模式下的数字化运营流程。AARR 模型的特点是只有一个运营主体，这也是 F2C 模式的基本特点。

1.1.2　F2B2b2C 模式的运营流程

F2B2b2C 模式的运营流程为"用户触达→用户连接→用户激活→用户留存（或再激活）→增强用户黏性→用户转化"。

（1）用户触达：企业通过线上、线下的多方位触点尽可能接近用户。触点分为人、货、店 3 类。

（2）用户连接：企业通过技术手段连接用户，如用户下载企业的 App、注册企业的小程序等。F2C、B2C、b2C（零售商—用户）3 种模式下的技术连接均可视为利用 F2B2b2C 模式实现用户连接。在这些模式下，只要厂家、经销商、零售商中的任何一个运营主体连接了用户，其他两个运营主体就能共享用户资源。

（3）用户激活：用户在一定的时间窗口内完成关键行为（如登录、与平台互动、交易等）视为被激活。被激活的用户是有效用户。

（4）用户留存（或再激活）：在使用应用一段时间后继续使用应用的用户是留存用户。对于没有留存的用户，企业需要进行再激活。

（5）增强用户黏性：用户黏性是衡量用户忠诚度的重要指标。用户黏性既与用户特征有关，也与运营主体的运营能力有关。

（6）用户转化：广义的用户转化包括注册、下单、付费等，本教材中的用户转化主要是指下单、付费、完成交易。

F2B2b2C 模式的运营流程复杂，其主要特点是多主体运营。在 B2C、F2C 模式的 AARR 模型中，除了初期的面对面地推，其他环节都在线上进行。

1.1.3　F2B2b2C 模式的两个阶段

F2B2b2C 模式的运营流程可以划分为以下两个阶段。

第一个阶段是线下主导阶段。该阶段包括用户触达、用户连接、用户激活，主要依靠线下环节来推动，运营主体是零售商。

（1）用户触达：主要通过零售商与用户之间的触点来实现。没有触点，单凭技术手段，难以达到亿级用户的规模。"百万终端、千万触点、亿级用户"是F2Bb2C模式成为新的数字化主战场的运营模式的基本逻辑。

（2）用户连接：通过App、小程序等数字化工具连接用户，这是非常关键的一步。

（3）用户激活：线上、线下都有激活手段，线上激活比较被动，F2Bb2C模式倾向于线下激活，这样可以激活更多的用户。

第二个阶段是线上主导阶段。完成用户激活后，F2Bb2C模式转为以线上运营为主。该阶段包括用户留存（或再激活）、增强用户黏性、用户转化，主要由三大运营主体（厂家、经销商、零售商）通过线上运营来推动。

线下主导阶段的用户触达、用户连接、用户激活将零售商与用户在线下形成的强关系转化为线上关系。线上主导阶段的用户留存（或再激活）、增强用户黏性、用户转化利用互联网的优势，实现路径更短的用户交互。

数字化的界定特别强调消费品领域的C端，因为其需求、行为对产品销售、市场营销和整条供应链至关重要。作为渠道数字化的先锋，B2B（经销商—经销商）虽然在渠道数字化过程中起到了很大的推动作用，但是它仍然介于信息化和数字化之间。

如果没有C端数据，B端数据就是预测数据。在B2B的三大模式中，以厂家为运营主体的F2B（厂家—经销商）模式和以经销商为运营主体的B2b（经销商—零售商）模式使用的是内部管理系统，即以数字化方式表现的ERP（企业资源计划）系统。B2B模式下的第三方（如阿里零售通、京东新通路等）没有连接C端，无法产生真正的用户数据，最终转型为其他业态。用户实时数据是其他数据的源泉，其他数据是根据用户实时数据推演、计算出来的。当形成F2Bb2C模式时，B2B将内化为系统内部工具，而非独立的数字化系统。

> **典型案例**
>
> **格兰仕：BC一体化运营**
>
> 在2019年"618"大促前夕，格兰仕拒绝了某电商平台提出的"平台二选一"的无理要求。之后，该平台以技术手段（如搜索降权、屏蔽展示、减少流量等）限制格兰仕官方旗舰店和部分经销商旗舰店在该平台中的正常业务。该平台的技术封锁使格兰仕损失惨重，从格兰仕的"618"战报中可以看到，与往年相比，格兰仕在该平台中的6家店铺的销售额均大幅下滑，有的销售额甚至下滑了89%。
>
> 这个事件给缺乏商业话语权的传统家电品牌，甚至所有行业的传统品牌敲响了警钟：品牌缺乏商业话语权，必然会沦为任人宰割的鱼肉。
>
> 过去，传统品牌主要利用大众媒体，以广告、公关的形式触达用户，影响用户认知，从而打造品牌形象。随着互联网的发展，大众媒体的地位逐渐被新媒体取代，大众媒体的受众减少、影

响力下降、广告失效,新媒体的内容裂变成为新的认知模式。

与此同时,中心化平台采用直达用户的运营模式,垄断了平台流量,获得了流量分配权。传统品牌要想触达用户,必须经过平台。也就是说,在中心化平台中,商业话语权属于平台,不属于传统品牌,这相当于把传统品牌的命脉交给平台。

传统品牌通过大众媒体触达用户的能力减弱,对用户的影响力下降,加上中心化平台对流量的垄断,导致传统品牌丧失商业话语权,进而影响B端渠道,最终导致传统品牌在B端渠道和用户两方面都竹篮打水一场空。

传统品牌夺回商业话语权的关键是用户,用户在哪里,品牌就要在哪里。一旦脱离用户,传统品牌的营销就会失去灵魂。

过去,大部分"以渠道为王"的传统品牌(如白色家电品牌)非常依赖渠道的推力,它们通过渠道的推力来提高自身的影响力。一旦失去渠道的配合,传统品牌的影响力就会大幅下降。现在是"以用户为王"的时代,传统品牌在寻找用户的时候往往无从入手,不是被中心化平台垄断,就是被渠道分流,品牌想直达用户简直就是"痴人说梦"。

为了摆脱困境,格兰仕采用BC一体化运营的策略,其关键在于格兰仕是否具备连接C端、与C端交互的能力。只有把B端和C端的关系保持在同一条链路上,传统品牌才能更好地连接C端。对于像格兰仕一样的传统品牌,只有开展数字化转型,采用有助于实现BC一体化运营的数字化模式,才能通过互联网来连接C端、影响B端,从而夺回商业话语权。

1. 连接C端

数字化赋予了整个社会生态万物互联的能力,营销技术赋予了传统品牌连接C端、与C端交互的能力。在连接C端的过程中,格兰仕等传统品牌可以借助社交云店小程序的"无障碍连接"能力,搭建直达C端的桥梁。

(1)在通过社交云店小程序连接C端的过程中,格兰仕利用微信公众号、微信群、线下门店等渠道触点,借助社交云店小程序的"无障碍连接"能力,基于微信生态的去中心化属性,多渠道、多维度、全方位地连接C端。

(2)通过运营微信公众号,完成C端引流。格兰仕以微信公众号为流量入口,将其作为连接C端的窗口。微信公众号是格兰仕的最佳流量入口之一,格兰仕会定期在微信公众号中发布优惠活动,如买微波炉送剃须刀的两人拼团活动。这些优惠活动在格兰仕的社交云店小程序中完成最终的用户转化,这样一来,所有流量都被留存在格兰仕的社交云店小程序中,格兰仕可以进一步搜集用户信息。

(3)通过运营微信群,实现社群裂变。格兰仕基于社交云店小程序的卡券领取功能,在其客服窗口设置回复关键词领取福利的活动。用户在回复关键词并进入相应的社群后,可以领取指定福利(优惠券)。不仅如此,优惠券还可以变成"分享券"。用户可以通过生成海报、微信群转发、朋友圈分享等方式,把优惠券分享给朋友,邀请朋友购买产品,从而把自己的身份从老用户转化为产品分销员,并获得品牌商的奖励。通过优惠券、"分享券"等福利,格兰仕不停地为社群引流,实现社群裂变。

2. 影响B端

(1)借助于社交云店小程序。格兰仕在广告渠道、异业合作渠道、微信公众号等所有私域流量渠道中推广品牌营销活动时,都可以分享社交云店小程序的活动链接。用户可以通过相关链接在线上参加社交云店小程序的分享有礼活动,在用户领取卡券后,系统将直接引导用户打开社交云店小程序,并借助LBS(基于位置的服务)定位功能把用户引向最近的线下门店。

(2)赋能线下门店。格兰仕为每个线下门店一对一开设线上虚拟云店,用户被"种草"后,可以通过在线下门店扫码打开小程序来进入云店,从而和云店绑定。如果用户在云店中购买产品,那么相应的线下门店和代理商都会获得一定的奖励。经销商和代理商有晋升通道,可以与品牌一起成长。云店模式的经营思维是闭环思维,采用分布式布局,线下门店的店主可以邀请用户将线下门店设置为默认访问店铺,品牌流量也会根据地理位置公平地分发到店,让经销商和代理商及时尝到甜头,与品牌建立共生关系。

(3)赋能导购。导购可以在朋友圈或社群中分享专属链接,如果用户在导购的专属链接中领券并核销,导购就可以获得奖励。通过线上领券、下单和线下兑换、核销的模式,格兰仕将线上的品牌流量引向线下门店,以提高线下门店的销量,让线下门店的店主切实感受到品牌的支持,从而增强线下渠道对品牌的信心,提高线下渠道对品牌的支持度。

1.2 数字化营销渠道的发展

1.2.1 合理选择数字化主战场

近年来,一些企业内部的各个部门努力尝试新技术、新方法、新实践,以实现数字化,但效果始终不尽如人意。核心问题是数字化的规模太小,即使某个部门的数字化尝试小有所成,也不足以使整个企业实现数字化,快消品行业的龙头企业尤其如此。

在我国市场中,很多行业龙头企业的年销售额已经达到百亿元甚至千亿元。只连接百万级、千万级的用户,产生亿元级、十亿元级的线上交易,这种程度的数字化对行业龙头企业没有太大的作用。

传统企业需要在数字化转型中找到自己的主战场,即能够连接亿级用户的平台,这样才能实现全面推广和成功的数字化探索。私域流量运营的方法有很多种,如果这些方法无法与传统渠道百亿元、千亿元的年销售额相匹配,就只能被称为数字化探索,无法在企业中全面推广。因此,传统企业必须找到数字化转型的主战场。

对传统快消品企业而言，淘宝、京东等电商平台不是数字化主战场，用户规模有限的各种私域流量模式也未能发展成数字化主战场。截至2022年，我国的网络用户规模达到10.67亿人，阿里巴巴的用户数量约为13.1亿人，拼多多的用户数量约为8.819亿人。基于此，在定义数字化主战场时，我们应该将能否连接亿级用户作为主要指标。对传统企业而言，连接亿级用户是非常困难的，这是对传统企业的考验。如果无法连接亿级用户，那么数字化模式只能处于边缘地位。

在寻找数字化主战场时，企业可以从用户规模、用户活跃度、产业适配度的角度来考虑。

1.2.2　数字化的三大战场

各大平台被重视的原因是它们率先达到了亿级用户的规模，如淘宝、京东、拼多多、美团等电商平台，微信等社交平台，抖音等内容平台。

虽然一些快消品企业在全网达到千万级用户的规模，但是鲜有达到亿级用户规模的快消品企业。平台的数字化转型是数字化的第一个战场，它的主角是平台，而非企业。当平台的发展进入存量时代时，企业一定要找到新的数字化主战场，否则数字化进程刚开始就要结束。

数字化的第二个战场是传统企业的渠道数字化，具体来讲就是F2Bb2C模式。有两个概念需要特别强调：一是传统企业，二是传统企业通过传统渠道实现数字化。F2Bb2C模式可以连接亿级用户，除了传统渠道，传统企业目前没有其他方式能连接亿级用户。快消品行业龙头企业的年销售额一般在百亿元甚至千亿元左右。这些企业如果想连接亿级用户，就要有组织地利用传统渠道。数字化的第二个战场的主角是传统行业的龙头企业，因为只有它们能通过深度分销来实现对"百万终端、千万触点"的掌控，并利用"百万终端、千万触点"有组织地连接亿级用户。

数字化的第三个战场是什么？答案是零售巨头的数字化营销。只要通过F2Bb2C模式连接了亿级用户，就几乎等于把所有零售商与用户连接在了一起。当b2C模式连接的用户规模达到亿级时，新零售就实现了，而且可以匹配新制造。新制造的模式是C2F（用户—厂家）。

传统零售企业之所以陷入困境，既有客源流失的原因，也有这些企业现有的价格体系受电商平台中价格竞争的影响的原因。b2C模式将催生一个新的流量体系，并和电商平台争夺流量，它是传统零售企业数字化转型的关键。零售端现有的价格体系只能通过新型供应链来变革，所以数字化的第三个战场的主角是零售巨头，因为它们不仅能连接亿级用户，还能打造有竞争力的新型供应链。

数字化的三大战场及对应的主角、运营模式如图1-1所示。第一个战场：主角是平台，运营模式是B2C模式。第二个战场：主角是传统行业的龙头企业，运营模式是F2Bb2C模式。第三个战场：主角是零售巨头，运营模式是C2F模式。

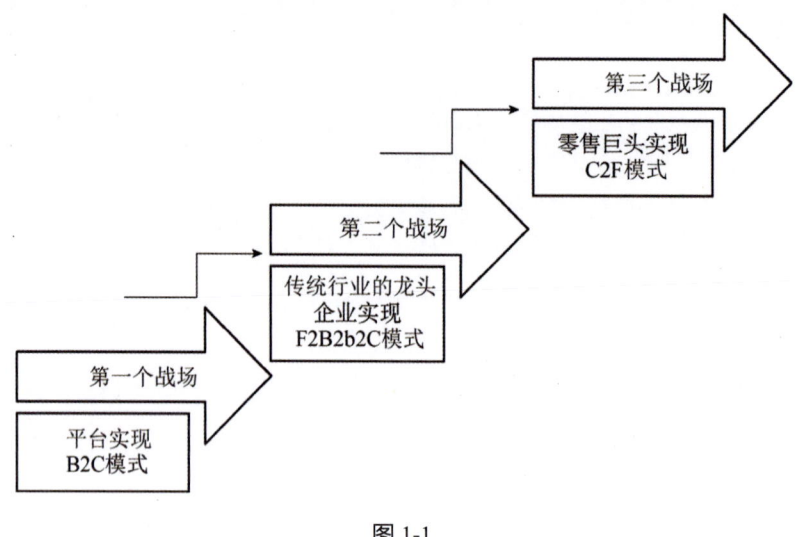

图 1-1

1.2.3 平台主导数字化的第一个战场

1. 电商市场是近年来的主要增量市场

近年来，电商市场成为主要增量市场。我们不妨对电商市场的"增速"和传统渠道的"减速"进行比较。

对快消品行业的大多数企业而言，2013 年是关键的一年。当年，我国电商零售额接近 3000 亿美元，规模超过美国，我国成为世界上最大的网络零售市场。传统企业自此面临双重挑战：一是行业销售总量（数量，而非金额）减少带来的挑战，二是电商新渠道带来的挑战。

传统营销模式是 HBG（品牌是如何增长的）模式，该模式可以用一个公式来表示：品牌增长 = 渗透率 × 想得起的人 × 买得到的人。其对应的营销动作是"大规模生产、大规模传播、大规模分销"。拜伦·夏普教授提出的这种模式在我国的应用是品牌驱动（表现为大众媒体传播）和渠道驱动（表现为深度分销）。

在传统渠道"减速"的时候，电商市场成为主要增量市场。2011—2022 年我国社会消费品零售总额、网上零售总额、网上零售占比如图 1-2 所示。

从图 1-2 中可以看出，2011 年我国网上零售总额仅占社会消费品零售总额的 4.32%，2022 年该占比达到 31%。无论是对线上有实力还是线下有实力的企业而言，这都是一个必须面对的难题。第一个战场是平台的数字化转型，主角是平台，品牌商只是配角（无论品牌商是不是行业龙头企业），依靠平台取得成功的快消品品牌往往是小众品牌，鲜有大众品牌。行业龙头企业之所以是领头羊，是因为它们在占比最高的大众品类中占了先机。从平台的角度来看，平台成了主角，这是平台的胜利；从品牌商的角度来看，行业龙头企业沦为配角，这是行业龙头企业的败笔。在这个平台"二选一"的时代，行业龙头企业也不得不"二选一"（只能在单一平台上销售自身产品）。之所以会出现这种现象，和电商的特点有关系。电商是长尾市场，克里斯·安德森在畅销书《长尾理论》中提到，电商就是"无限货架"。

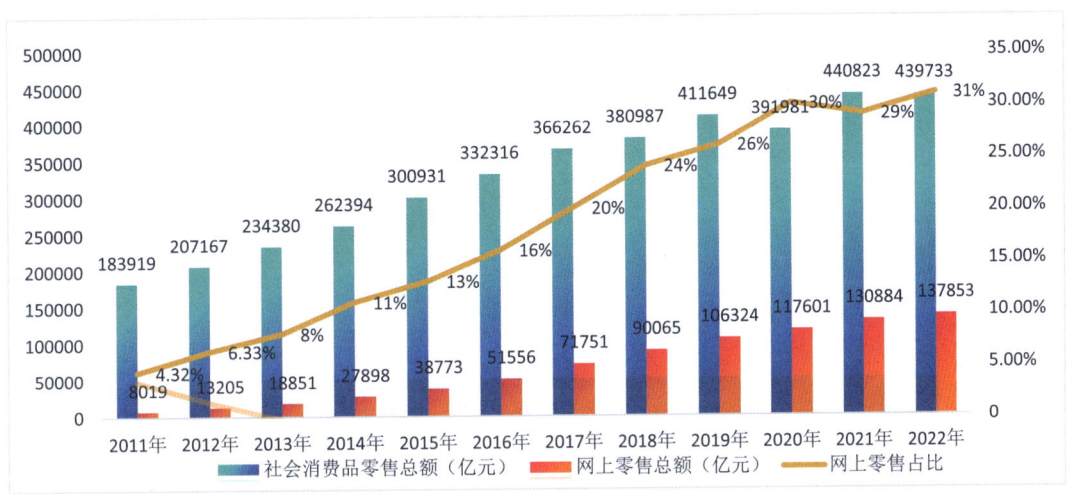

图1-2

只要货架是无限的，SKU（存货单位）就是无限的；只要SKU是无限的，商家就是无限的；只要商家是无限的，行业份额就会被无限细分；只要行业份额被无限细分，行业龙头企业所占的份额就会减小。

2. 谁的战场

不同产品、行业的线上销售份额相差较大。线上销售份额大的产品、行业包括高价值产品（如电器、家居用品等）、高附加值产品（如化妆品、服装等）和集中度较低的长尾行业（如休闲食品行业、文体行业等）。

快消品行业的特征决定了其线上销售份额不会太大。

快消品行业的特征如下：第一，快消品的消费频率较高，"快消"暗含"高频"的意思；第二，快消品消费多为即时消费，非计划消费较多；第三，大部分快消品已通过深度分销实现"无所不在、唾手可得"；第四，快消品的单位价值不高，毛利不高、价格变动空间较小。在电商的高速发展期，快消品行业的龙头企业却处于比较尴尬的境地，即使加大投资，也没有太大的收益。电商能迅速撑起快消品行业的小众品牌，却很难撑起大众品牌；电商能迅速撑起创业企业的生意，却撑不起巨头的崛起。

3. 电商市场已经进入存量市场

从网民规模、平台月活跃用户数、实物商品网上零售额占社会消费品零售总额的百分比等多项指标来看，电商市场已经进入成熟期，即存量市场。

1）网民规模和互联网普及率

从图 1-3 中可以看出，我国网民规模和互联网普及率已经进入稳定增长期，增长速度比较缓慢。

图 1-3

2）主要平台的月活跃用户数

微信、淘宝、拼多多的月活跃用户数已经进入缓慢增长期，如图 1-4 所示。

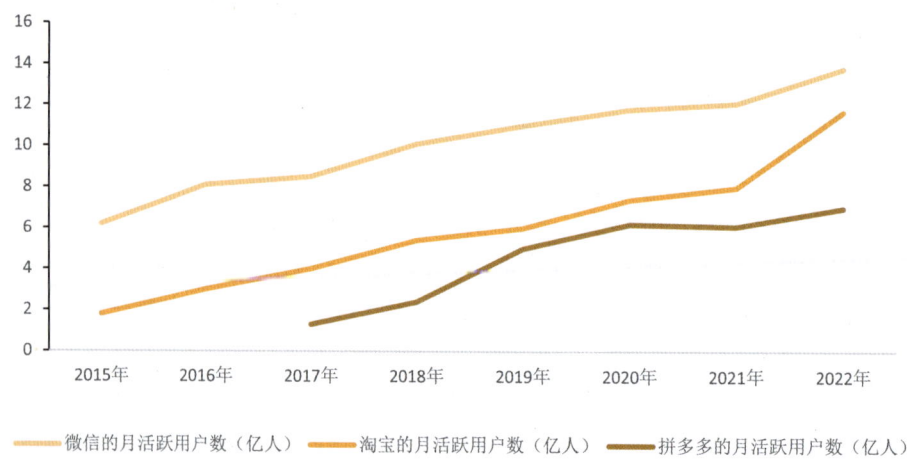

图 1-4

第一章 数字化营销渠道的发展历史

淘宝、京东率先在城市核心市场完成消费者推广，抖音、快手则在农村市场完成消费者推广。

3）实物商品网上零售额占社会消费品零售总额的百分比

2021年实物商品网上零售额占社会消费品零售总额的百分比为24.5%。2022年实物商品网上零售额为119 642亿元，占社会消费品零售总额的百分比为27.2%。电商市场之所以进入存量市场，一方面是因为电商销售场景有限，并非所有产品都适合电商销售场景；另一方面是因为用户触达方式多元化，连接用户的途径很多，互联网赋予了各类运营主体连接用户的技术能力。电商市场已经进入存量市场，这是一个很重要的论断。

如果找不到新的增量市场，企业的数字化进程就要结束了。最初，有限的平台抢占线下市场；如今，很多线下运营主体通过数字化夺回电商市场。F2C模式比B2C模式更有效、更便捷。在电商快速发展多年后的今天，如果传统企业转型面临一定的困难，那么当线上和线下融合的时候，线上企业向线下转型可能面临更多的难题。数字化需要把线上和线下整合在一起，也就是使线上和线下之间没有界限。企业必须对互联网渠道和传统渠道都有所了解。虽然计算机课程已经成为大部分大学生的必修课程，但是只有计算机专业背景的人要想弄清楚传统渠道，仍需经过一番周折。

1.2.4 传统行业的龙头企业主导数字化的第二个战场

截至2022年，大部分快消品行业龙头企业的电商销售额在整体销售额中的占比不超过12%（如蒙牛乳业2022年的电商销售额占比为8%）。这意味着平台的数字化转型无法成为传统行业龙头企业的数字化主战场。

只有当90%左右的份额归功于数字化时，传统行业的龙头企业才能真正实现全面数字化。数字化主战场需要连接亿级用户，这带来了以下3个难题：一是什么样的企业能在亿级用户规模的基础上形成新的用户连接，二是通过什么技术手段连接亿级用户，三是连接亿级用户的触点是什么。

私域流量运营是一个热点话题，它以F2C模式数字化为核心。在私域流量运营体系里，"裂变"是一个很突出的关键词。与此同时，私域流量运营面临着这样一个事实：即使裂变做得再好，活跃用户（私域流量）也不超过几百万个，触达亿级用户非常困难。私域流量运营重视裂变的主要原因是品牌商触达用户的数量有限，只能通过裂变来迅速触达用户。不过，能够迅速触达用户的产品往往属于小众品类，小众品类的特点决定了其用户规模不会太大。区别于有组织地挖掘私域流量的F2B2b2C模式，F2C模式是通过"打游击"来挖掘私域流量的。因为大部分私域流量的线下密度较小，很难在线下融合，所以只能采用F2C模式。F2C模式的私域流量规模较小、启动困难、黏性较弱，虽然技术上的操作难度较低，但是很难成为数字化的主流。需要注意的是，在私域流量运营中，用F2C模式引流存在"商业道德瑕疵"。例如，把公域流量引向私域，或者把他人的私域流量转化为自己的私域流量。通过这些方式也许能达到一定的用户规模,但达到亿级用户规模的概率不太大。

之所以第二个战场的主角是传统行业的龙头企业,是因为传统的深度分销本来就是F2B2b模式,该模式已经深入终端层面,只要往前走一步,就是F2B2b2C模式。这样,即使不进行裂变,企业也可以一次性触达大量用户。2021年11月,凯度消费者指数发布了"覆盖上亿个中国城市家庭的快速消费品企业"榜单,如图1-5所示。该榜单显示,23家快速消费品企业覆盖了超过1亿个中国城市家庭。虽然并非每一家企业都必须连接亿级用户,但是的确有许多企业能够实现这个目标,否则无法谈数字化之大、主战场之广。传统行业的龙头企业可以通过深度分销向C端拓展,有组织地经营,形成"百万终端、千万触点、亿级用户"模式。

快速消费品企业	中国城市家庭/亿个		增长率	渗透率
	截至2020年10月9日的一年	截至2021年10月8日的一年		截至2021年10月8日的一年
伊利集团	1.69	1.74	3.0%	92.5%
宝洁集团	1.68	1.72	2.5%	91.4%
蒙牛集团	1.67	1.71	2.7%	91.0%
康师傅控股	1.55	1.57	1.4%	83.4%
可口可乐	1.44	1.50	4.1%	79.8%
联合利华	1.44	1.50	4.0%	79.6%
海天味业	1.46	1.49	2.5%	79.2%
恒安集团	1.41	1.44	1.7%	76.3%
雀巢集团	1.43	1.41	-1.5%	75.0%
百事公司	1.30	1.36	5.2%	72.4%
农夫山泉	1.31	1.36	3.6%	72.2%
纳爱斯集团	1.27	1.32	3.6%	70.0%
立白集团	1.30	1.31	0.8%	69.8%
旺旺集团	1.19	1.24	4.4%	66.0%
达利食品集团	1.18	1.22	3.4%	64.9%
亿滋国际	1.24	1.22	-1.6%	64.9%
益海嘉里	1.16	1.20	3.5%	63.9%
玛氏集团	1.21	1.19	-1.2%	63.4%
双汇集团	1.19	1.17	-1.4%	62.3%
高露洁-棕榄	1.10	1.12	1.1%	59.2%
统一集团	1.09	1.11	1.9%	58.8%
华润集团	1.07	1.11	3.7%	58.8%
维达集团	0.97	1.07	9.9%	56.8%

图1-5

当然,在"百万终端"和"亿级用户"之间还有很大的差距,因此"千万触点"是非常重要的。尽管如此,一些企业仍然把希望寄托在裂变上。触点是指能够触及用户的感官,直接或间接地传达目标信息并连接用户的实体、服务或环境。对私域流量运营而言,发现一级触点是非常重要的。从亿级用户规模的角度来看,第二个战场的主角无疑是传统行业的龙头企业。只要形成F2B2b2C模式,传统行业的龙头企业就可以成为第二个战场的主角。传统的深度分销已经形成了F2B2b模式,将线下传统环节向线上迁移没有太大的问题。此外,触达亿级用户还需要"千万触点",因此"千万触点"的设计非常关键。只要设计"千万触点"的难题迎刃而解,借助传统的深度分销所形成的渠道动员力，就不难连接亿级用户。

传统行业的龙头企业一定要把渠道组织、渠道控制、渠道动员做到尽善尽美。深度分销直达终端零售店，这是我国传统营销渠道的基础。虽然深度分销模式对从根本上成就品牌逐渐失效，但是这种模式创造了许多触点，为渠道数字化提供了新的战场。用户连接（通过终端与用户建立技术连接）是"百万终端、千万触点、亿级用户"的基本逻辑。

1.2.5 零售巨头主导数字化的第三个战场

第一个战场是平台的数字化转型，第二个战场是传统企业的渠道数字化，第三个战场是零售巨头的数字化营销。

目前，零售业处于相对低谷期。零售业的特点是"创新—共生"形态，最古老的零售形式——杂货店仍然存在，各个时代的创新零售形式都能在零售业中占有一定的份额。

根据哈佛大学教授麦克奈尔的"零售循环假设"理论，新的零售形式在起步时往往处于"三低"（地位低、利润低、价格低）的状态。一旦发展起来，它们就会改进设备、增加服务，进而加收手续费，导致价格上涨，最后变成"三高"（地位高、利润高、价格高）的状态，直到新的零售形式出现。按照"零售循环假设"理论，创新的商业机构从"三低"变成"三高"，会逐渐丧失优势，当前的电商就是如此。同时，传统商业也会逐渐调整，直至新型商业与传统商业形成新的共生形态。

零售业正处于调整阶段，调整的方向有两个：一是通过b2C模式与用户建立数据连接，即零售商数字化；二是通过b2C模式获取用户实时数据，建立新型供应链b2F（零售商—厂家），获得差异化产品和定价权。

零售业主要存在两个问题：一是顾客流失，二是零售商由于没有定价权而利润不足。网络购物开辟了新的购物场景，将顾客引向了新的方向，这是不可避免的趋势，传统零售企业很难影响这种趋势。

传统零售企业通过F2B2b2C模式连接C端。在这个过程中，大店[大店有两种含义：一是体量大的零售店；二是大型连锁店，如KA（关键客户）店。此处指体量大的零售店]有能力实现b2C，小店（体量小的零售店，比较典型的小店是夫妻店）借助技术手段也能实现b2C，如通过社区团购实现B2b2C（经销商—零售商—用户）。

全链路数字化的技术路径如图1-6所示。

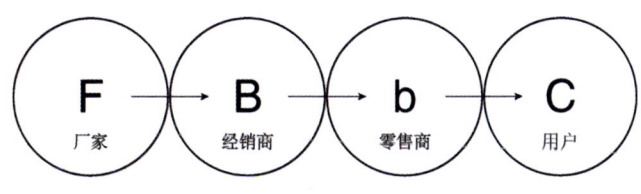

图1-6

b端与C端可以在终端完成"双场景"（线下场景和线上场景）对接，加上O2O（将线下的商务机会与互联网结合，让互联网成为线下交易的平台）模式的作用，顾客流失的情况将得到改善。

在零售业中，零售商由于没有定价权而利润不足是一个很严重的问题。长期以来，这个问题被零售业的高速发展掩盖了。一旦零售业停止高速发展，这个问题就会成为零售业的"毒瘤"。于是，一些零售企业不得不向顾客收取各种进店费，这会带来以下两个问题。

（1）把零售店的主导权和资源让渡给供应商。例如，供应商只要花钱，就能把自己的产品摆在显眼的位置，这等于把零售店的流量资源让渡给供应商。又如，供应商的导购对顾客的干扰可能损害零售商的利益。

（2）零售业的供应链主要是通用供应链，各零售店的供应商差别不大。供应链缺乏差异性，产品就缺乏差异性；产品缺乏差异性，零售商就没有定价权；零售商没有定价权，零售店的盈利能力就会减弱。

如果零售业实现了b2C，就可以建立数字化的新型供应链b2F。新型供应链的要求是"直达源头、独家好货"。"直达源头"意味着新型供应链是去中间化的。"独家好货"意味着零售商有定价权，因为产品是"独家"的，所以零售商有定价权；因为产品是"好货"，所以顾客认可零售商的定价。

传统零售盈利模式与新型供应链盈利模式的区别如图1-7所示。

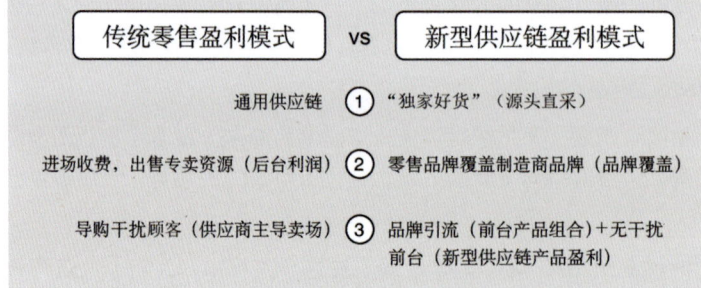

图1-7

近几年，在建立新型供应链方面表现较好的零售企业有胖东来。

胖东来率先采用"自采"的经营方式，与河南的其他3个地区经销商（洛阳大张、南阳万德隆、信阳西亚和美）合作进行"四方联采"。据一位离职的管理人员透露，胖东来的自采率很高，超出了很多人的想象。企业自己生产的产品，其毛利比借助传统供应链生产的产品高10%～15%，甚至更高。

自采指的是绕过传统供应链，建立"直达源头"的独立采购体系。自采率高意味着企业的产品与同行业其他企业的产品差异大，企业可以掌握定价权。自采带来的高毛利使胖东来员工的薪酬比同行业其他企业的员工高一倍左右，高薪酬可以激励员工发扬胖东来的服务文化。胖东来的"自采—高薪酬—服务文化"形成了自洽的闭环模式，国内一些地方性的零售企业也采用了这种模式，效果很好。

零售业的发展已经进入了"双品牌"阶段。大型零售企业本身就是零售品牌，顾客对这些零售品牌的信任会延伸到其经营的产品上，这是现代零售业的重要特点——品牌覆盖，即零售品牌覆盖制造商品牌。因此，零售企业纷纷发展自有品牌，建立有别于传统供应链的新型供应链。C2F模式不是数字化时代的专利，在信息化时代，已经有一些欧美品牌采用这种模式。2020年的数据显示，在欧美市场中，零售企业自有品牌的市场占有率达18%~45%，奥乐齐连锁超市自有品牌的市场占有率甚至高达90%。

数字化源于用户数据，企业通过数字化闭环为用户服务。企业在连接用户的过程中获取用户数据，通过新型供应链获得"独家好货"，最终为用户服务。

从零售商的角度来看，C2F模式是数字化的第三个战场的运营模式。从厂家和经销商的角度来看，该模式意味着去中间化，有损厂家和经销商的利益，因为"直达源头"意味着绕过通用供应链。

从厂家和经销商的角度来看，数字化的第一个战场和第三个战场都会造成分流。因此，厂家和经销商应该抓住数字化的第二个战场的红利，尽快占据主导地位。

1.2.6 渠道数字化发展的未来

在今后的发展中，企业的各项运营活动都要实现数字化。不过，不同企业的数字化主战场和规模不同。数字化营销专家将企业的数字化过程概括为"明定位、识战场、知疆界"。

"明定位"：明确自己是谁（是平台还是厂家、经销商、零售商）。

"识战场"：定位不同的运营主体有不同的数字化主战场，不要把过多的资源投向其他运营主体的主战场。

"知疆界"：确定在自己的主战场上能够达到的最大规模。

第一个战场的主角是平台。快消品行业的主要参与者是创业企业和小众企业，其"疆界"一般是千万元、亿元、十亿元的规模（有的企业接近百亿元的规模）。平台是创业企业的"乐园"和小众企业的"沃土"。"疆界"意味着最大规模，即"天花板"。在快消品行业中，创业企业的规模一般是几百万元，小众企业的规模一般是几十亿元。

为什么平台是创业企业的"乐园"？因为平台是公用的，它既可以减少创业企业初期的投入，也可以让创业企业快速发展壮大。

为什么平台是小众企业的"沃土"？很多企业主张市场细分，成功的企业却不多。因为末位淘汰的规则不会因为某个企业是小众企业就网开一面，所以大众渠道往往排斥小众企业。平台属于长

尾市场，小众企业比较容易聚集在一起。

第二个战场的主角是传统行业的龙头企业。平台的规模虽然可以达到亿元、十亿元，但是会被各个商家瓜分。传统行业的龙头企业单一品牌的规模可能达到百亿元、千亿元，因此传统行业的龙头企业必须形成自己可以主导的数字化模式。亿元、十亿元的规模意味着平台拥有亿级用户。除了拥有亿级用户的平台，可以连接亿级用户的运营主体只有传统行业的龙头企业和零售巨头。

第三个战场的主角是零售巨头。对零售巨头而言，连接亿级用户不是一件容易的事情，打造新型供应链也是一件非常困难的事情。在约瑟夫·熊彼特看来，创新是一种"创造性毁灭"。从这一意义上讲，每一次重大的创新都意味着原有的技术或生产方式被淘汰。

第一个战场的出现使媒体的"宠儿"从品牌商的企业家变为平台商的创始人。随着平台的兴起，长尾效应逐渐增强，传统行业的龙头企业基本保住了自己的市场份额。生机勃勃的创业企业、小众企业与死气沉沉的传统企业形成了强烈的反差。对传统行业而言，第一个战场不是主战场，而是边缘战场、次要战场。不过，这并不意味着这个战场不重要。

第二个战场的出现使传统行业的龙头企业重新占据主导地位，行业图景将呈现出"龙头"越来越大、"长尾"越来越长的趋势。中型企业要想获得较好的发展，可能比较困难。这个战场既是线上、线下的结合，也是线下的"反击"。

第三个战场主要集中在零售业，新型供应链会给传统的厂家和经销商带来巨大的冲击，因为"直达源头"意味着去中间化。

近10年，第一个战场是企业数字化的主战场。往后，企业数字化将以第二个战场为主战场。未来，第三个战场是真正的数字化主战场。

典型案例

完美日记：三度空间匹配

2019年"双11"，天猫的彩妆销售榜第一名不是国际知名美妆品牌，而是一个叫作"完美日记"的品牌。令人难以置信的是，该品牌创建于2017年，并于2019年获得B轮投资，估值超过10亿美元。

完美日记在以下3个维度发挥了自身的优势，从而达到了较高的营销效率和较低的成本。

（1）通过和消费者建立牢固的线下关系，获得消费者的信赖。

（2）通过社群中的高频率互动形成品牌认知，通过网络应用（如App）达成交易。

（3）通过第三方物流提高交货速度。

完美日记致力于讲好"新国货"的故事，把"中国基因"展现得淋漓尽致，从而让消费者产生强烈的共鸣。此外，在与其他品牌合作时，完美日记也倾向于国内的品牌，如小米的素士电动牙刷。

在营销方面，完美日记抓住了社会基础设施升级带来的机会，积极地与网红、新流量平台合作，灵活地利用 KOL（关键意见领袖）和私域流量。

完美日记的销量之所以增长得这么快，主要是因为它在小红书上的投入。完美日记采用"高中低搭配式"的 KOL 投放策略，借助名人、头部 KOL、腰部 KOL、素人各自的优势和特点，最大限度地发挥小红书的推广效果。这样一来，触达消费者的过程大大缩短：当某个大 V 向消费者推荐完美日记的产品时，消费者会先"种草"产品，然后购买产品，并在购买产品后的第一时间发表自己的看法，或者向其他消费者推荐。

消费者购买完美日记的产品，不仅可以得到一张贺卡，还可以添加微信号"小完子"和使用"完子之家"微信小程序，以及加入一个微信群。"小完子"是一个人性化的角色，通过每天分享"干货"来赢得消费者的信赖，提高消费者的复购率。

2019 年，完美日记在全国范围内开设了 30 多家线下门店。位于成都市春熙路的完美日记线下旗舰店是一家 5 层楼的复合型门店，设有产品展览区、体验区、会员区，以及具有社交功能的咖啡厅和各种打卡点。

根据完美日记的统计，其线下门店的订单数量、销售额分别占总订单数量、总销售额的比例在 2019 年 1—9 月大幅提高，其中销售额占比的增幅高达 1000% 以上。

超过一半的消费者表示，他们更愿意去线下门店，因为可以随意试色。此外，大约一半的消费者还会特意去自己喜爱的品牌的线下门店体验新产品，尤其是在线上体验不到质感的新产品。

近年来，一些传统的商业模式向线上模式转型，微商模式向社群模式发展，电商模式也在积极探索与线下模式的融合。如果只做某个单一空间的业务系统，那么客流量减少几乎是不可避免的后果。

拓展阅读

全渠道零售趋势：AR 购物、VR 购物与实体店相结合

调查问卷数据显示，21 世纪 20 年代后，81% 的消费者会在某些时候去实体店购物，因此改善实体体验和改善在线体验同样重要。AR（增强现实）购物、VR（虚拟现实）购物提供了融合实体体验和在线体验的途径，无论消费者如何与品牌互动，购物过程都是一样的。

AR 购物、VR 购物与实体店相结合的好处是可以帮助消费者了解繁多的产品并快速找到他们需要的产品。这是一种利用在线商店中的分类选项为线下消费者提供便利的方法，其特点如下。

（1）增强购物的便利性。

（2）提供更好的购物体验。

（3）提高消费者反馈率，有助于零售商及时对产品进行调整。

（4）提高消费者对所购买产品的满意度。

虚拟试衣间如图 1-8 所示。

图 1-8

很多品牌顺应了这种趋势，如法国奢侈品品牌香奈儿。香奈儿在推出美妆移动应用程序 Lipscanner 时使用了 VR 技术，该应用程序可以对消费者的嘴唇、肤色与模型进行匹配，帮助消费者找到适合自己的色调。

职业技能训练

一、判断题

（1）数字化营销渠道是指用数字化工具连接用户，获取用户实时数据，从而根据数据开展企业经营活动的渠道。（   ）

（2）数字化的第一个战场是传统企业的渠道数字化。（   ）

（3）在传统渠道"减速"的时候，电商市场成为主要增量市场。（   ）

（4）数字化的第二个战场解决了传统行业龙头企业的数字化问题。（   ）

（5）数字化的第三个战场的崛起使媒体的"宠儿"从品牌商的企业家变为平台商的创始人。（   ）

二、单项选择题

（1）零售企业收取进店费会带来什么问题？（　　）

　　A．把零售店的主导权和资源让渡给供应商

　　B．把零售店的主导权和资源让渡给经销商

　　C．因为供应链存在差异性，所以产品存在差异性

　　D．各零售店的供应商差别较大

（2）下列说法错误的是（　　）。

　　A．数字化的第一个战场解决了平台的数字化问题

　　B．数字化的第二个战场解决了传统行业龙头企业的数字化问题

　　C．数字化的第二个战场解决了传统行业大部分企业的数字化问题

　　D．数字化的第三个战场要解决零售巨头的数字化问题

（3）下列哪个平台不属于电商平台？（　　）

　　A．京东　　　　　　B．拼多多　　　　　　C．美团　　　　　　D．微信

（4）F2B2b2C 模式的运营流程为（　　）。

　　①用户触达　②用户连接　③用户留存（或再激活）　④增强用户黏性　⑤用户转化　⑥用户激活

　　A．①②③④⑤⑥　　　　　　　　　　B．①②⑥③④⑤

　　C．①②④③⑥⑤　　　　　　　　　　D．①②③④⑥⑤

（5）下列哪种模式不是厂家连接 C 端的模式？（　　）

　　A．B2C　　　　B．F2C　　　　C．P2b2C　　　　D．F2B2b2C

第二章
数字化营销渠道的构成三要素

【知识目标】

- 了解场景体验的概念和分类；
- 了解社群商业模式；
- 理解 KOC 与社群的关系；
- 掌握开设云店的方法。

【能力目标】

- 能结合企业实际选择合适的场景；
- 能利用"双客群"和"双货架"增强连接；
- 能结合企业实际选择合适的开设云店的方法。

【素养目标】

- 培养学生爱岗敬业的职业态度；
- 培养学生的团队协作能力，引导其践行和谐、友善的价值观；
- 培养学生认识自我、挖掘自身优势的能力。

【思维导图】

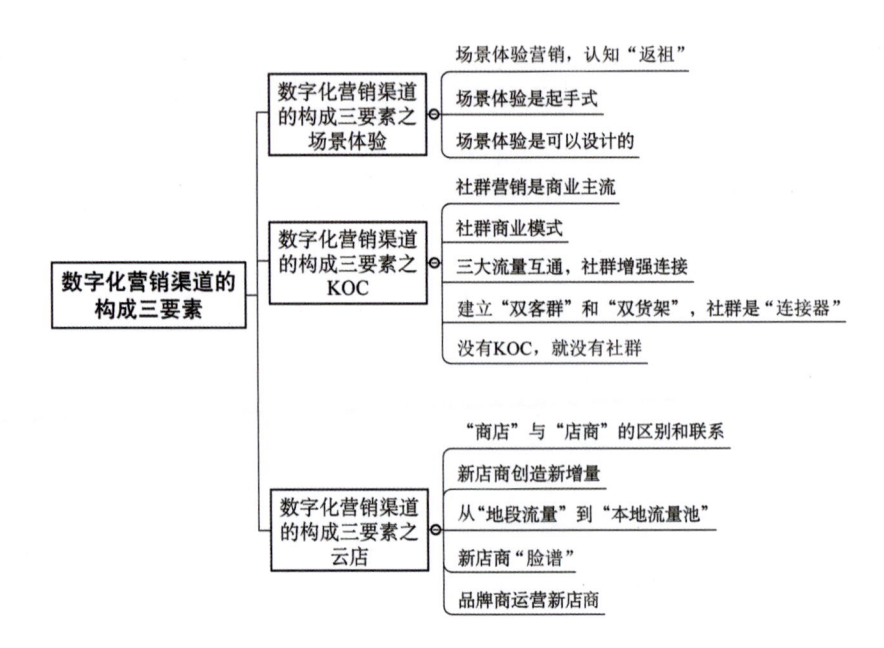

```
                              ┌─ 场景体验营销，认知"返祖"
         ┌─ 数字化营销渠道 ─┼─ 场景体验是起手式
         │  的构成三要素之  └─ 场景体验是可以设计的
         │  场景体验
         │
         │                    ┌─ 社群营销是商业主流
         │                    ├─ 社群商业模式
数字化营销渠道的 ─┼─ 数字化营销渠道 ─┼─ 三大流量互通，社群增强连接
 构成三要素      │  的构成三要素之  ├─ 建立"双客群"和"双货架"，社群是"连接器"
                 │  KOC            └─ 没有KOC，就没有社群
                 │
                 │                  ┌─ "商店"与"店商"的区别和联系
                 │                  ├─ 新店商创造新增量
                 └─ 数字化营销渠道 ─┼─ 从"地段流量"到"本地流量池"
                    的构成三要素之  ├─ 新店商"脸谱"
                    云店            └─ 品牌商运营新店商
```

第二章 数字化营销渠道的构成三要素

【引导案例】

小米：100个梦想的赞助商

小米是一家以手机、智能硬件和IoT①平台为核心的互联网企业，一直致力于打造品牌社群。小米成立于2010年，其2019年的手机销量位居全球第三（仅次于华为和苹果），其2020年上半年的营收高达1032.4亿元。

小米的快速崛起离不开社群营销，其创始人被称为"社群营销的鼻祖"。社群营销让小米"不花一分钱广告费，第一年就卖出100万部手机"。

建立社群的品牌商有很多，像小米这么成功的却不多。小米社群的第一推动力是什么？小米社群在短时间内形成极强凝聚力的原因是什么？帮助小米社群实现快速传播和裂变的人是谁？

上述问题的答案是KOC②。

小米在2010年初建社群时，没有急于销售手机，而是邀请了100个手机发烧友体验还在开发中的MIUI系统③。这100个手机发烧友是小米从各个安卓论坛中"挖"来的，其中一些人甚至是小米创始人亲自打电话邀请的。在小米初期的发展中，他们起到了至关重要的作用。为了表示感谢，小米不仅把这100个KOC的论坛ID写在了开机页面上，还拍摄了微电影，把他们称作"100个梦想的赞助商"。

这100个KOC有多重要？

他们帮助小米完成新品测试，反馈意见并协助修改Bug④；他们帮助小米社群实现了第一轮传播和裂变，小米第一批真正意义上的"米粉"就是从他们的人脉网中转化而来的；他们提高了小米社群的活跃度，增强了小米社群的凝聚力，帮助小米社群完成了"从0到1"的蜕变。

"100个梦想的赞助商"并不是小米在贩卖情怀，没有这100个KOC，就没有小米社群。

1."极客"即KOC

小米善用"极客"，初建社群时邀请的100个手机发烧友就是"极客"型KOC。

"极客"一词是美国俚语"Geek"的音译，原指智力超群、善于钻研但不爱社交的学者或知识分子，后来常用于形容对计算机和网络技术有浓厚的兴趣并投入大量时间钻研，将某件事情做到极致的人。

随着时代的发展，"极客"不再指科技天才或与世隔绝的人，他们用自己的技术、创新能力和想象力，把人们的生活水平、娱乐水平提升到了新的高度。

---

① IoT（物联网）平台：通过传感器设备采集和监控物品状态信息，利用多样化的网络连接手段，直接把物品状态信息和互联网连接起来，快速实现对物品的智能化感知、识别和管理。
② KOC：关键意见消费者，一般指能够影响自己的朋友、粉丝，让他们产生消费行为的消费者。
③ MIUI（米柚）系统：小米基于安卓系统深度优化、定制、开发的第三方手机操作系统，是小米的第一个产品。自2010年8月发布首个内测版本以来，截至2023年5月，MIUI系统的全球月活跃用户数已突破6亿人。
④ Bug：漏洞，指隐藏在计算机系统或程序中的未被发现的缺陷或问题。

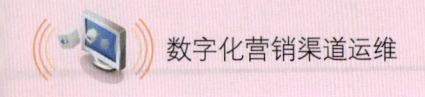

品牌商为什么要善用"极客"（特别是在推出新品的时候）？因为"极客"是勇于尝鲜的人，他们热爱探索、好奇心强。

2."极客"即"首席体验官"

"极客"是优质的品牌"首席体验官"，"极客体验"就是深度体验。

"极客"的信条是"要么不玩，要么玩到最好"，所以他们能深入挖掘企业的核心精神，体验产品的核心价值，理解企业传播的核心思想。

小米在初建社群时邀请的100个手机发烧友就是小米的"首席体验官"。只有这些能深入挖掘企业、产品、理念的核心价值的人，才愿意在体验并认可小米后，利用自己的影响力和渠道传播小米品牌。

"极客体验"有利于加深对品牌的认知。普通用户在使用产品的时候往往只关注产品的功能性、实用性、美观性；"极客"的深度体验倾向于全方位认知，包括对品牌文化、产品原材料、技术、设计等方面的整体认知。

"极客"型KOC的影响力有限，他们的优势在于强关系、爱分享、专业，其中强关系是他们最重要的优势。

3."极客"即"首席传播官"

"极客"是优质的品牌"首席传播官"，他们传播的内容往往具有很强的吸引力。

"极客"常常被打上"极致"的标签，他们智力超群、善于钻研，通过自己对产品的外观、技术、使用方法等方面的独特理解来传播产品的价值。正因为"极客"对"极致"的追求，许多人崇拜"极客"，觉得他们是很厉害的人，认为他们传播的内容更具吸引力。

在传播方面，小米在初建社群时邀请的100个手机发烧友帮助小米完成了3件事：一是向客服人员反映问题，协助修改Bug；二是向他人推荐MIUI系统和小米工程机；三是通过微信、微博、论坛晒单，宣传小米的产品。

品牌商善用"极客"，就是认同"极客精神"，认为一群对创新、技术、时尚感兴趣的人可以成为世界的改变者和引领者。

品牌商让一群追求极致的人成为"首席体验官"和"首席传播官"，就是让一群"较真"的人成为自己的忠实粉丝。对品牌商而言，这虽然是巨大的挑战，但是会带来丰厚的回报。

【案例分析】小米依靠KOC、网络销售、"病毒式"营销，快速地把品牌做大做强；通过"极客"进行口碑营销，先付款、定制、再发货，开创了数字化营销渠道的新模式。

2.1　数字化营销渠道的构成三要素之场景体验

数字化营销渠道的第一环是线下连通社群。

具体做法如下：B端通过场景体验连接KOC。KOC通过社群影响C端，其典型特征是强关系。虽然场景体验的认知效率比较低，但是认知效果很好，一次体验，终生难忘。此外，场景体验还可以快速深化关系。因此，场景体验主要面向B端、KOC。场景体验可以深化B端与KOC的关系，强化KOC的认知，从而转移KOC的强关系，使KOC的强关系为B端所用。场景体验是数字化营销渠道的起点，如果没有场景体验，数字化营销渠道的第一环就很难展开。

2.1.1　场景体验营销，认知"返祖"

近几年，高端产品的销量增速明显。高端产品有一个共同特点，即以场景体验为主要认知模式。在农业社会，体验和基于体验的口碑是主要认知模式。在工业社会，体验被边缘化。在信息社会，借助自媒体，体验认知再显神通，我们把这种现象称为"返祖"现象。"返祖"现象是一种"螺旋式进步"的"否定之否定"现象。

📖 素养提升

在大数据时代，处理用户数据的方法层出不穷，从数字化方面构建用户场景的相关研究却很少。

场景是用户生活方式和产品使用情境的中间阶段，是人与产品、环境等交互的细化。场景是度量体验的载体和新视角，有利于进一步构建相关的评价指标体系。

目前，互联网流量见顶，Web 3.0数字化新技术场景体验提供了触达用户的新渠道。各品牌积极参与，充分挖掘其潜力和价值，以保持自身的领先性。

国内外的运动时尚潮流品牌与NFT（非同质化通证）数字藏品的前卫审美一拍即合，Web 3.0数字化新技术场景体验成为这些品牌服务年轻群体的绝佳选择。

"虚拟+现实"的全域营销模式为品牌提供了新的产品营销方式。一方面，品牌尝试将实体产品带入数字领域，创造数字产品；另一方面，虚拟空间衍生了依托Web 3.0数字化新技术场景体验的虚拟品牌。同时，XR（扩展现实）技术赋能用户的购物体验，用户可以在数字商店中购买品牌的实体产品，获得沉浸式购物体验。未来，"虚拟+现实"的全域营销模式或将成为可能。

1. 一次体验，终生难忘

"我知道世界上最高的山峰是珠穆朗玛峰，但我记得爬过的每一座山，哪怕它不知名。"

体验既是一种有效的认知模式，也是一种低效的认知模式。因此，在广告和网络IP（知识产权）迅速走红的同时，体验认知模式一直处于边缘地位。在我国，"波浪式"消费浪潮已经过去，消费升级带来一个问题：高端产品的认知过程极其复杂，认知强度高。在传统的认知模式下，即使品牌投入很多资源，也难以在短期内让用户形成强认知。

如果采用体验认知模式，只要体验一次，就可以解决这个问题。

高端产品需要体验认知，"体验认知+自媒体传播"的组合传播模式可以提高认知效率。这是

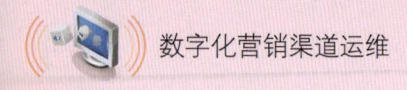

体验再次受到追捧的原因。

2. 产品越高端，越需要体验

如图 2-1 所示，商业认知有 3 条主要路径：个体体验、人链路径（口碑）、媒介路径（大众媒体、广告、品牌的认知路径，自媒体、内容、IP 的认知路径）。

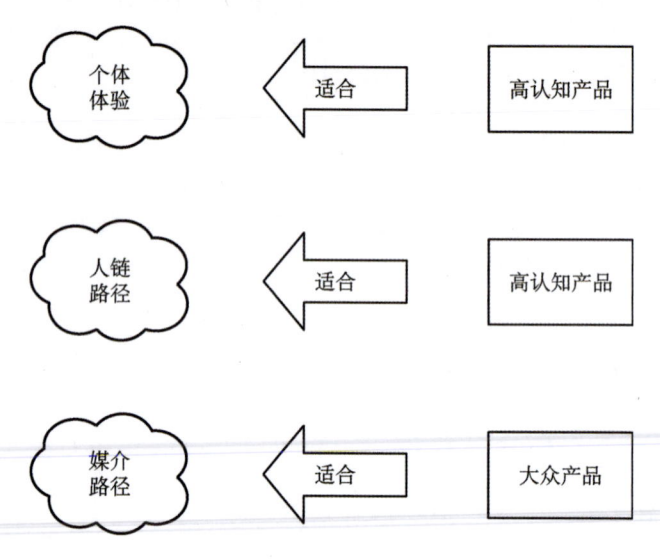

图 2-1

越是高认知产品（认知难度高的产品），越依赖体验和基于体验的口碑；越是大众产品，越适合媒介路径。

个体体验经过人链路径的传播，就形成了口碑。

口碑需要借助语言来传播，语言传播有一定的局限性：一是传播效率低，高认知产品在形成用户认知上需要长时间的积淀，时间成本是高认知产品的核心成本；二是传播形式有限，难以传播高认知产品丰富的价值内涵。

以往，高认知产品与大众媒体结合比较难，因为高认知产品的目标是细分市场，与大众媒体的目标（大众用户）不一致。

自媒体的出现给体验认知带来了机会。"体验认知+自媒体传播"的组合传播模式能够有效解决传播效率低的问题，它是个体体验与媒介路径的高效结合，比人链路径的传播效率和认知强度更高。

3. 高效体验："KOC+自媒体"

体验认知模式最大的问题是传播效率低，即使品牌投入大量资源，要想达到足够大的体验密度，也需要花费较长的时间。

这个问题在自媒体时代得到了解决，具体方法是采用"KOC+自媒体"体验模式。

在数字化营销渠道中，之所以选择 KOC 作为主要体验对象，而不是 KOL，是因为 KOL 和 KOC 在认知中的属性、作用不同。

简单地说，KOL 具有媒体属性，KOC 具有渠道属性。

KOL 的传播是单向、中心化的传播，KOL 并不熟悉自己的粉丝。例如，微信公众号中的 KOL 可能有几十万个粉丝，但 KOL 并不熟悉他们。

KOC 与粉丝有强关系和相同的圈层，KOC 懂得适时推荐，线上、线下相结合的推荐效果更好。

KOC 既是消费者，也是传播者，有双重身份。

选择 KOC 作为主要体验对象，只要认知到位，KOC 就会利用自媒体进行传播。

以 KOC 为主的体验能够形成"三强"：强关系、强认知、强影响力。当然，KOL 的体验对自媒体传播也很重要，但与数字化营销渠道无关。

强关系是由 KOC 的渠道属性决定的，强认知是由体验的特点决定的，强影响力是由体验与自媒体的结合决定的。

4. 场景体验：认知溯源

根据以往的研究，品鉴是消费者体验的一种形式，对于不太复杂的价值认知，这种形式是可行的。不过，某些产品难以只凭产品本身认知其价值。例如，对于万元级的防盗门和千元级的防盗门，普通消费者很难从外观、材质上感觉出差别。因此，复杂的体验不仅要体验产品本身，还要溯源产品的供应链、工艺、材质、设计过程等。我们将带有复杂场景的体验称为认知溯源。完成了认知溯源，KOC 就是消费专家了。

根据编者做过的高端产品认知溯源，有过认知溯源体验的体验者往往会主动购买高端产品，而且会形成新的消费习惯，甚至会主动劝说熟人、朋友购买高端产品。

在认知溯源中，体验的隐形化很重要，不能让体验者感觉"被设计""被教育"了，应该让体验者在不知不觉中形成认知。

5. 体验内容化

只有借助自媒体传播，才能提高体验的认知效率。如何让 KOC 主动传播？这涉及场景设计、情绪调动和体验内容化。

要想让 KOC 主动传播，就要把体验设计成可以传播且适合自媒体传播的内容。经过多年的实践，新营销研究的结论是体验"三感"（见图 2-2）：娱乐感、参与感、仪式感。

娱乐感：在体验过程中要激发体验者的情绪，因为高涨的情绪能提高体验者的满意度。

参与感：既不能把体验设计成工业旅游、参观，也不能设计成用户教育，应该让体验者主动参与，进行角色扮演。

仪式感：又称"拍感"，即让体验者在体验过秆中主动拍照。拍照往往是传播的开始。

图 2-2

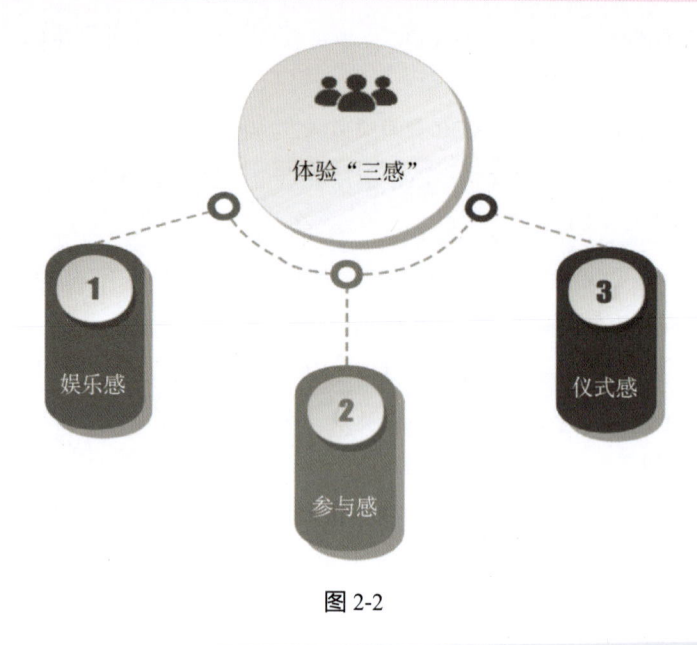

6. 体验密度

商业价值的体现在很大程度上依赖于体验密度，只有达到足够多的体验数量和足够大的体验密度，才能真正体现商业价值。从某个角度来看，体验密度是消费者在某个领域内的体验的总数量。

体验很花费时间，KOC 的时间很宝贵，很难花费太长的时间专门进行体验。因此，建立多级体验体系非常重要。

在体验设计中，二级体验（KOC 的就近体验）非常关键，这是达到足够大的体验密度的重要方法。企业在进行体验设计时可以采用移动体验模式，模块化的体验场景设计、可拆卸的体验道具、巡回体验的形式既方便了 KOC，也能让体验更高效。

体验效率低是制约体验认知模式广泛应用的主要因素。移动体验模式解决了 KOC 就近体验的问题，也就解决了体验效率低的问题。

增加体验密度有助于形成认知交叉覆盖。认知交叉覆盖是指从多个圈层中获得体验信息，从而强化认知。

7. 让"体验+"成为认知模式

体验是一种低效的认知模式，"体验+"则不同。例如，在"体验+自媒体"认知模式中，体验决定认知强度，自媒体决定认知效率。

高认知产品往往具有圈层化特点。自媒体强化了人的圈层化属性，而 KOC 是圈层的核心。体验形成认知，自媒体传播认知，"体验+自媒体"的效率就体现出来了。

即使形成了认知,如果没有及时交易,认知也会消失。在这种情况下,"体验+云店"的"认知—交易"模式应运而生。只要圈层中有人受到了认知的影响,就可以立即向其推送云店,实现认知、交易一体化。

8. 体验认知更适合 B 端

B 端的决策(如经销商招商、零售商铺货)往往比 C 端的决策更慎重,因为这类决策不是购买一件产品,而是持续经营,并且涉及投入的问题。特别是对于高端产品,B 端的决策会更加慎重。

在招商和铺货的过程中引入场景体验,可以强化 B 端对产品的认知,从而达到更好的认知效果。经销商招商可以在总部体验,零售商铺货通常只能在区域市场体验。

对 B 端而言,体验不仅有助于加快决策速度,还有助于更详细、全面地介绍产品。毕竟,在体验后,体验者对产品了然于心,能够更自然地用自己的语言描述产品的特点。

2.1.2 场景体验是起手式

"行家一出手,就知有没有"说的就是起手式。起手式是亮相的第一个动作或招牌动作,行家能够通过起手式大致判断一个人的功底和套路。

先做透一个店,再打爆一个县,这是既有先后次序,又有因果关系的两项工作。

大多数人很容易看到打爆的结果,却不容易看到在打爆之前要做透。有些专业人士能看到做透的过程中艰苦、细致的工作,却不容易看到做透要以场景体验为起手式。

其实,场景体验不是什么新奇的玩法,在与互联网结合之后,它变成了一种基础性工作和新的营销方式。

1. 用体验做透一个店

从技术路径的难度来看,"线下门店→社群→线上(如云店、直播等)"的技术路径很容易实现。不过,即使实现了技术路径,也不一定有商业价值。

在线上,不是所有流量都有商业价值,只有具备吸引力和影响力的流量才有商业价值。打爆的前提是做透,做透的前提是以场景体验为起手式。

要想真正做透一个店,不能只有店主参与做透,而要有一群人(包括店主能影响的 KOC)围绕店主参与做透。一个人的影响力有限,一群人才能做透一个店。

线下门店是店主的,店主参与做透当然没问题,KOC 为什么要参与做透呢?

做透一个店意味着 KOC 要把自己的人脉资源分享给店主,并用于商业推广。也就是说,KOC 要用自己的人格替店主做背书。

对店主来说,让一两个亲朋好友替自己做背书应该不成问题。要想让某个区域(如县级市场内的上百家线下门店各有一批KOC替自己做背书，店主需要建立一套营销体系。

KOC分享人脉资源有两个前提：一是KOC与店主有强关系，二是KOC对产品有强认知。

我们有时候会在朋友圈中看到"假转发"，也就是虽然转发了相关内容，但是字里行间看不到"真支持"。这就是强关系、弱认知造成的结果，因为有强关系，碍于情面不得不支持，但毕竟不是真心认同，所以只能假装支持。真正有强关系、强认知的KOC不仅会转发相关内容，还会在社群、线下主动宣传。

为什么要让KOC替店主做背书呢？因为KOC有强影响力。

如图2-3所示的"三强"法则是做透的前提。KOC一定要与店主有强关系，对产品有强认知，对消费者有强影响力。

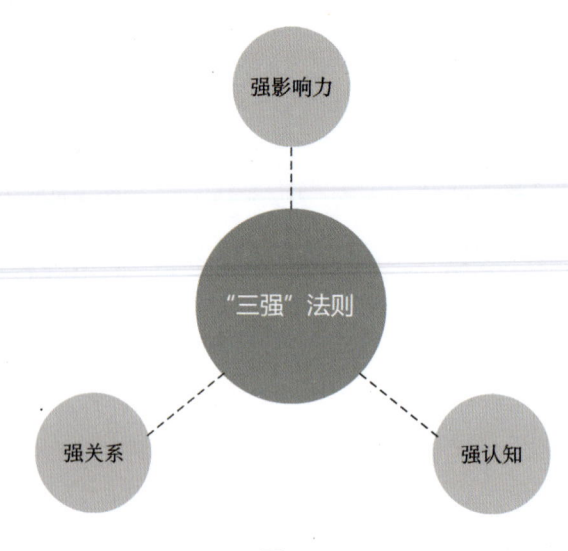

图 2-3

我们可以把做透理解为在有强认知的前提下，利用强关系，发挥强影响力。

场景体验需要遵循做透的"三强"法则，具体说明如下。

第一，通过体验形成的强认知让KOC敢于做背书。体验既是最强的认知模式，也是门槛最高的认知模式。即使是新品牌、新产品，只要KOC亲身体验过，并且印象良好，其认知强度就远超过基于广告、内容、口碑形成的认知强度。

第二，体验过程中的共同经历能够深化KOC与店主的关系，让KOC愿意做背书。

形成强关系大致有以下5种途径。

（1）血缘：亲戚。有血缘关系的人往往更加亲近。

（2）共同兴趣：朋友。人生经历犹如大浪淘沙，总会留下一些朋友。在家庭、工作之外的其他场景中，人们往往和朋友在一起。

（3）共同经历：同学、战友。青葱岁月的经历虽然简单，但是凝结着深厚的情谊。

（4）共同任务：同事。有些人和同事在一起的时间甚至超过和家庭成员在一起的时间。

（5）乡缘：老乡。在陌生的环境中，老乡之间有共同点，容易产生亲近感。例如，出国后，来自同一个国家的人之间很容易产生亲近感，这种亲近感是深化关系的基础。

血缘是家庭决定的，乡缘是出生地决定的，共同兴趣是人生经历决定的。这些因素在很大程度上决定了影响人际关系的"邓巴数"（148人）。用KOC引流需要在短期内突破"邓巴数"。

要想在短期内突破"邓巴数"，最佳手段是创造共同经历（如一起出差、玩游戏、参与活动等），成为搭档。

由于店主的人际交往比较容易受限，而且强关系的商业化需要有强认知，因此以场景体验为起手式成为一种事半功倍的营销方式。这样既可以让KOC形成强认知，也可以让店主与KOC在共同经历中深化关系。

2. 用体验打爆一个县

体验本身无法打爆一个县，但它能提供打爆一个县所需的传播素材和传播宽度。

打爆一个县的逻辑不同于打爆全国的逻辑。打爆全国通常需要借助高热度话题引起内容裂变，以内容取胜。内容裂变通常与商业有关。

打爆一个县要以传播密度取胜。对消费者而言，传播内容既不应该像广告的Slogan[①]，也不应该是快速裂变的情绪化内容，而应该是企业的产品理念，强调企业及其产品最突出的特点。场景体验侧重内容化、情感化的呈现，更适合内容制作。如果场景体验做得好、"拍感"（让人想拍照的感觉）强，传播力就比较强。

要想打爆一个县，需要解决以下两个问题。

第一，如何达到足够大的传播密度？

传播密度从何而来？

（1）从自媒体中来。例如，利用当地有影响力的公众号、网红，或者利用微信、今日头条为体验活动引流。经过编者的试验，只靠自媒体中的流量无法达到打爆一个县所需的传播密度。

（2）从线下渠道中来。要想让线下渠道参与传播，必须达到足够的传播宽度，实现"百店联动、千群共振、万人传播"。做到这些的前提是做透一个店。

第二，如何快速形成强认知？

---

① Slogan：口号、标语、广告语。

传统品牌的认知需要靠"大喇叭使劲喊",形成认知的时间长,一旦形成认知,就不容易被覆盖。超级 IP 的内容引爆能形成强认知,其主要基于受众的情感偏好,就像流行趋势一样,旧的流行趋势迟早被新的流行趋势覆盖。

电商的认知主要基于订单量、好评、差评和促销策略,很容易被误导。

既要达到足够大的传播密度,又要快速形成强认知,只有这样,认知才不容易被覆盖。这是我们希望传播实现的目标。传播形式多种多样,而且不断变化。在传播中植入场景体验有两个好处:一是提高认知强度;二是增强传播性,扩大内容的传播范围,增强体验者的黏性。

3. 如何让场景体验成为起手式

要想让场景体验成为做透一个店、打爆一个县的起手式,需要注意以下 4 个问题。

1) 面向 B 端深化关系,面向 C 端形成强认知

B 端体验是经销商、店主的体验,体验的目的不仅是让他们认同、下单,更重要的是与他们深化关系,令其用人格做背书,即让他们参与做透一个店。

C 端体验的目的比较简单,即让用户形成强认知、下单,参与传播只是附带的效果。

体验的目的不同,体验设计也不同。

2) 面向 B 端需要设计二级体验,面向 C 端需要设计三级体验

现在,不少企业在总部设立了体验中心,以经销商为主要体验对象,以招商和增强经销商的信心为目标。有些企业会邀请大 V 来总部体验,但这不是常态。

企业要想让店主体验,必须设计二级体验,以实现体验本地化。在总部体验是一级体验,在区域市场体验是二级体验。

二级体验的体验感不容易像一级体验那么强,体验设计的难度大。如果二级体验设计合理,体验效果就会非常好。企业可以把二级体验设计成移动式体验。

一级体验与二级体验只能面向 B 端和部分 KOC、大 C。要想提供面向 C 端的体验,需要设计三级体验。

三级体验是指在终端体验,既可以是移动式的,也可以是相对固定的。

多级体验体系相当于一种筛选机制,企业可以从三级体验中筛选 KOC、大 C 来参加二级体验,从二级体验中筛选 KOC 来参加一级体验。

3) 体验要有场景

过去,有人把品鉴当作体验。实际上,品鉴只是产品体验,是初级体验,其优点是方便,其缺点是用户形成的认知程度不够深。除此以外,还有人把参观当作体验。参观虽然有强化认知的作用,但是它属于弱体验。

强体验是身临其境的体验,体验者需要进行角色扮演,很容易产生参与感,从而留下深刻、难

忘的印象。可见，在体验中植入场景会产生更好的效果。

场景导向是指研究人的需求的社会性。功能性需求往往以个体为载体；社会性需求往往以场景为表现，反映一群人（包括不同特征的人）的共同需求。

场景体验包括产品场景体验、销售场景体验、消费场景体验。产品场景体验通常在总部，也可以在二级体验中模拟。销售场景体验和消费场景体验通常在终端。

场景体验的最佳效果是同时实现深度体验、强烈认知、高度传播、关系深化，这也是场景体验成为做透一个店、打爆一个县的起手式的要求。

4）体验要有"三感"

上文提到，体验"三感"包括娱乐感、参与感、仪式感。

娱乐感：在体验过程中激发体验者的情绪，活跃气氛。

参与感：优化参与体验。小米前副总裁在《参与感》一书中详细阐述了小米的"参与感三三法则"。

（1）"开放参与节点"是指开放做产品、做服务、做品牌、做销售的过程，筛选出让企业和用户双方获益的节点。

（2）"设计互动方式"是指基于开放的参与节点进行相应的设计，遵循"简单、获益、有趣、真实"的设计理念，像改进产品一样持续改进互动方式。

（3）"扩散口碑事件"是指筛选出第一批对产品认可度较高的人（种子用户），在小范围内"发酵"参与感，把基于互动产生的内容转化为可以传播的话题和事件，从而形成口碑。

仪式感：在体验中增强仪式感可以给体验者带来更好的感受。

2.1.3 场景体验是可以设计的

场景激发情感，体验产生口碑。场景构建关系，体验形成认知。通过场景体验，体验者形成的不是简单的产品认知，而是有角色感的产品认知。

1. 体验场景

从认知的角度来看，体验场景大致分为产品溯源场景、终端场景、消费场景、游戏场景。

1）产品溯源场景

产品溯源是指追溯产品是怎么生产出来的，并以场景化的方式再现这个过程。场景化再现与生产过程不同，有些生产工艺可能使生产过程处于"黑箱"状态，无法展示所有生产过程。例如，大部分体验者在参观高科技生产线时，除了惊叹其科技含量之高，对产品的原材料、工艺等一无所知。

企业需要根据用户对好产品的认知，以及产品的原材料、工艺等设计产品溯源场景。

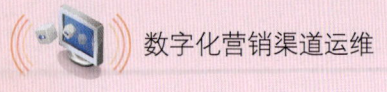

2）终端场景

传统的终端追求生动化，讲究视觉效果。现在的终端追求场景打造，除了要展示产品，还要融入与产品相关的生活场景。用户购买产品，其实是选择与产品相关的生活方式。终端场景要与用户的生活状态相关，让用户产生情感联想。

3）消费场景

把产品植入消费场景中，可以刺激用户的消费欲望。例如，在西式快餐中，可乐是一个"神奇"的存在，几乎成为标配。又如，在我国，凉茶之所以能从特定区域走向全国，是因为匹配了消费场景——吃火锅。当产品成为特定消费场景的标配时，只要用户置身于该消费场景中，其消费欲望就会被刺激。

4）游戏场景

有些产品可以通过游戏场景吸引儿童，这样通常比理性地展示产品效果更好。例如，可口可乐落地郑州的"中国首家聚乐部"就是以游戏场景呈现的。

2. 体验对象

体验对象一般包括以下3类人。

（1）KOL，如行业专家、媒体和其他有影响力的人。KOL具有媒体属性，他们的认知可以影响很多人。

（2）B端人群，包括经销商、终端店的店主、云店的店主，这些人具有渠道影响力。B端人群对产品相对熟悉，能够把产品介绍得更清楚。

（3）KOC和大C。KOC既是消费者，也是传播者，在数字化营销渠道中，KOC可以在两者中间起到桥梁的作用。大C是大客户、重点客户，有机会成为KOC的重点培养对象。

2.2 数字化营销渠道的构成三要素之KOC

数字化营销渠道的第二环是社群连通线上。

具体做法如下：通过KOC大密度连接海量C端。只要场景体验能让KOC形成强认知，就可以通过KOC触达C端，形成放大效应。

数字化营销不是单纯地把线下流量迁移到线上，而是放大流量。因此，数字化营销又被称为"双线深分"，即线下深度分销到终端（B端），线上通过KOC深度分销到用户（C端）。

"双线深分"模式主要依托以KOC为核心、普通用户占多数的社群，应选择"B端→KOC→C端"路径，而不是"B端→C端"路径。

KOC连接C端的做法是推送云店。当然，在推送之前，KOC一定要让C端形成认知。

数字化营销渠道的社群不能只靠 B 端来建立，应该激活 KOC 社群，利用 KOC 的强关系增强连接。

激活 KOC 社群不是激活个别社群，而是激活有一定密度的 KOC 社群。

只要形成一定的 KOC 密度，加上从 KOC 到 C 端的放大效应，触达的 C 端数量就会迅速增加。

2.2.1　社群营销是商业主流

是先有社交再有社群，还是先有社群再有社交？这决定了社群的价值属性。

社群是互联网时代的"商业战场"，还是主流商业的"武器"？这决定了社群商业模式是干流还是支流。

社群的使用场景决定了社群的价值属性，不是所有社群都是有价值的社群。

什么样的企业能在"商业战场"上生存下来？只有把"企业""产品""人"融合在一起并创造价值的企业，才有机会生存下来。

只有打通三度空间，社群才能从"小战场"走向"大商业"；只有连通线上，社群才能连通世界。

在互联网时代，什么人能够影响用户？用户可能不是企业员工，但可以被企业员工影响。影响力，顾名思义，就是影响用户的能力。

当一个人加入某个圈子后，他对这个圈子的正面影响力越大越好。当一个人进入某家企业后，他对这家企业的产品或服务的正面影响力越大越好。社群是社交关系的放大器。在互联网时代，个人的社交关系迁移到线上就是社群关系。

1. 社群不会改变人的社会地位

在线下有一定社会地位的人，在社群中也会有一定的社会地位。有些人因为社群运作而脱颖而出，这并不是社群的功劳。一个人只要有能力，无论使用哪一种社交工具，都会有出色的表现。

2. 社群可以适度延伸社交关系

传统的线下社交需要占用时间和空间，因此社交频率不高。社群可以让更多的人在同一时间和不同的空间进行互动，因此社交频率可以很高。

此外，社群中除了有熟悉的朋友，还有朋友的朋友和关系较远的朋友，因此社群可以适度延伸社交关系。不过，某些商业社群的社交关系比较复杂，需要依赖机器人完成聊天等互动，这种社交关系价值不大。

3. 社群是自然分布的

决定社群价值的是关系的强度，而不是关系的数量。

4. 社群可以提高互动频率，但很难改变关系的强度

社群越多，线下交流反而越珍贵。越高端的沟通，往往越重视线下交流。频繁的社群互动造就了一群"陌生的熟人"，虽然他们在社群中的交流很频繁，但是线下关系仍然陌生。

5. 牢固的社交关系使社群更有价值

牢固性是社交关系的价值所在。社群只是社交关系的放大器，如果社交关系不牢固，社群的放大作用就不会太大。

6. 利用社群的能力不同于自建和运营社群的能力

只要有利用一个社群的能力，就可以利用其他社群，这是一种开放的社群运营能力。只能自建和运营社群是一种封闭的社群运营能力。

有生活气息，才会有社群；有互动，才会有社群。社群必须有生活气息，没有生活气息的社群是异化的社群。

关系的强度可以影响商业认知和交易。社群的价值属性如图2-4所示。

社交属性 ⇒ 传播属性 ⇒ 交易属性

图2-4

有了生活和工作中的联系，就有了社群。人需要和各种各样的人交流，因此加入各种各样的社群。否则，网络时代的人们在生活和工作中会遇到很多沟通障碍。

有了人情味，才能建立牢固的人脉网。人脉越广，生意就越好做。

异化的社群是单纯为了赚钱而建立的，没有生活气息。社群运营人员需要保持社群的活力，如经常发红包、分享内容等。

吸引新人、转化新人、留住新人，这就是运营社群的过程。运营社群的作用是维护群成员之间的关系，增强群成员的黏性。

社群商业化有以下两种逻辑：一是为了实现商业化而建立社群；二是适度利用社群的生活气息，尽量减弱社群的商业属性。

2.2.2 社群商业模式

我国商业的特点是以社交关系为依托，广泛开展各类商业活动。农业社会由一个个小型的生活圈子组成，认知、关系、交易"三位一体"。随着工业社会向信息社会转变，大众媒体逐渐成为商业认知的主要阵地（如广告）。在网络时代，人们可以使用各种应用程序和小程序，企业再一次进入认知、关系、交易"三位一体"的商业系统。

目前，围绕3种社群状态大致形成了3类社群商业模式，如图2-5所示。

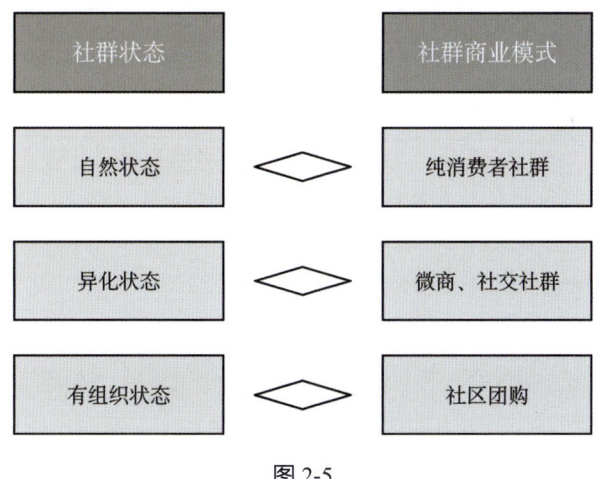

图 2-5

1. 以自然状态的社群为基础的社群商业模式

为了做生意，发朋友圈、晒照片是很正常的事情。虽然在某些时候，这样做只能起到有限的作用，但总归比没有作用好。因此，大多数企业以此为基础进行业务开发。

在社群互动中，即使有些人没有商业目的，也会创造商业价值。例如，有些人在看到有趣或有同感的内容后会自发地进行传播，从而在不经意间创造商业价值。当越来越多的人自发地传播、产生共鸣时，就会掀起一股商业浪潮，这也是很多IP被创造出来的原因。

2. 异化状态的社群商业模式

异化状态的社群商业模式既是一种类似于直销的模式，也是一种社交电商，它的发展非常迅速，不断有新的理念和逻辑出现。不过，采用这种社群商业模式的企业能否坚持下去是值得怀疑的。虽然这种社群商业模式多次引起舆论的关注，但是它的市场占有率一直不高。

3. 有组织状态的社群商业模式

我国企业的自建渠道体系非常完备。欧美市场的渠道体系往往需要委托第三方，所以欧美品牌在我国市场中的渗透程度不太深。

社群具有自然分布的特点，大规模地建立社群非常困难。社群产生于社交，而非商业。

我国传统的线下商业机构包括企业机构和渠道机构，它们具有很强的组织性。

融入社群关系，就是融入主流社会，也就是融入传统渠道。传统渠道可以通过KOC社群连接C端。

如果没有KOC和社群，网络和C端之间的关系就是一种弱关系。在传统渠道中，B端的人脉很广，KOC社群的人脉也很广。"传统渠道＋社群"构成了BC一体化的新系统。如果运用得当，那么B端和KOC社群的强大人脉是可以转移的。

社群与传统渠道结合的核心是利用店主群。对终端店而言，店主群是私域流量，即店主可以影响的流量；对品牌商和经销商而言，店主群是公域流量，而且是可以分流的公域流量。

利用店主群的核心是关系让渡，即把店主与消费者的关系让渡给品牌商和经销商。

关系让渡就是把他人的社交关系让渡给自己。如果不能实现关系让渡，就只能自建社群。要想扩大自建社群的规模，不仅在技术方面受到限制（最多不能超过3级），在管理方面，随着管理层级的增加，关系的强度也会降低。

社群的商业价值主要体现在以下两个方面。

一是通过社群放大流量。线下渠道的流量往往是通过社群来放大的。例如，一些团购之所以火爆，是因为有人推荐，而且推荐的人有一定的流量，在这个过程中，流量会越来越大。

二是通过社群产生流量。社群之所以能产生流量，是因为社群已经变成了交流商业话题的工具，即社交货币。

社群是分散的网络媒体，每个人都可以在社群中发表自己的意见，但这些意见很可能被淹没。在网络媒体中，声音的影响力是由声音的密度决定的。社群产生的流量是由社群和商业活动的密度决定的。

密度即认知，密度即品牌，密度即IP，密度即流量。

在分散化的商业环境中，如果没有密度，社群就没有影响力。密度为何具有如此高的商业价值？因为密度可以形成重叠。如果一个城市里有1万人同时发相似的朋友圈，相关内容就会非常密集，也更容易被人注意到。如果这1万人分散在全国，人数就太少了，所形成的密度也就没有什么商业价值了。

社群的密度包括以下3个方面。

一是社交电商的密度。虽然社交电商倾向于高度关注某些特定群体，但是其群体密度太小，缺乏牢固的联系，所以长期被边缘化。

二是信息的密度。在IP的诞生过程中，我们经常看到某些内容被广泛传播的现象。一篇让人有同感的文章更容易在社群中被迅速而广泛地转发，并引起更多人的共鸣。这种共鸣是由大密度的传播引起的。IP、网红等一夜爆红，往往是因为相关内容得到了大密度、高效传播。

三是依靠传统渠道的密度增加社群的密度。一般情况下，传统渠道在终端的密度最大。

传统渠道的密度和社群的密度共同提高了消费者覆盖度。大密度的传播可以让消费者在短期内形成强认知。

在以上3个方面中，信息的密度是不可控的，社交电商和传统渠道的密度是可控的。

由于社交电商缺乏覆盖全国的、渗透率高的社群组织，加之社群组织缺乏稳定性，因此社交电商长期被边缘化。

要想把传统渠道和社群结合起来，使B端和C端相互加强，企业有以下两条路可以走。

一是拥有传统渠道优势的企业利用B端的优势带动C端发展。例如，中国绿业元集团凭借对B端（传统渠道）的掌控能力，以B端为基础，利用B端社群的力量，对C端（农民）产生了巨大的影响。该集团每年都要举行200次"农民会"，这就是BC一体化。该集团"农民会"的高效动员力从何而来？答案是利用B端社群实现快速、大密度动员。

二是缺乏传统渠道优势的企业利用C端社群倒逼B端。例如，新品进入商店通常比较难。如果企业通过KOC社群动员C端，就可以倒逼B端。这条路被称为CB一体化。

从社交电商到社区团购，这是一种极佳的从主流走向边缘的改变。社交电商平台和社区团购平台都是通过社群来运营的，先通过社群积累用户，然后通过App进行推广。

前几年，社交电商曾风靡一时，随后便销声匿迹。即使是以社交电商为代表的头部品牌，也不免黯然失色，有些社群甚至在起步后没多久就宣告失败。

社交电商和社区团购的不同之处在于是否有组织地利用社群。有组织地利用社群主要有两种方法：一是充分利用已有的传统渠道，有组织地利用社群；二是组建一支自给自足的营销队伍。

在组建营销队伍时，社交电商主要在网上招聘，和线下渠道没有太大的关系，也不利用地区经销商。所以，社交电商基本上不涉及线下门店送货，只涉及品牌中心仓送货或区域仓送货。由于社交电商的地域密度较小，因此大部分品牌已经放弃经营，只有小部分品牌还在经营。社区团购通常将有实力的地区经销商作为平台代理，平台代理有自己的营销队伍和最终客户基础。社区团购已经融入主流的渠道中，可以在一个地区内迅速发展。

2.2.3 三大流量互通，社群增强连接

是通过社群建立自己的商业体系，还是通过社群连接整个商业体系？这是一个以社群为出发点看待企业发展图景的问题。

是通过社群寻找客户，还是通过社群加强联系、赋能并扩大原有的商业体系？这是一个在"捡芝麻"和"抱西瓜"之间对社群的商业应用做出取舍的问题。

1. 社群即网络社交

社群（特别是网络社群，如微信群、QQ群、钉钉群等）是线下关系在线上的延伸和扩展。

社群是一面"网络镜子"，能够反映社会联系。有哪种社会联系，就有哪种社会群体。社群是现实生活中的人际关系在网络上的体现，是对现实生活中人与人之间的关系的反映。

无论一个人是否经常在社交平台上活动，只要他的名气足够大，就会被人关注。与线下相比，虽然社群中的关系强度并未发生变化，但是社群互动的频率远高于线下，因为社群互动只占时间，不占空间。

衡量社群黏性的两项主要指标分别为关系的强度和互动的频率。如果这两项指标表现较好，社

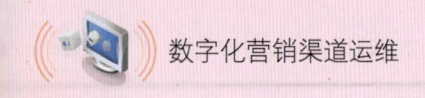

群的商业价值就会更高。根据社群的构成，我们可以把社群划分为以下3种类型。

1）自然社群

常见的自然社群有家庭群、工作群、朋友群、爱好群、社区群、同学群、家长群等。这种社群又被称为"生态群"，是人们在生活、工作中自然形成的。久而久之，群成员之间的联系会越来越紧密，互动的频率也会越来越高。

2）商业群

例如，社交电商群通常是由一群陌生人组成的。由于群成员之间没有特别强的联系，因此社群运营人员需要不断地通过发红包、分享内容等方式来增加社群的活力，提高互动的频率，从而增强群成员之间的联系。然而，熟识并不代表感情好。为了增强群成员之间的联系，有些社群会开展线下活动，但这种做法的效果是有限的。

3）商业生态群

以店主群为例，店主群同时具备自然社群和商业群的特征：一是群成员因生意而熟识；二是群成员的生活范围和工作范围在一定程度上有交集，熟识彼此是一个自然而然的过程。

销售人员和会员的关系属于弱关系，两者之间只有交易，没有连续的交互，无法建立牢固的联系。

社群商业就是关系商业，社群商业化就是在线关系商业化，也就是社交关系商业化。"人即渠道"是我国商业的特点之一，具体就是指社交关系商业化，从直销到微商、社交电商或私域流量运营，都是如此。

在"人即渠道"的趋势下，传统的、离线的渠道被取代了。深度分销（渠道驱动）是"人即渠道"的典型代表。许多知名的快消品品牌在几千名员工的基础上，把所有渠道都打通到终端。销售人员的第一门功课是"懂人情"。一家好店铺不只是地理位置好，更重要的是店主会经营。

当社交电商处于社群渠道化的过程中时，传统渠道也处于渠道社群化的过程中。两者都是"关系即渠道"的具体运用情景。

深度分销的本质是两种关系的转移：一是厂家和店主的关系，二是老客户和店主的关系。深度分销需要把老客户和店主的关系转变为厂家和店主的关系。

我国的渠道比较分散，如何把分散的渠道联系起来？这需要靠人，因为渠道就是由人形成的链条。

社群商业化是指把店主原有的B端客户向C端客户延伸，把店主原有的客户向社群转移，转化为店主的社群客户。这就是"从线下到社群"的逻辑。

随着App的普及，社交关系越来越容易变成交易关系。与此同时，交易关系也有可能转化为社群中的持续性社交关系。

社群是流量互通的桥梁。社群商业化主要有以下两种途径。

一是"从社群到社群",即建立多层级社群,其商业表现形式是微商。

二是"从线下到线上",即增强联系,打通三度空间,实现三大流量互通。

三大流量的含义如下。

一是公共领域的流量(公域流量):以传统的线下渠道流量为主,如商场、店铺等线下渠道的流量。虽然线下渠道的准入要求很高(一些店铺还会收费),但是相对公平。

二是商业领域的流量(商域流量):需要支付一定的流量费,如阿里巴巴、拼多多、美团等互联网平台的流量。

三是私人领域的流量(私域流量):"人即渠道,渠道即人",如社交网站的流量。

虽然私域流量的概念在近几年很火,但是它一直处于主流商业的边缘,纯粹的社交网站想达到上千万元、上亿元的销售额几乎是不可能的事情。

"邓巴数"代表人与人之间的交流范围。要想放大私域流量,必须扩大人与人之间的交流范围。我们可以打通线下、社群、线上3个空间维度,以实现三大流量互通,并在这个过程中降低获取流量的成本。打通三度空间的3条路径如图2-6所示。

```
以线下为起点 | 线下→社群→线上

以社群为起点 | 社群→线下→线上

以线上为起点 | 线上→社群→线下
```

图2-6

从图2-6中可以看出,除了以社群为起点的第二条路径,在其他两条路径中,社群都处于中心。社群对三大流量有哪些价值?

一是社群可以充当主要的线上渠道,即社交电商。

二是社群可以充当催化剂。催化剂本身不发生化学反应,但能起到促进化学反应的作用。

社群是三大流量的"连接器",其连接过程可以分为两种:一种是渐弱的连接,另一种是渐强的连接。

2. KOC社群增强连接

KOL具有中心化的特点和媒体属性,KOC具有分散性的特点和渠道属性。KOL在传播方面具有重要价值,KOC在增强三度空间的连接方面具有重要意义。

KOL的价值在于他们的影响力，KOC的价值在于他们的人脉。强大的人脉可以让KOC更快地与他人达成交易。要想增强三度空间的连接，关键是找到KOC。

KOC是真实的、有价值的人，商家需要发掘他们。

一些传统店铺虽然拥有固定的客源，但是客源是有限的。商家除了要挖掘线下的客源，还要挖掘云店的客源。当商家找到并与KOC合作时，原来的"商家→用户"关系体系就会变成"商家→KOC→用户"关系体系。KOC社群是新关系体系的放大器，其作用是增强连接。

商家需要注意以下两类KOC：一是本身就是KOC社群群主的店主KOC，要想进行深度分销，就要充分利用店主KOC的价值；二是基于用户数据挖掘的用户KOC，每一个自然社群的群主都是用户KOC。

KOC的价值不在于影响力的广度，而在于关系的强度。KOC的影响力不一定通过社群来体现，也可能通过线下来体现。

上述两类KOC可以相互转化。如果能用好店主KOC，就很容易发现用户KOC；如果能用好用户KOC，就很容易激活店主KOC。

KOC为什么愿意把强大的人脉拱手相让呢？原因有二：一是店主与KOC有强关系，二是KOC对产品或品牌有强认知。

厂家要想进行深度分销，必须和终端店的店主建立强关系。当所有厂家都想和终端店的店主建立强关系时，所谓的"强关系"只是一种"熟关系"。

为了对上百万个终端店进行高效的深度分销，快消品行业龙头企业的销售人员往往有成千上万人，这还不包括经销商的业务员。若通过KOC增强连接，则KOC的数量会比终端店多10倍。在这种情况下，销售人员的数量是否也需要多10倍？答案是否定的。

利用KOC的方式主要有以下两种：一是关系让渡，即终端店把KOC让渡给厂家；二是KOC以强认知为基础，迅速增强与企业（包括厂家、制造商、服务商）的联系。

在打通三度空间的过程中，应该始终强调"场景体验是起手式"。与传播（如品牌、IP）等认知模式相比，场景体验是最强的认知模式。它不但可以迅速强化认知，而且可以迅速建立牢固的人际关系。

场景体验是如何与社群联系在一起的？良好的场景体验通常具有娱乐感、参与感、仪式感，特别适合KOC通过社群传播认知。

场景体验有助于形成强认知，强认知有助于完成关系让渡，关系让渡有助于打通三度空间，增强三度空间的连接。

社交电商即使再强大，也不可能像大品牌一样拥有完整、稳定的渠道体系。如果能连接线下渠道和KOC，社交电商的销售额就可能增加几十亿元甚至几百亿元。

店主是天然的KOC，除了"见面熟"，店主还可以通过系统整理和有效利用店铺的KOC社群来促进店铺发展。以 KOC 为核心构建用户与云店紧密连接的体系，不仅能深化用户关系，还能实现店铺库存的高效流转。

上述过程叫作 BC 一体化。从深度分销到终端是 2B 的过程，从店主到 KOC、用户是 2C 的过程。

2B 是根本，如果没有深度分销，就没有增强连接的基础。2C 是一个放大的过程，用户基数的扩大、云店的入驻都意味着产生增量。只要能产生增量，2B 的基础就会更加扎实。

只要找到 KOC，企业就能在线下、社群与他们建立更密切的联系，如邀请 KOC 在线下体验更多的产品或服务。

基于这种策略，统一不断推出新产品。2018 年，统一自热米饭品牌"开小灶"上市，前期并未开展任何线下活动，只通过小程序在各个平台上销售产品，积累了大量 KOC。有了前期的铺垫，后期的线下活动非常顺利。统一把这个过程称为 CB 一体化，即先渗透 C 端，再渗透 B 端。

三只松鼠也是这么做的。其"联盟小店"采用"双 IP"策略，"三只松鼠"是"大 IP"，加盟商是 KOC（"小 IP"）。基于此，"联盟小店"虽然只有实体店，但是能够实现三大流量互通。

线下和线上很难互通，它们需要以社群为桥梁：线下先和社群互通，社群再和线上互通，以社群为中介，实现线上和线下互通。例如，一些店铺的"双货架"就是通过社群来完成首次推广的。

也许有人认为，只要在手机上一搜就能找到云店。其实，这是一种误解。我们可以通过搜索找到微商城、电商平台、App，但云店是分散的，用搜索的方式找不到它们，只能通过社群推广来发现它们。

3. 社群商业价值最大化

传统营销人员无法跳出 B 端的思维模式，在面对 C 端的时候，他们仍然以 B 端的逻辑、思路、方法为主。这是传统营销人员面临的两难境地。

网络营销人员无法跳出 C 端的思维模式，在面对 B 端或需要进行 BC 一体化时，他们的大脑里充满了 C 端的逻辑、思路、方法。这是网络营销人员面临的两难境地。

社群运营人员无法跳出微商的思维模式，走不出自建社群、多层级社群、多群活跃、群内互动的小圈子。这是社群运营人员面临的两难境地。

微商发展不起来的原因在于社群是垂直的，虽然可以纵向挖掘，但是很难横向扩展。社群和传统渠道的结合是横向扩展，其边界不受限制，最终的结果是 BC 一体化。

无论是线上还是线下，新的流量都在减少。在这种情况下，传统渠道和网络渠道之间的流量互通是必然的。要想实现流量互通，就要用好打破壁垒的重要工具——社群。

流量互通必须经过社群，社群是流量互通的中间环节。社群的商业价值不局限于"社群即渠道"，社群是三大流量互通的"连接器"，并且具有放大流量的作用。无论是对创业企业而言还是对龙头企业而言，社群都能放大流量。

> **典型案例**
>
> 樊登读书会：从500人的社群到3600万个用户
>
> 　　创立于2013年的樊登读书会（现更名为帆书）是我国知识付费商业模式的龙头。樊登读书会以创立者樊登的个人IP为核心，通过KOC快速扩大社群，并在线下为用户提供服务。樊登读书会经历了从线下开始，到在社群中发展，再到逐步扩大线上影响力的发展过程。截至2020年6月，樊登读书会已经拥有3600万个用户。
>
> 　　樊登读书会是从线下开始发展的。樊登离开央视以后，在大学里为MBA（工商管理硕士）和EMBA（高级管理人员工商管理硕士）的学生授课。在授课过程中，樊登发现一些学生存在"读书意愿强，却没有时间"的问题。于是，他创立了樊登读书会。樊登读书会的第一个社群就是由这些学生组成的，他们之间有强关系。
>
> 　　2013年，樊登等人建立了一个付费听书社群。出乎意料的是，当天就有500多人加入该社群，次日便因为人数太多而裂变为两个社群。见此情景，樊登和另外两位合作伙伴创建了一个公众号，实行会员制，并进行推广。在线下打好关系，在社群中打出影响力，在线上打响公众号，这是樊登读书会发展壮大的基础。
>
> 　　需要指出的是，付费用户是樊登读书会较早的一批读者群体，他们是最有可能成为KOC的人。《中国零售业付费会员消费洞察》的调查结果表明，绝大多数付费会员为忠诚型用户。另外，在"推荐意愿"方面，37.3%的用户明确表示愿意推荐他人加入付费会员计划。从整体来看，付费会员推荐他人加入付费会员计划的意愿较强。
>
> 　　樊登读书会的公众号和社群运营打通了"线上+社群"的二度空间，"回归线下"则是把樊登读书会推向全国的关键。2014年年底，团队启动了线下读书会，从而打通了"线上+社群+线下"的三度空间。社群是樊登读书会先从线下发展到线上，再从线上发展到线下的必由之路，起到了连接和放大流量的作用。
>
> 　　为什么樊登读书会能在短时间内从线上发展到线下？这归功于KOC。2014年3月，樊登读书会在上海绿地会议中心举办了首次线下读书分享活动，并在厦门设立了首个分会，随后迅速发展壮大。樊登读书会最初的分会"舵主"就是从500人的付费听书社群中挑选出来的，他们都是付费会员。
>
> 　　樊登读书会的分会是通过众筹的方式来运作的。"舵主"拿出3万元的风险投资，换取某个区域内1%的股份和100张会员卡。如果"舵主"把100张会员卡卖完，就能额外获得1%的股份。一方面，"舵主"高度认可樊登读书会的初衷、理念、经营模式；另一方面，"舵主"通常拥有强大的线上、线下人脉。

> 分会（城市代理）的发展使樊登读书会这个线上自媒体品牌具备了在线下组织和动员用户的能力。各个分会在吸引新用户方面起到了很大的作用，核心团队得以把更多的精力放在成本较低的讲书和App的开发、运营上。

2.2.4 建立"双客群"和"双货架"，社群是"连接器"

线下市场的增速较慢，线上市场的份额被瓜分殆尽。若商家既有"双客群"，又有"双货架"，则不仅能增强自身在线下的实力，还能无惧线上的挑战。

建立"双客群"和"双货架"，社群是"连接器"。

市场营销中有3个主要的业务领域，它们各自独立，彼此互不联系。

一是由传统的线下渠道和零售商构成的业务领域，虽然增速缓慢，但是占整个市场的3/4。这个业务领域是大品牌的生存之地。

二是以阿里巴巴和拼多多为代表的线上电商平台，前期增速较快，后期增速放缓。这个业务领域包括大平台和长尾市场。

三是O2O业务领域，即线上、线下融合的业务领域，线上下单、线下送货，如美团就是典型代表。

鉴于线下增长停滞不前，线上增速放缓，许多企业开始思考一个问题：能否把上述3个业务领域融合在一起？例如，三只松鼠利用线下门店，实现了从线上到线下的突破。

越来越多的传统企业开始通过渠道数字化、云店走上建立"双客群"和"双货架"的"反击之路"。

线上和线下的竞争几乎没有任何讨价还价的余地。随着价格和服务竞争越来越激烈，品牌渐渐学会了同时在线上和线下竞争。在O2O业务领域的竞争中，不同品牌各有各的优势。

在竞争的上半场，线上市场之所以能战胜线下市场，是因为线上市场有便利的交易规则和交易系统。线下市场的发展速度不快，主要靠顾客主动完成交易。在竞争的下半场，无论是品牌商还是线下门店，都在努力寻找新的出路。

1. 第一条"反击之路"：建立"双客群"

"双客群"的含义如下。

1）店内客群

在店内竞争中，品牌是最重要的，把竞争对手从货架上赶走相当于把竞争对手从市场上赶走。品牌商应最大限度地占据货架和陈列空间，使自己的产品具有唯一性和排他性。

一个终端的顾客数量往往是有限的。竞争既是品牌商的日常工作，也是企业营销体系中的重要

环节。

店内竞争的主要方式是空间竞争，只有占据更大的空间，才能拥有更靠前的排名、更漂亮的展示和更多的购买提示（包括推荐）等。

2）非店内客群

如果顾客不走进店内，品牌商就很难吸引顾客。在竞争越来越激烈的情况下，"如何吸引更多的顾客"成为热门话题。

在微信生态中，店主建立的店铺微信群形成了分散的社群，"店铺+社群"成为常态。对品牌商而言，竞争的关键是好好利用店铺微信群，以它们为桥梁，连接和影响店外顾客，构建控制终端的"深度分销+深度营销"体系，以控制终端为基础连接顾客，通过KOC影响更多的顾客。

建立"双客群"给了线下门店更多的机会。尤其是在微信这个社交和交易并存的平台上，线下门店可以实现快速交付，从而占据较大的优势。

也许有人会提出这样的问题："双客群"会不会导致顾客群体重合，从而造成资源浪费？答案是否定的。

线下门店通常以商圈为中心，这是零售业的特征。社群中的互动不受距离的限制，因此社群可以在更大范围内吸引更多的顾客。

2. 第二条反击之路：建立"双货架"

"双货架"的含义如下。

1）线下货架

在线下，货架是最接近顾客的"战场"，占据货架的品牌是胜利者，被挤出货架的品牌是失败者。占据货架有很多种方法，如购买、租赁等。货架、吧台、冰箱中放哪些产品既可以由店主决定，也可以由店员决定。

2）线上货架

并非所有线下门店都能在天猫、京东等电商平台上开店，店主可以通过社群、电话接单等方式建立线上货架。许多城市的住宅区周边有一些社区店，它们可以提供日用百货和快递收发服务、送货上门服务。

外卖平台也属于线上货架。如今，外卖几乎成为线下门店的标配，店主应该明确自身产品的外卖属性和商机，并慢慢地向外卖场景靠拢。店主需要对产品图片、外卖价格、外卖平台沟通等方面进行专业的管理，否则容易被有组织、有管理能力的竞争对手打败。

以品牌商为核心的云店、微商城等同样属于线上货架，它们与线下货架一起构成了品牌商的"双货架"。

第二章 数字化营销渠道的构成三要素

对品牌商而言，线上市场包括以传播为主的媒介矩阵和以交易为主的各个平台，线下市场包括以"人"（顾客）为主的"双客群"和以"物"（产品）为主的"双货架"。品牌商先开展线上运营，通过平台来获取顾客的反馈和数据，再把这些信息传递给研发部门等有关部门，让有关部门持续改进。在线下，品牌商利用品牌和管理的力量，使业务和渠道成员形成一条完整的运作链，从而实现由客群、货架、平台共同驱动的"人、货、场"智慧配置和升级。

除了专注于个别渠道和平台的品牌，大品牌必须具备足够强的实力，把自己的产品投放到不同的渠道和平台中，并保证产品的正常流通，这样才能进入正循环。

"双客群"和"双货架"的全渠道布局公式如图 2-7 所示。

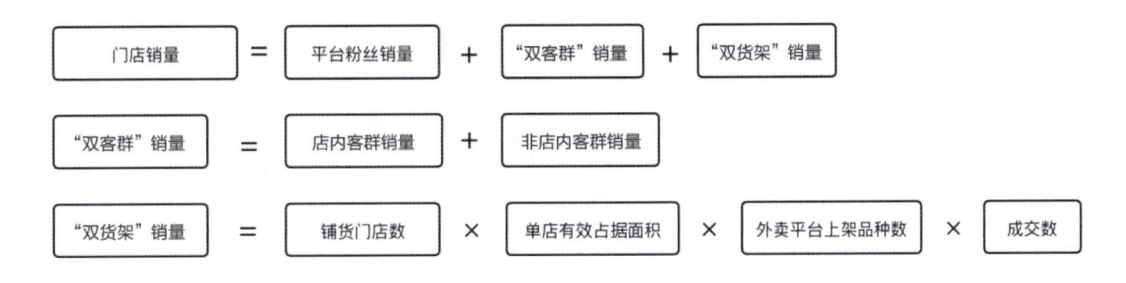

门店销量 = 平台粉丝销量 + "双客群"销量 + "双货架"销量

"双客群"销量 = 店内客群销量 + 非店内客群销量

"双货架"销量 = 铺货门店数 × 单店有效占据面积 × 外卖平台上架品种数 × 成交数

图 2-7

品牌商可以根据图 2-7 中的公式，对自己和竞争对手进行比较，找到自己的不足之处，并发现商机，否则容易陷入"眉毛胡子一把抓"的境地。

也许有人会问："双货架"会不会导致产品重合？答案是既可能会，也可能不会。

线下门店的空间有限，店主需要考虑产品的使用频率。使用频率较高的产品通常利润较低，如卫生纸。

云店有以下 3 种送货方式：一是线下门店送货，二是区域仓送货，三是品牌中心仓送货。

对于使用频率较低的产品，店主可以采用区域仓送货或品牌中心仓送货的方式，最大限度地减少对店铺资金的占用。

云店有多少价值？这个问题不像"云店能赚多少钱"那么简单。由于云店省下了房租、人工成本等费用，因此云店的毛利就是净利。也就是说，"双货架"可以为增加店铺利润做出很大的贡献。

"双客群"和"双货架"的全渠道布局模式如图 2-8 所示。

线上、线下"双线作战"是品牌商的市场逻辑。有了先进的技术手段，品牌商开始利用深度分销触达终端的优势，建立"双客群"和"双货架"。

"双客群"不但意味着有两个顾客群体，而且这两个顾客群体必须联系在一起。

建立"双货架"的技术手段从过去的微商城变成了现在的云店。两者的不同之处包括：微商城是中心式的，云店是分布式的；微商城的经营逻辑是零售逻辑，云店的经营逻辑是"市场逻辑＋零售逻辑"。借助于品牌商的市场逻辑，云店除了可以积累人脉，还可以获得更多的流量。

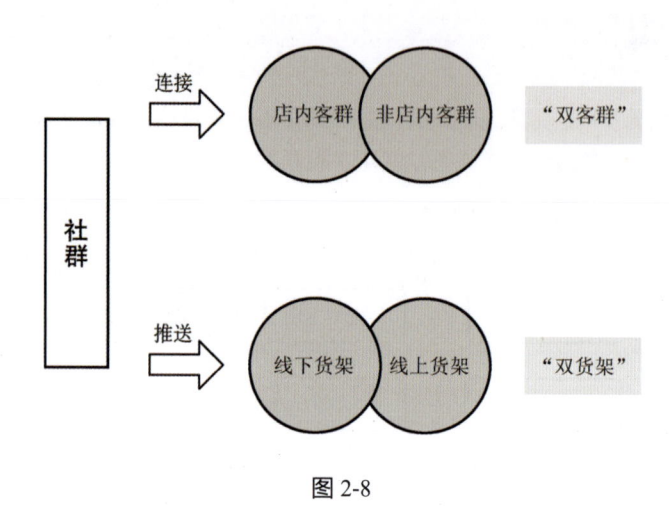

图 2-8

"双客群"和"双货架"各有各的特点。用什么技术手段打通"双客群"和"双货架"呢？答案是社群及其形成的深度连接。

"双客群"包括店内客群和非店内客群，把这两个顾客群体联系在一起的技术手段是社群。

"双货架"包括线下货架和线上货架，社群可以向顾客推送线上货架的产品。

（1）店主群是一个自然的终端群体，具有较强的黏性。

与生活群、工作群不同，店主群的功能定位是为顾客提供服务。因此，店主在店主群中谈生意是合情合理的，大多数顾客可以接受。

此外，店主群与社交电商群也不同，店主群是与顾客的日常生活和消费联系紧密、交互频率较高的社群。

店主群以社群为主体。总的来看，店主群具有以下两个特点：一是纯净度高，虽然店主群的构成比较复杂，但是店主（特别是小型零售店的店主）和群成员往往比较熟悉，大家在同一个社群中，即使在线上见不到面，在线下也经常见面，所以很少发表不礼貌的言论；二是富有温情，因为店主和群成员的生活范围往往有一定的重合，所以这种温情不是客套，而是对彼此的关心。

（2）品牌商可以通过社群、App 等为云店赋能。

云店不是微商城，而是品牌商分配给店主的线上店，品牌商可以为云店赋能。

交易产生于关系和认知。为云店赋能的主要方法是利用 KOC 和场景体验。

店主往往熟识一些 KOC。过去，KOC 是忠实消费者。现在，有了社群和云店，KOC 成了社群和其他消费者之间的"连接器"，以及推送云店的关键。

店主可以让 KOC 参与场景体验并形成强认知。只要 KOC 形成强认知，店主就可以通过 KOC 推送云店。

2.2.5 没有 KOC，就没有社群

"没有 KOC，就没有社群"实际上指的是"没有 KOC，就没有社群商业化"。

社群的形成是一种自然而然的现象，人们只要参与社会活动，就会自然而然地形成社群。社群商业化指的是利用社交关系开展商业活动。KOC 在其中扮演着关键角色。

社交社群和商业社群有本质上的不同，社交社群的群成员在建立社群之前就有联系，商业社群的群成员在建立社群之后才有联系。社交社群的群成员之间的关系是一种长期积累的结果，有信任关系作为支撑；商业社群通常在短期内形成，主要通过分享内容、发红包等提高活跃度的方式快速建立信任关系。

社群商业化不是将社交社群彻底转变成商业社群，而是利用社交社群的关系背书，开展晒图传播、"种草"推荐、分享链接等商业活动。社群商业化并不意味着社群的价值就是"交易"，"连接"才是社群商业化的真正价值。

没有商业用途的社群最容易实现社群商业化，因为这类社群以前没有商业用途，所以它们未来的发展空间很大。人际交往是社群商业化的先决条件，但它通常不是为了达到商业目的。频繁的交互会产生信息的交流，这种交流是社群商业化的基础。

在我国市场中，KOC 是一种新渠道，他们乐于讨论和传播自己对产品的认知，这些认知是影响其他消费者购买产品的关键因素。

传统渠道中的商家是 KOC，社群是他们的线下关系在线上的体现。

电商平台中的主播是 KOC，他们通过长期、客观的"种草"和推荐来获得观众的信任。

社群的群主和乐于分享的群成员是社群中的 KOC，他们可以激活社群的商业属性。通过 KOC，社群可以打通三度空间，如线下体验、社群"种草"、线上交易。

2.3 数字化营销渠道的构成三要素之云店

数字化营销渠道的第三环是线上连通线下。

具体做法如下：用户（C 端）通过云店连接终端（B 端）。

既有线下门店又有云店的 B 端被称为新店商。

有了云店，B 端就有了"双客群"，即线下客群和线上客群。其中，线上客群既包括 KOC 吸引来的用户，也包括 C 端通过拼团模式"拉来"的用户。

有了云店，B 端就有了"双货架"，即线下货架和线上货架。线下货架的空间有限，SKU 也有限；线上货架的空间是无限的，理论上可以无限增加 SKU，特别是使用频率低、价值高或附加值高的 SKU。

在新用户通过云店与 B 端交易后，双方就建立了连接，后续可以深化关系。B 端可以从新用户中发现 KOC，并通过场景体验激活 KOC。

> **拓展阅读**
>
> 搜索模式和分享模式有本质上的区别：淘宝着重于搜索场景中的流量，用户往往带着明确的目的在平台中搜索产品、比价并购买产品；拼多多着重于社交场景中的流量，用户往往在分享和推荐产品的过程中产生购买行为。

2.3.1 "商店"与"店商"的区别和联系

"商店"与"店商"并非文字游戏，它们是零售业中两种不同形态的经营逻辑，两者有被动和主动的区别。

商店是固定在某个特定地点的店铺，以店面为中心吸引顾客，顾客关系决定了顾客的忠诚度。

店商以人为中心、以店为本。

我们可以用店商来解决商店的问题。

人们通常把开展零售业的地方统称为商店，大型商店俗称店铺，小型商店俗称铺子，它们都是做生意的地方。

商店的营收在很大程度上由商店的地理位置决定，因此商店的地理位置非常关键。商店的营业面积决定了商店的商业范围，小型商店的商业范围有限，周边居民通常步行 5 分钟就能到达；大型商店的商业范围很大，能够吸引较远区域的顾客，他们往往需要开车才能到达。

总的来看，商店的营收取决于商店的地理位置和营业面积。在运营能力相同的情况下，更好的地理位置、更大的营业面积往往意味着更高的营收和更高的租金，于是有了"开店是给房东打工"的说法。

我国是一个长期以农业为主的国家，人口分布比较分散，商店也比较零散。截至 2022 年年底，我国的城镇化率已达到 65.22%，现代化的零售业已相当成熟，但在广大的农村、城乡接合部、城中村和居民小区周边仍有大量的传统零售店。因此，我国的渠道体系可以划分为具有不同属性的两种渠道：超市和流通渠道。

"店商"一词中的"商"并非电商。电商没有实体店,只有电商平台中的线上店。店商有实体店,和普通店铺一样受商业范围的限制。同时,店商也有云店,它不受商业范围的限制。

云店不同于电商。电商在公共平台上,云店在品牌商的平台上。

云店也不同于微商城。微商城是中心式商业系统,云店是由品牌商赋能的分布式商业系统。

从交易的角度来看,店商是"线下门店+云店",线下门店是云店的基础。如果没有线下门店做基础,云店就会变成社交电商。

商店的主要瓶颈是商业范围和 SKU 数量有限,云店则没有这些瓶颈。

云店采用线上订货、线下送货的模式。线上订货不受商业范围的限制。对于线下送货,距离近的可以直接送达,距离远的可以通过第三方送达,类似于电商。商店的营业面积限制了商店的 SKU 数量,而云店的 SKU 数量从理论上来说是无限的。

商店的客流量主要来自周边,云店的客流量来自哪里呢?

云店的客流量主要来自以下两个方面:一是店内人链带来的客流量,二是品牌商带来的客流量。前者是以店铺为核心的由人链引导的单店逻辑,后者是以品牌商为核心的多店逻辑。

要想增加客流量,店主需要完成以下 3 个步骤。

第一,店主需要在经营店铺的过程中找出有价值的顾客,即 KOC,并把自己与 KOC 的关系逐渐由生意推向生活,由客情推向人情,或者通过场景体验等方式深化彼此之间的关系。

第二,店主需要把自己与 KOC 的关系从线下关系转变为社群关系、线上关系。

第三,店主需要让 KOC 形成强认知。

经过以上 3 个步骤,KOC 就有了增加客流量的价值。需要注意的是,增加客流量要建立在适当利用人脉的基础上,不能像微商那样把人脉弄得太商业化。

多家店铺联合可以吸引更多的顾客。有了这种势头,联合起来的多家店铺可以增加一个区域内的总销量和营收。不过,增加的营收很可能和租金互相抵销。

店商的客流量包括店内人链带来的客流量和品牌商带来的客流量。人与人之间的关系是以人际交往为前提的,维系、经营这种关系需要付出成本。与商店不同的是,店商的成本是由供给和需求决定的。

与商店相比,店商具有较大的竞争优势,客流量也会向店商聚集。

商店的渠道太少,客流量有限;店商拥有多样化的渠道,各种渠道都能增加客流量,从理论上来说,店商的客流量是无限的。

2.3.2 新店商创造新增量

增长是企业的最强音。厂家做深度分销的黄金时期是终端有增量的时期。虽然不是所有终端都有增量,但是终端整体的增速很快。有了增量,就有了话语权。厂家需要用客情来交换自身产品在终端的业绩,如陈列、推荐等。当然,厂家不可能对所有终端进行全面改造,但对一部分终端进行改造是完全有可能的。谁能给终端带来更多的增量,谁就能在新的渠道竞争中占上风。做生意,谁能创造利润,谁就有话语权。创造新增量就是创造新的利润。

在渠道销售中,厂家和经销商的销售额来自线下门店的销售额,线下门店面临的困境也是厂家和经销商面临的困境。近几年,无论是KA店、连锁店还是一般的便利店,经营情况都不太好。换个角度看,危中有机,这是零售业千载难逢的变革。从2017年开始,线下门店的销售额在社会消费品零售总额中所占的比例急剧下降。归根结底,造成这种现象的原因主要有以下3个。

第一,许多行业总量封顶。例如,2013年是许多快消品行业的销量高峰;2014年,快消品的销量出现了明显的下降趋势;2017年,经过结构调整,快消品行业逐渐找到了增加销量的出路,在一定程度上摆脱了困境。

第二,电商瓜分线下门店的利润。电商通过网络销售产品,瓜分了线下门店的一部分利润。虽然电商近年来的增长速度有所减缓,但是仍远超社会消费品零售总额的增长速度。

第三,新的零售业态争夺线下门店的市场份额。例如,社区团购让宝妈得以参与到零售业中,争夺线下门店的市场份额。此外,社交电商也在迅速发展。

以前,传统零售业以线下门店为主;现在,各种网络零售业正在蚕食传统零售业的市场。一方面,社会消费品零售总额增速减缓,新的渠道正在争夺线下门店的市场份额,线下门店面临严峻的考验;另一方面,房租和人工成本越来越高。线下门店面临的上述问题并非个别现象,而是普遍现象。个别现象可以通过增强运营能力来改变,普遍现象只能通过转型升级来改变。在这种情况下,传统零售业束手无策。

具体而言,线下门店有以下4个特点。

(1)线下门店的营业面积有限,很难增加SKU数量。

(2)线下门店的商业范围有限,周边居民通常步行5分钟就能到达。

(3)在与顾客互动的过程中,线下门店的店主没有太多方式来深化顾客之间的关系。

(4)线下门店是卖场,没有丰富的认知手段和销售场景。

线下门店有两种资源:一是店面,二是人。传统店铺通过店面来引流,电商通过互联网工具(如直播)来引流。互联网工具是大部分商业的通用工具,并非电商的专利。数字化营销渠道以线下门店为基础,通过打通社群、线上来形成立体连接。

数字化营销渠道给店主带来了以下3类流量:一是线下门店带来的流量,二是社群带来的流量,三是线上带来的流量(如直播流量、云店流量等)。

例如,三只松鼠在经营"联盟小店"的过程中采用"双IP"策略,不仅考虑线下门店的地理位置,还考虑店主的IP,从而实现"以人引流"。如图2-9所示,数字化营销渠道的布局模式提倡线下门店实现流量全面覆盖，也就是上述3类流量都要重视。

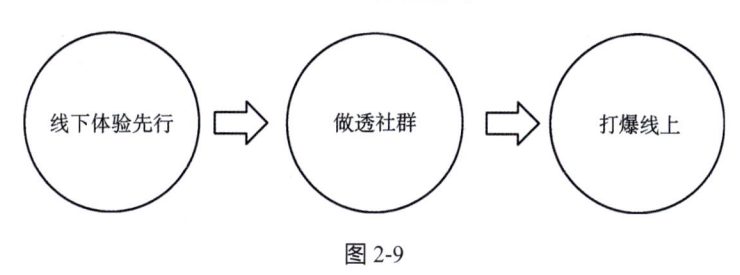

线下体验先行 ➡ 做透社群 ➡ 打爆线上

图 2-9

第一，线下体验先行。这指的是通过线下体验来深化店主和KOC的关系，让KOC形成强认知。过去，线下门店通常没有线下体验；现在，许多品牌在线下设立了体验中心。

第二，做透社群。由于KOC和店主有强关系，而且KOC有强认知，因此KOC可以和其他顾客建立强关系。只有做透社群的店铺才是真正意义上的新店商。

第三，打爆线上。如果某品牌在一个县内有100多家线下门店，这些线下门店的店主就可以建立1000多个社群，从而达到"百店联动、千群共振、万人传播"的效果。

只有做到以上3点，才能真正形成立体连接。对线下门店而言，形成立体连接是一种吸引流量的有效方式。没有形成立体连接的线下门店，其流量会被其他线下门店抢走，从而导致其利润减少，其他线下门店的利润增加。

"线下门店+云店"可以为新店商创造新增量。

线下门店创造新增量主要有以下两个瓶颈：一是线下门店的商业范围决定客流量的大小；二是线下门店的营业面积较小，货架上的产品数量较少。

由于线下门店（尤其是便利店）的营业面积有限，店内产品的种类和数量也有限，因此线下门店通常采用"高频产品+低频产品"的产品组合策略。高频产品的销量大、定价透明度高、毛利低，低频产品的销量小、定价透明度低、毛利高。这样的产品组合不仅能增加销量，还能增加利润。

如果能打通三度空间，形成立体连接，品牌商就能为线下门店开设云店了。从理论上来说，云店的SKU不受限制，低频产品、高价值产品更适合在云店中销售。云店可以通过线下门店、区域仓、品牌中心仓来配送产品。除此以外，云店的另一个主要功能是推广新产品。过去，新产品的推广成效以铺货率为主要衡量指标，铺货率在很大程度上决定了推广新产品的效果和新产品的销量。现在，推广新产品要有针对性，先满足KOC的需求，再进行精准推广，最后在线下铺货。

小型线下门店的店主往往凭直觉做生意，如果没有新增量，生意就很难做大。

品牌商要想为线下门店创造新增量，必须从C端入手，通过B端把流量引向C端，形成一个闭环。这就是BC一体化。实现BC一体化的先决条件是店主是KOC或"小IP"。

除了利用线下门店固有的客流量，店主还可以对周边的客流量进行重新分配。2019—2020年，许多线下门店通过社群、直播、云店等互联网工具创造了新增量。与深度分销的单向逻辑不同，对 BC 一体化的新店商而言，线下门店和品牌商是互惠互利的：品牌商为线下门店创造新增量，以换取线下门店的存量。

2.3.3 从"地段流量"到"本地流量池"

自电商出现以来，线下门店的生存空间受到了挤压，有数据为证，如图 2-10 所示。

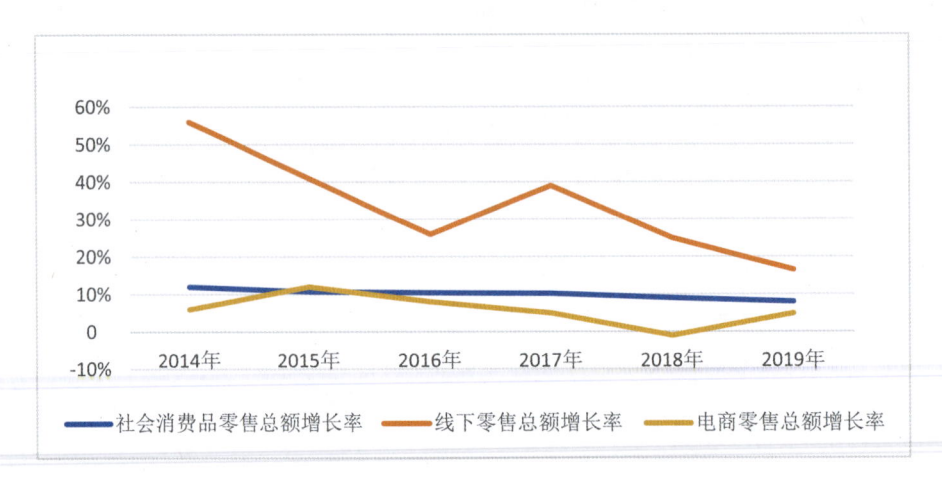

图 2-10

对 BC 一体化的新店商而言，即使线下门店不开门，也能通过云店把产品卖出去。这是新店商的销售逻辑，不是传统零售店的销售逻辑。只可惜，一些临时建立起来的社群走了回头路。好在一些品牌商的新店已经开业，同时网上销售也在继续。传统零售店要适应互联网环境，当 KA 店选择做新零售时，小型零售店应该怎么办？答案是升级为新店商。

传统零售店的客流量有限。新店商要想增加客流量，需要解决以下 3 个问题：一是如何改变经营方式，二是如何与厂家保持一致，三是如何与赋能平台保持一致。

1. 从经营传统零售店到经营 KOC

经营传统零售店主要包括以下 3 件事。

第一，选择好的地理位置。地理位置越好，客流量越大，但租金也越高。可见，好的地理位置是一把双刃剑。

第二，选择好的产品组合。对传统零售店而言，好的产品组合至关重要，不仅要有高质量，还要有高利润。

第三，热情接待顾客。从实际经营情况来看，传统零售店的营收与店主维系顾客关系的能力成正比。

新店商与传统零售店是不一样的。新店商的流量不仅来自线下，还来自线上。线上流量以"人"为起点，先通过 KOC 初步放大，再通过社群和线上（如云店、直播等）进一步放大。

要想高效经营 KOC，店主需要做好以下 3 个方面的工作。

第一，挑选有价值的顾客（KOC），并深化和他们的关系。例如，2020 年 3 月，4000 多家慕思专卖店进行了现场直播，动员了 150 多万个 KOC。这充分证明了慕思专卖店经营 KOC 的能力非常强。KOC 可以提升店铺的人气，他们对普通顾客的影响很大。店主能够经营多少 KOC 在一定程度上决定了店铺的线上运营能力。

第二，加强和 KOC 的合作，通过创造共同的体验，把客情转化为人情。

第三，借助多种认知手段，让 KOC 形成强认知。

例如，北方的某香料品牌想在南方开辟新市场，可以采用以下做法。

第一，基于深度分销，选择几家 IP 有特点的店铺进行试点。如果店铺的 IP 是独一无二的，那么其影响力往往更大。

第二，在县级市场设立体验中心，让店主和 KOC 形成强认知。如果店主和 KOC 没有强认知，品牌就很难成功推广价格不菲的新产品。

第三，打造新的终端推广场景。过去，终端推广主要有以下两种方法：一是对顾客讲道理；二是劝说顾客，给顾客好处。该品牌可以打造新的终端推广场景：感动顾客。

目前，围绕新零售平台进行数据赋能主要有以下两种模式：一是品牌商的认知赋能模式，二是新零售平台的大数据赋能模式。

"百店联动、千群共振"是品牌商的认知赋能模式的典范。新零售平台的大数据赋能模式主要是指掌握 C 端的大数据，用大数据指导终端店选择产品，确保产品能够满足终端店周边顾客的需求。

2."人店合一"：一步走进新店商

新店商是一种新兴的零售业态。它虽然有店铺，但是不以店铺为主要销售渠道；虽然不在电商平台上开店，但是有云店。

在新店商中，顾客既可以在店铺中现场进行交易，一手交钱，一手交货，也可以通过电话、微信、云店下单，并让店主把产品送到指定的地方。

新店商提供的 SKU 既可能是店铺已有的，也可能是店铺没有的，由区域仓或品牌中心仓送货。这样一来，店主既不用担心店铺囤货却没人买的问题，也能避免小众产品在公共渠道中的成交量太小的问题。

新店商的实体店数量比传统店铺的数量少得多，有时候只需要七八家实体店就能覆盖一座地级市，对实体店的地理位置也没有太高的要求。

由于专支店只卖一种产品，因此用传统的方法很难运营下去，可以向新店商转型。新店商吸引

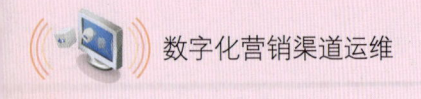

顾客的渠道包括线下渠道和线上渠道，运营成本相对较低。

新店商和传统店铺有何不同？传统店铺主要依靠店面来增加客流量。对新店商而言，店面不是最重要的，客流量才是最重要的。

在传统店铺中推广小众产品，难度很大；在新店商中推广小众产品，可以比较轻松地吸引更多的顾客。

2.3.4 新店商"脸谱"

新店商的特点包括：需要线下门店，但不依赖线下门店；以线上流量（如社群流量）为主要流量，其覆盖半径比传统店铺大得多；店主通常是"小IP"或KOC；其线下门店有即时配送能力和第三方配送能力。

1. 新店商的流量从哪里来

对新店商而言，地理位置不再是影响流量的主要因素。新店商的流量来源大致包括以下4个。

1）通过LBS获得的搜索流量

某个IP的粉丝在产生需求后，往往会搜索距离自己最近的线下门店。因此，新店商需要在电子地图上标记线下门店的地址。

2）电话流量

老用户会直接通过电话下单，有的新用户会在电子地图上查询电话，并通过电话下单。

3）社群流量

新店商的店主可以建立专属粉丝群，有些KOC也会建立粉丝群。在产生需求后，群成员会在社群中下单。

4）云店流量

虽然云店兴起的时间不长，但是它已经逐渐成为新店商的标配。它的优点是方便推送，而且容易与用户的个人利益绑定。

2. 新店商如何培养用户

流量是获得订单的前提，而获得订单是培养用户的结果。新店商以人格背书为主，只有培养用户、激发用户需求，用户才会下单。新店商培养用户的4个关键词分别为品牌IP、店主IP、KOC、社群，如图2-11所示。

图2-11

1）品牌IP

有品牌IP的产品往往有固定的粉丝基础。因此，新店商要打造品牌 IP，积累粉丝。

2）店主 IP

新店商不妨采用"双 IP"策略，其中品牌是"大 IP"，店主是"小 IP"。对新店商而言，店主 IP 很重要，店主要有人脉。

3）KOC

在运营一段时间后，新店商会积累一批 KOC。KOC 的商业化程度不像 KOL 那么高，同时具有一定的影响力。巧妙地利用 KOC 的影响力是运营新店商的重要技巧。

4）社群

社群是由熟人、"半熟人"和陌生人组成的圈子。新店商社群与社交社群的差异很大，新店商社群通常更有理性、有温度、有秩序，它由爱好相同的人组成，没有被过度商业化。在新店商社群中，群成员可以完成从陌生人到"半熟人"、从"半熟人"到熟人、从熟人到 KOC 的转变。新店商社群一般是小众社群，群成员有共同的价值观，切忌像运营大众化的社交社群那样运营新店商社群。

3. 新店商为什么需要线下门店

对传统零售而言，线下门店是主要的交易场所。对新店商而言，线下门店已经不是主要的交易场所。那么，新店商为什么需要线下门店？线下门店对新店商的价值是什么？

对新店商而言，线下门店不可或缺，它既是新店商的信用背书，也是新店商培养用户的重要场景。

（1）线下门店是新店商的信用背书。"有恒产者有恒心"，线下门店可以被视为新店商的信用背书。特别是在一些社群的可信度有所下降的背景下，线下门店对新店商的价值更加重要。

（2）线下门店可以充当配送前置仓。新店商的配送模式有以下 3 种：一是线下门店配送，新店商的配送半径远超便利店的商业范围，根据距离的不同，分为线下门店送达和第三方送达（同城配送）；二是区域仓配送，一般配送线下门店没有的 SKU（跨城配送）；三是品牌中心仓配送，适合配送使用频率低的 SKU。

（3）线下门店可以进行场景式陈列。商店店面的功能包括陈列、交易。新店商店面的交易功能弱化，体验功能突出。与商店店面不同，新店商店面可以进行场景式陈列。

（4）线下门店可以深化用户关系。商店的主要功能是交易，没有培养用户的功能，所谓的用户关系不过是店主和用户在买卖东西时闲谈几句。近几年，一些商店内摆放的茶桌越来越多。这些茶桌的功能是什么？答案是深化用户关系。深化用户关系除了能稳定、维系用户，还有助于 KOC 影响更多的用户。

（5）线下门店是发挥体验功能的物理空间和"根据地"。只有让用户进入线下门店，新店商才能发挥体验功能。体验既是让用户形成强认知的有效手段，也是开展新营销的起点和发力点。

2.3.5　品牌商运营新店商

现在，很多品牌商在设计渠道时选择走新店商之路。总的来看，运营新店商效果较好的品牌商大致有以下 6 个共同点。

（1）品牌 IP 化、产品 IP 化、店主 IP 化。这是新店商一脉相传的运营逻辑。

（2）开设有影响力的体验店。品牌商运营新店商要遵循"三强"法则，即和有强影响力的人（如 KOL、KOC 等）建立强关系，并让他们形成强认知。按照运营顺序，品牌商需要依次让经销商、店主、KOL、KOC 等形成强认知。什么是强认知？媒体（无论是大众媒体还是自媒体）认知是弱认知。只有经过深入体验形成的、难以被其他认知手段覆盖的认知，才是强认知。

（3）选择有独特 IP 的经销商和加盟商（店主）。新店商强调"双 IP"策略，品牌是"大 IP"，店主是"小 IP"。有独特 IP 的店主相当于一个"本地流量池"。只要店主有独特的 IP，店外销量就不难超过店内销量。

（4）线下门店场景化。新店商的线下门店不能像传统零售店一样是单纯的陈列、交易场所。线下门店场景化有两种作用：一是激发用户的消费情绪，既要满足用户的功能需求，又要满足用户的情绪需求；二是让用户在店内停留一段时间，而不是买完东西就走，从而深化用户关系。

（5）云店是标配。虽然用户可以通过电话、社群来下单，但是云店是最方便推送的，而且容易与用户的个人利益绑定。特别是对于远距离用户和店内没有存货的 SKU，推送云店能更方便地满足用户需求。

（6）品牌商、店主一起培养粉丝。什么是粉丝？粉丝包括关注者、用户、传播者、普通奉献者、有势能的奉献者。粉丝以什么方式支持新店商？通俗地说就是出钱、出人、出力。粉丝最佳的支持方式是和品牌商、店主一起玩，在玩的过程中支持新店商。这个过程同时也是传播 UGC（用户生成内容）的过程。例如，某品牌早期的短视频因粉丝自发传播而火爆网络，甚至推动了该品牌的招商进程。近几年，研究社群运营的人不少，但很少有人意识到品牌商、店主和粉丝一起玩是运营社群、深化关系的最佳方式。在运营新店商的过程中，深化关系是培养粉丝必不可少的手段。

职业技能训练

一、判断题

（1）KOL 具有渠道属性，KOC 具有媒体属性。　　　　　　　　　　　　　　　　（　　）

（2）在大众媒体时代，口碑成为影响传播效果的关键因素，基于社交关系形成的口碑对用户购

买产品具有决定性影响。 （　）

（3）数字化营销渠道的第二环是社群连通线上。 （　）

（4）我国商业的特点是紧密结合宏观经济政策，实现稳健、快速增长。 （　）

（5）新店商的特点之一是需要线下门店，但不依赖线下门店。 （　）

二、单项选择题

（1）数字化营销渠道的第一环是（　　）。
　　A．社群连通线上　　B．线下连通社群　　C．线上连通社群　　D．媒介

（2）下列哪个选项不属于体验"三感"？（　　）
　　A．娱乐感　　B．参与感　　C．仪式感　　D．信任感

（3）下列哪个选项不属于体验对象？（　　）
　　A．厂家　　B．KOL　　C．B端人群　　D．KOC和大C

（4）下列哪个选项不属于三大流量？（　　）
　　A．公域流量　　B．精准流量　　C．私域流量　　D．商域流量

（5）从认知的角度来看，下列哪个选项不属于体验场景？（　　）
　　A．产品溯源场景　　B．终端场景　　C．设计场景　　D．游戏场景

三、案例分析题

拼多多：从"3人团"到7.884亿个活跃用户

拼多多创立于2015年，从初创到上市仅用了不到3年的时间，刷新了中国互联网企业的最快上市纪录。从最初的"3人团"到7.884亿个活跃用户（截至2020年），拼多多只用了5年。

拼多多之所以能以令人惊叹的速度发展，得益于微信带来的巨大社交流量。2015年，微信的月活跃用户数接近7亿人。这是一个重要的商业信号，媒介的变化预示着新机遇。拼多多的创始人抓住了这个机遇。

拼多多的前身拼好货由微信服务号起家，其最初的模式很简单：把一箱水果分成3份，并制定"3人团"的拼团规则，用户要么买一箱，要么买一份。拼团模式在避免浪费和库存损耗的同时，还起到了鼓励用户通过微信来转发、推荐、传播的作用。

分享机制是平台快速发展的重要工具。在分享机制中，最关键的不是操作方法，而是顶层思路。拼团模式的核心逻辑是把拉新成本（通常花费在搜索引擎优化、搜索引擎营销、广告、地推等

方面）变为折扣补贴，让用户利用其社交关系，帮助平台完成拉新。这种创造性的模式实现了平台和用户的双赢。

占据用户的时间，利用用户的社交关系，开发用户的渠道，挖掘用户的传播力，让用户愿意用自己的时间、社交关系、渠道、传播力来交换低价或免费的产品，这是拼多多实现大规模传播的关键。

1．用户即KOC

每一位拼团成功的用户都是KOC。用户只要把产品链接分享到微信中，并邀请朋友、同学、亲人等在24小时内购买链接中的产品，就能拼团成功。换句话说，用户拼团的过程相当于替拼多多免费推广。

只有被激活的用户才是KOC，没有被激活的用户不是KOC。在传统营销中，让用户主动分享产品链接是非常困难的。拼多多通过人性化的设计，把分享产品链接变成了一件很轻松的事。

2．用户关系即平台关系

用户关系在社交电商平台中举足轻重，通过用户关系拓展平台关系是拼团模式实现"病毒式"裂变传播的根本原因。

用户关系是用户的沉没成本，却是平台的净增量。站在用户的立场，社交关系是自己已经付出且无法计算的沉没成本。为了得到拼团成功的奖励（如优惠、提现、减免、红包等），用户愿意适当利用自己的社交关系，并通过平台来变现。对用户而言，这种行为不会增加额外的成本；对平台而言，用户为了得到奖励而利用的社交关系是平台的净增量，平台只要付出很低的成本，就可以获得很高的用户转化率。

揣摩人性是挖掘用户的社交关系的关键。拼多多设计的"砍一刀""分享得提现"等玩法把人性揣摩得非常透彻。

以"砍一刀"玩法为例：首先，用户一旦开始砍价，必须在24小时内邀请好友帮自己把价格砍到0元，否则就会失去免费获得产品的机会；其次，对于同一个产品，同一个好友只能帮用户砍一次价；最后，同一个好友每天最多只能帮3个用户砍价，防止一小部分人互相帮忙砍价。

拼多多的一系列玩法以利益为"诱饵"，吸引用户完成各种任务和操作，从而把拼多多的影响延伸到用户的整条社交关系链中。

问题：

（1）拼多多采用的是哪种渠道拓展方式？

（2）拼多多的KOC是谁？如何利用其影响力拓展渠道？

03

第三章
数字化营销渠道流量拓展

【知识目标】

- 了解新媒体营销传播矩阵的5个方面；
- 掌握渠道直播的原理；
- 理解社交电商的运作原理；
- 掌握深度分销的方法。

【能力目标】

- 能结合企业实际选择合适的流量来源；
- 能利用渠道直播进行流量拓展；
- 能结合企业实际选择合适的社交电商运作方法；
- 能探寻合适的深度分销方法。

【素养目标】

- 培养学生爱岗敬业的职业态度；
- 培养学生的团队协作能力，引导其践行和谐、友善的价值观；
- 培养学生认识自我、挖掘自身优势的能力。

【思维导图】

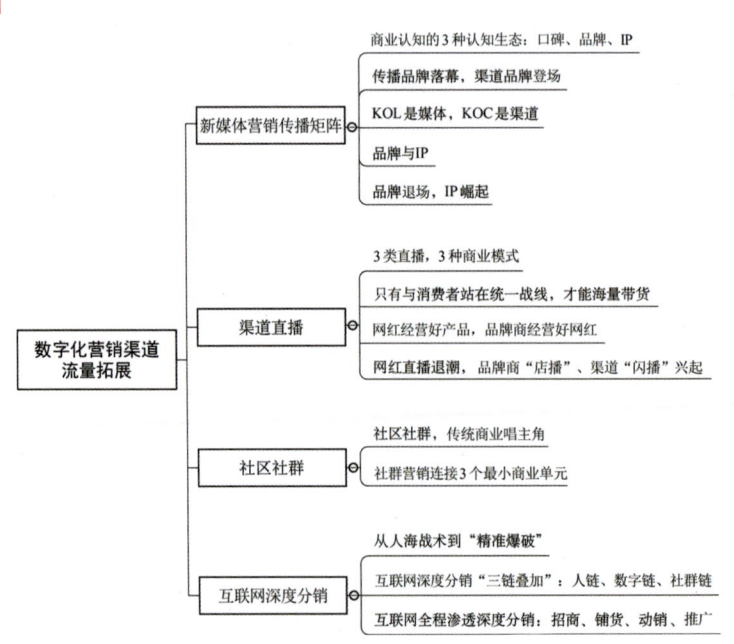

```
                                  ┌─ 商业认知的3种认知生态：口碑、品牌、IP
                                  ├─ 传播品牌落幕，渠道品牌登场
                   ┌─ 新媒体营销传播矩阵 ─┼─ KOL是媒体，KOC是渠道
                   │              ├─ 品牌与IP
                   │              └─ 品牌退场，IP崛起
                   │
                   │              ┌─ 3类直播，3种商业模式
                   │              ├─ 只有与消费者站在统一战线，才能海量带货
                   ├─ 渠道直播 ────┼─ 网红经营好产品，品牌商经营好网红
 数字化营销渠道 ──┤              └─ 网红直播退潮，品牌商"店播"、渠道"闪播"兴起
    流量拓展      │
                   │              ┌─ 社区社群，传统商业唱主角
                   ├─ 社区社群 ────┤
                   │              └─ 社群营销连接3个最小商业单元
                   │
                   │              ┌─ 从人海战术到"精准爆破"
                   └─ 互联网深度分销 ┼─ 互联网深度分销"三链叠加"：人链、数字链、社群链
                                  └─ 互联网全程渗透深度分销：招商、铺货、动销、推广
```

第三章 数字化营销渠道流量拓展

【引导案例】

2020年3月4日,慕思总裁分享了该品牌举办的两场全国特惠直播活动的成果。这两场直播活动举办于2020年3月1—2日,其间吸引了超过550万人观看,订单数量超过10万笔。

2020年1月25日,慕思总裁和董事长互致新春问候,并讨论了慕思在2020年第一季度可能遭遇的巨大冲击。面对这一局势,慕思必须调整许多计划,以全面应对危机。

2020年1月27日,慕思宣布向湖北省捐赠300万元,随后又捐赠了100万只口罩。此外,慕思还取消了原计划举行的感恩老顾客活动,同时进行了在线复工的部署。2020年2月2日,慕思开始在线复工,并立即策划和准备全国直播活动。在之后的20多天里,慕思整合了内部的21个部门,召开了100多次线上会议。这些举措清晰地展现了慕思对危机的敏感性和应对危机的积极态度。慕思坚决果敢,紧密围绕明确的目标展开行动,真正做到了"知行合一"。

1. 迎难而上

在此之前,慕思在直播方面处于"三无"的状态:无直播经验、无运营账号、无直播网红。

慕思是我国寝具领域内的高端领导品牌,虽然在电商方面有所布局,但是该品牌更注重线下门店的运营。据统计,慕思线下门店的营收占比约为90%。在这种情况下,其他品牌很可能选择与流量大的直播平台、人气高的网红、专业的运营机构合作,以提高成功的概率。慕思却选择"拥抱陌生",推出直播计划。慕思并未选择知名的直播平台或大V、专业机构,而是对自己的促销员进行培训。

2. 自主创新制造流量

慕思采用了以下两个策略来开展促销活动。

第一,慕思动员了自己的员工和经销商的员工,形成了一支由1万多人组成的"全员营销大军"。他们围绕全国范围内的4000多家慕思线下门店建立了90多个社群,并积极进行动员和指挥。很多员工的家属自发地参与进来,进一步推动了促销活动顺利开展。

第二,慕思采用了创意营销策略来促进社交裂变。令人惊叹的是,这场活动吸引了128万人参与和转发,同时有150多万个顾客自发成为慕思直播的代言人,他们还主动制作了代言海报。这些数据足以说明这场活动的成功,以及它在社交媒体上产生的巨大影响。

通过动员策略和创意营销策略的有效结合,慕思的促销活动实现了"病毒式"裂变增长。按照每个员工影响100人的传播效果来计算,慕思几乎没有花费多少资金,就实现了触达1.28亿人的传播效果。慕思的促销活动堪称现象级的成功案例。

3. 线上、线下一体化运营

第一,除了全国统一的直播营销,慕思的数千名促销员还会与顾客进行在线沟通,以实现"协同作战"。也就是说,慕思不仅依靠主播来带货,还依靠全国范围内的在线协同。

第二,这场活动不是某一家慕思线下门店的独角戏,而是全国范围内的4000多家慕思线下门

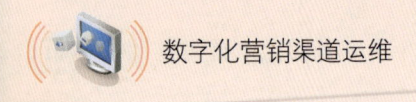

店共同参与的 O2O 活动，这解决了传统电商中存在的厂商矛盾、线上、线下矛盾，以及产品的型号、价格的矛盾。这是一场颠覆性的革命，它意味着直播电商不再是简单的复制和重复，而是把厂家纳入数字化进程中。

第三，慕思创造性地利用"全员营销大军"的巨大力量，这不仅意味着每个员工都要销售产品、带来顾客、转发朋友圈，还意味着慕思把全员营销纳入了富有创意的促销活动中。这种营销行为让慕思成功地实现了"流量引爆"。

慕思的促销活动是一个优秀的社群营销案例。社群营销的主要特点是实现企业与顾客的认知、关系、交易的一体化。此外，慕思还把线上、社群、线下三度空间有机地结合起来，互相引流，既放大了客流量，又深度影响了顾客的消费价值链。

社群营销虽然是近几年的热门概念，但是大多应用于微商、小微型企业促销中。作为一家大型企业，慕思将社群营销应用于促销活动中的做法很有创造性。

【案例分析】：慕思是一家传统的制造企业，过去并未从电商中获得太大的收益。通过线上、线下一体化运营和"流量池"裂变等成功实践，慕思实现了颠覆性创新。电商已经吸纳了经销商体系，从而扭转了过去双线运行、相互冲突的局面，这意味着慕思等传统企业可以在电商领域内获得更大的发展机遇。通过一系列成功实践，慕思未来将持续变革和自我迭代，创造前所未有的竞争新优势。在我国的大中型企业中，慕思在品牌塑造、品类创新、顾客关系管理、国际化等方面的竞争力非常突出。特别是在品牌塑造方面，慕思已成为我国企业界的标杆。

3.1　新媒体营销传播矩阵

历史上的所有认知模式，在新营销中都有迹可循。

农业社会的口碑认知模式虽然效率很低，但是至今仍然有效。

大众媒体虽然式微，但是仍然存在，依托大众媒体的广告和品牌认知模式仍然有效。

依托自媒体进行内容裂变、打造 IP，逐渐成为主流的认知模式。

通过场景体验，利用 KOC 的影响力在社交媒体上传播，这是 BC 一体化体系下的认知模式。

立体连接不排斥任何一种认知模式，它提供了 BC 一体化体系，即"B 端→KOC→C 端"体系。在该体系的加持下，认知模式的效果会倍增。

📖 素养提升

新媒体是一个相对的概念，各种新媒体会不断地出现，现在的新媒体在不久的将来很可能变成旧媒体。

例如，20多年前的门户网站是当时的新媒体，微博、微信是近10年的新媒体。

掌握新媒体的规律，了解它的走向，在适当的时机抢占市场、享受红利，是企业和新媒体人的追求。人人都是"媒体"，人人都可以营销，有效的营销能够推动经济的繁荣和社会的进步。新媒体平台有很多，企业在新媒体平台中营销时一定要分清主次，基于自身的实际情况，构建适合自身的新媒体营销传播矩阵。

3.1.1　商业认知的3种认知生态：口碑、品牌、IP

随着社会的发展，商业认知模式不断变化。

商业认知逻辑如下：每种社会形态都会形成相应的主流媒介，如工业社会的大众媒体；主流媒介中会形成特定的信息呈现形态，如大众媒体中的广告、公关；基于信息呈现形态会形成特定的时代认知符号，如基于广告形成的品牌。

商业认知逻辑可以简单表述为"社会形态→主流媒介→信息呈现形态→时代认知符号"，其中起关键作用的是主流媒介。

自人类社会诞生以来，形成了商业认知的3种认知生态，如图3-1所示。

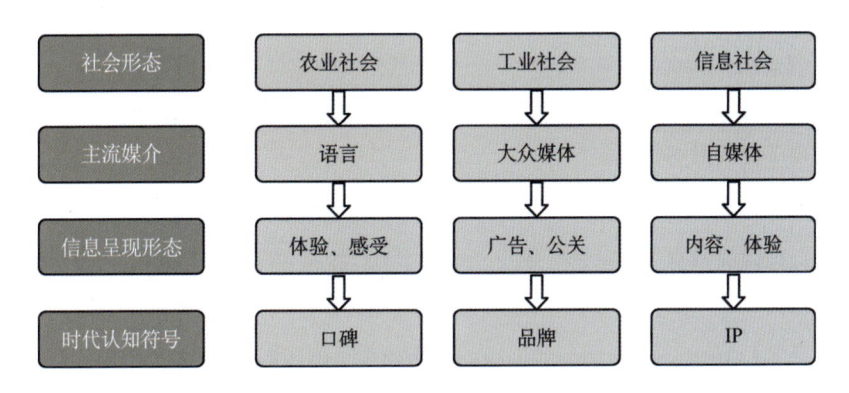

社会形态	农业社会	工业社会	信息社会
主流媒介	语言	大众媒体	自媒体
信息呈现形态	体验、感受	广告、公关	内容、体验
时代认知符号	口碑	品牌	IP

图 3-1

农业社会的商业认知逻辑是"农业社会（社会形态）→语言（主流媒介）→体验、感受（信息呈现形态）→口碑（时代认知符号）"。

工业社会的商业认知逻辑是"工业社会（社会形态）→大众媒体（主流媒介）→广告、公关（信息呈现形态）→品牌（时代认知符号）"。

信息社会的商业认知逻辑是"信息社会（社会形态）→自媒体（主流媒介）→内容、体验（信息呈现形态）→IP（时代认知符号）"。

（1）农业社会："语言→体验、感受→口碑"。

口碑认知生态适用于农业社会，虽然其在之后的社会中不是主流，但是仍然存在。

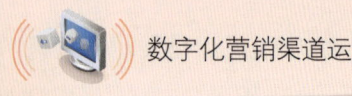

（2）工业社会："大众媒体→广告、公关→品牌"。

品牌认知生态适用于工业社会，虽然其逐渐被新的认知生态取代，但是其影响仍然存在。

（3）信息社会："自媒体→内容、体验→IP"。

IP认知生态是新的主流认知生态。

概念有时代背景，理论有适用范围。口碑、品牌、IP不是可以无限延伸的概念，它们有特定的时代背景和商业生态，是不同社会的主流认知符号。

3.1.2　传播品牌落幕，渠道品牌登场

1. 品牌的定义

（1）当把品牌看作一个营销概念时，我们指的是品牌的定义。

菲利普·科特勒在《营销管理》一书中对"品牌"做出了如下定义："品牌是一种名称、术语、标记、符号或设计，或是它们的组合运用，其目的是借以辨认某个销售者或某群销售者的产品或服务，并使之同竞争对手的产品或服务区别开来。"

（2）当提到某个具体品牌时，我们指的是该品牌的认知程度。

例如，提到海尔、联想、华为等品牌，我们会想到它们是什么品牌、代表什么、在相关行业内处于什么地位，以及它们与我们的关系。这就是品牌的认知程度。它既是消费者对品牌的认可度，也是品牌商希望传递的品牌价值。

（3）当提到品牌理论时，我们指的是品牌的认知逻辑。

品牌是怎么形成的？有人提出定位理论，有人提出USP理论[1]，有人提出冲突理论，不同的理论各有其拥趸。品牌的认知逻辑是专家、媒体和企业的品牌部、品牌管理者的品牌认知理论。

（4）当对品牌和IP进行对比时，我们指的是品牌是时代认知符号。

在农业社会和工业社会早期，品牌的概念没有得到广泛应用。直到第二次工业革命后，该概念才得到广泛应用。在信息社会，该概念虽仍然存在，但已不是主流。

作为时代认知符号，品牌与大众媒体、广告等相匹配。"大众媒体→广告→品牌"形成了一种商业生态。当大众媒体广告式微时，品牌作为其时代认知符号也将式微。

2. 品牌与大众媒体生态

说起品牌，不得不提到宝洁。宝洁创建于1837年。1882年，宝洁首次花费1.1万美元在一家

---

[1] USP理论：20世纪50年代初，美国广告大师罗瑟·夫斯提出USP（独特的销售主张）理论（又称创意理论），他认为广告必须向消费者提出独特的销售主张。USP理论的要点是广告必须向消费者陈述产品的卖点，而且产品的卖点必须是独特的、能够增加销量的。

全国性周刊上投放象牙肥皂广告。1890年，宝洁在全国性刊物上投放彩色广告。真正对宝洁创立品牌产生重要影响的是无线电（收音机）的发明，宝洁的广告投放行为引发了肥皂企业的跟风，推动了"肥皂剧"（某些国家称一种题材轻松的电视连续剧，因早期常在中间插播肥皂之类的生活用品广告而得名）的出现。

在全国性报纸、无线电、电视得到广泛应用之前，世界上既没有高效的传播媒体，也没有全国性品牌或全球性品牌。

"大众媒体→广告→品牌"是第二次工业革命后形成的商业生态。品牌是该商业生态中的一环，品牌作为一种现象的历史较长，作为一套理论体系的历史较短。品牌的生存环境是第二次工业革命后形成的大众媒体生态。

3. 广告是品牌首要的认知模式

大众媒体是广告的首要载体，品牌是广告传播形成的记忆符号。科特勒在《营销管理》一书中列出了9种强化品牌的方法，分别为开发创造性的广告，赞助众所周知的事件，邀请顾客参加俱乐部，邀请顾客参观工厂或办公室，创建自己的零售机构，提供良好的公众服务，对某些社会机构给予援助，成为价值领袖，塑造一个代表公司的强有力的发言人或形象代言人。

上述9种方法大致可以归纳为3类：广告、公关、创建零售机构。之所以把"创建零售机构"单独归为一类，是因为对商业机构而言，让顾客无论在哪里都看得到自己的零售机构，本身就是最好的广告。除了传播逻辑，还有品牌逻辑，麦肯锡称之为"绝对的销量产生绝对的品牌"，我国的渠道品牌遵循的就是这种逻辑。

公关之所以能成为强化品牌的方法，是因为它借助了大众媒体：公关制造大众关注的事件，并通过大众媒体传播这些事件。如果常见的广告是"硬广告"，公关就是"软广告"。

当大众媒体成为大众获取资讯的主要渠道时，大众媒体广告就会成为商业认知的高效工具，广告就会成为大众媒体的主要收入来源。经营大众媒体分为以下3个阶段：第一个阶段是"卖内容"，吸引读者；第二个阶段是根据吸引的读者来做广告；第三个阶段是根据吸引的读者群体的特点来经营衍生产品，如《财富》杂志[1]评选的"全球最大500家公司"排行榜（"世界500强"排行榜[2]），《福布斯》杂志[3]发布的"福布斯全球亿万富豪榜"等。

品牌、广告与大众媒体是近百年来的共生商业现象。

---

[1]《财富》杂志：由美国人亨利·卢斯创办于1930年，主要刊登经济问题研究文章的杂志。
[2] "世界500强"排行榜：我国对《财富》杂志每年评选的"全球最大500家公司"排行榜的一种约定俗成的叫法。《财富》杂志的"世界500强"排行榜是衡量全球大型公司的著名、权威榜单。
[3]《福布斯》杂志：美国福布斯公司的商业杂志，每两周发行一次，以金融、工业、投资、营销等主题的原创文章著称。

4. 品牌化的商业生态

品牌是工业社会商业生态的高峰。工业社会商业生态的特征是大生产、大流通、大传播，这种模式也被称为 HBG 模式。

（1）工业化催生大生产。两次工业革命带来了工业化大生产。工业革命着眼于生产力，工业化大生产着眼于生产关系。

（2）工业化催生城市化，城市化催生大流通。工业化大生产促使人口高度集中，掀起了城市化浪潮，催生了现代渠道和现代零售业。在美国、日本、欧洲等发达国家和地区，营销的重点已经从"4P"（产品、价格、渠道、推广）变成"1P"（产品），渠道成为独立的第三方。

我国市场是二元结构市场。在大部分城市中，现代零售业发达，厂家可以直供终端；在农村、城乡接合部、城中村和小部分城市中，仍然有大量的便利店。此外，我国还有庞大的深度分销体系，厂家通过深度分销触达终端。

西方发达国家既没有像我国这么完善的现代渠道，也没有我国的深度分销、终端客情、终端拦截、终端导购等营销做法。这些营销做法的本质是品牌商在终端干预消费者的购买行为，它们在西方发达国家的一些特殊产品领域（如汽车领域）内是允许存在的，但在快消品领域内基本不存在。

（3）大众媒体传播大众认知的结果是形成品牌。如果没有大众媒体，品牌就无法形成并传播大众认知。对大众产品而言，大众媒体传播几乎成为标配。当渠道在西方发达国家中成为第三方时，它既是产品快速触达消费者的通道，也是品牌商触达消费者的通道。

大生产、大流通、大传播，三者相互依存、相互作用，其结果是品牌商、经销商、零售商、大众媒体各自形成了巨头格局。不依托大生产、大流通、大传播的企业或许能够生存下来，但要想成为行业巨头，依托大生产、大流通、大传播是基本条件。在美国、日本、欧洲等发达国家和地区，生产可以外包，大众媒体和现代渠道是第三方，企业能做的基本上只有以下两件事情：一是产品研发，以区别于竞品；二是在大众媒体上投放广告，以获得消费者的认同，并取得与渠道博弈的资格。

当然，并非所有行业巨头都在大众媒体上投放过广告。但是，不在大众媒体上投放广告不代表企业不需要大众媒体。要么直接投放广告，要么以公关的形式传播，总之企业离不开大众媒体。

5. 品牌的关键词

品牌有两个关键词：一是广告语，二是广告费。

1）广告语

广告语的作用是告诉消费者品牌是什么，品牌内涵往往体现在以广告语为主的广告信息中。

大众媒体"一秒万金""寸版寸金"（如电视广告通常只有 5 秒、10 秒或 15 秒），Logo（标识）和 Slogan 可以在较短的时间内传递丰富的广告信息。Logo 是视觉认知符号，Slogan 是视觉和听觉相结合的认知符号。Slogan 需要把品牌商想传递的广告信息浓缩为一句话，并反复传递。当然，这不是说广告信息只包括广告语，而是说广告语是广告信息的主要记忆点。

品牌理论很多，无论是哪一种品牌理论，都要用 Slogan 表达品牌内涵。不同品牌理论的表达方式有相似之处，其差异主要是对消费者认知心理的理解不同。

2）广告费

Logo 可以通过渠道触达消费者，Slogan 触达消费者的高效手段是利用大众媒体。除非资金不足，达不到利用大众媒体的门槛，否则企业通常会选择利用大众媒体。

无论是哪一种品牌理论或多么优秀的 Slogan，都要以大众媒体为载体。不断地重复信息是大众媒体传播的第一法则。要想理解大众媒体，我们一定要理解大众媒体生态的基本规律：巨头格局。

大众媒体生态的巨头格局会导致公众、企业等对媒体注意力资源的激烈争夺，进而导致投放门槛越来越高。行业巨头一枝独秀，处于劣势的中小型企业只能放弃。这样造成的结果是行业份额向巨头集中，这是很多现代行业（不包括从农业社会延续下来的部分行业，如白酒、餐饮、茶叶等行业）呈现出巨头格局的原因之一。

6. 品牌的最后红利

2010 年以来，通过大众媒体传播的品牌越来越少，取而代之的是不断涌现的 IP。2006—2009 年，集中投放电视广告的品牌享受了大众媒体传播最后的红利。

2010 年后，智能手机开始大规模普及，微信生态逐渐形成。自媒体的红利先从一线城市向乡镇下沉，再向农村下沉。社会的注意力资源开始向自媒体倾斜，不断涌现的 IP 是主流传播阵地转移的必然结果。

面对大环境的变化，除了适者生存，没有其他的选择。当然，大众媒体传播的边缘化并不意味着它已经完全消失，"自媒体发酵 + 大众媒体传播"仍然是有效的组合传播模式。就像商业革命的目的不是用现代商业取代传统商业，而是使现代商业和传统商业并存一样，媒体的变迁也是如此。在过渡期，品牌与 IP 之间的界线很难界定。

7. 渠道品牌登场

除了传播品牌，我国还有一种特殊的品牌叫作渠道品牌。它的影响不但没有因为互联网而减弱，反而逐渐增强。

我国营销的一个重要特点是渠道的重要性超过品牌的重要性。与西方发达国家将渠道作为独立的第三方不同，我国的渠道是由品牌商控制的，经销商是品牌商功能的延伸。在我国，做好营销的方法首先是品牌和渠道"双轮驱动"，其次是渠道驱动，最后是品牌驱动。当然，即使缺乏渠道驱动力，一些品牌也可以在短期内爆发，但这种现象很难持续。

我国经历了以下两次渠道变革：一次是渠道下沉，从"省代"（省级批发商）到"市代"（市级批发商），再到"县代"（县级经销商）；另一次是深度分销，品牌商的控制力直达终端。这两次渠道变革决定了品牌商对渠道的控制力。目前，在一二线城市，一些头部品牌以直营为主，经销商只负责融资和仓配。

得益于渠道驱动，我国的大量创业企业和中小型企业利用有特色的渠道，先做渠道品牌，等资源充足后再做传播品牌。互联网增强渠道品牌的影响主要体现在以下 3 个方面。

1）线下渠道的控制力增强

传统渠道过去做深度分销只有 1 个空间维度，现在可以通过 3 个空间维度（线下、社群、线上）做深度分销。过去，将传统渠道中的人际关系转换成认知和交易的效率较低；现在，借助三度空间，不仅线下的人际关系可以通过社群来深化，云店也可以为渠道提供更便利的交易工具，形成线下强关系、社群强互动。云店使交易、线下人链与互联网工具相结合，线下渠道的控制力得以增强。

2）渠道从 B 端延伸到 C 端

过去做深度分销，渠道是渠道，终端是终端；现在，借助社群、直播等互联网工具，渠道可以从 B 端延伸到 C 端，从而实现 BC 一体化。从慕思"线下门店 +KOC"的渠道直播，到格力"618"全渠道动员的渠道直播，再到某网红主播与 TATA 木门的渠道直播，我们可以看出，借助互联网工具，渠道有了更强的动员力。过去的渠道是碎片化的，现在的渠道可以集中动员。通过直播等互联网工具，渠道的势能清晰可见。

3）渠道具备了引导 C 端的能力

通过连接社群和线上，线下渠道具备了分流线上流量的能力，这与以往电商持续分流线下流量不同。具备多维度引流能力的线下门店被称为新店商。在我国，大约 3/4 的社会消费品零售总额是线下渠道贡献的。传播品牌被 IP 取代，渠道品牌却因为互联网而"闪亮登场"。

8. 传播品牌落幕

大众媒体在日常生活中的影响逐渐减弱，建立在大众媒体生态基础上的认知模式也受到了很大的影响，这是社会发展的必然结果。作为传统商业的一部分，品牌同样会受影响。自媒体环境下的认知模式是 IP，有人认为它有别于品牌，这种想法是对的；有人把品牌的范围无限夸大，认为所有认知模式形成的都是品牌，甚至认为品牌是认知的代名词，这种想法是不对的。现在是过渡期，各种概念边界不清、内涵不明，这是正常现象。其实，名字只是记忆符号，我们真正需要理解的是商业生态的变化。

3.1.3　KOL 是媒体，KOC 是渠道

KOL 是媒体，KOC 是渠道，两者差别很大。我们先看看两者在选择标准方面的差别。

> **拓展阅读**
>
> KOL 的选择标准：影响力、爱尝鲜、爱分享、专业，其中影响力是首要的选择标准。
>
> KOC 的选择标准：强关系、爱分享、自我消费、专业，其中强关系是首要的选择标准。

KOL 和 KOC 的价值首先是连接用户，其次是传递认知。在当今社会，大众媒体的影响逐渐减弱，取而代之的是在信息网络中占据枢纽地位的 KOL 和 KOC，他们可以帮助品牌商实现传播信息的迅速覆盖。

人类历史上重要的技术革命往往伴随着媒介革命。在互联网时代来临以前，人的社交关系只有"一对一"和"一对多"两种连接模式。如今，网络社交极大地增加了这两种连接模式能够连接的人数，如 500 人的微信群、2000 人的 QQ 群、数十万人关注的知乎话题、上亿人关注的微博热点等。新的技术手段高效地改变了人们的社交方式，放大了以"人"为核心的连接模式，每个人都可以成为被放大的节点。

1. KOL 是中心化的，KOC 是分布式的

KOL 通常是公众人物，有特定的人设。有些 KOL 是小众圈子的中心人物或地区性的公众人物，即使达不到众所周知的程度，也比较容易被辨认和识别出来。KOC 往往是普通人，他们中的有些人是热心的社区居民，有些人是喜欢组织活动的同事，有些人是宝妈。他们有很多熟人，随叫随到，大家一起行动。决定 KOL 的商业价值的关键因素是影响力，决定 KOC 的商业价值的关键因素是强关系。作为公众人物，KOL 是显性的，他们的商业价值已经被充分利用甚至过度利用。作为普通人，KOC 是隐性的，他们的商业价值还没有被充分认知或充分利用。KOL 和 KOC 的差别如图 3-2 所示。

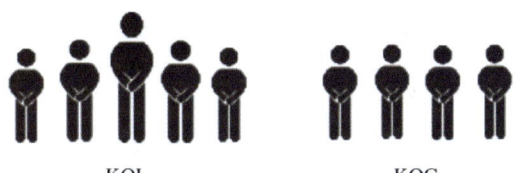

KOL
关键意见领袖背书

KOC
熟人背书

图 3-2

在传统的深度分销中，线下门店的店主与社区居民的关系是强关系，熟人即熟客。在立体连接中，店主除了可以利用自己与社区居民的强关系，还可以利用 KOC 来深化关系。

2. KOL 站在品牌商的立场，KOC 站在消费者的立场

从立场的角度来看，区分 KOL、KOC 要看他们和谁站在统一战线：KOL 的立场是品牌商代言人，他们与品牌商站在统一战线；KOC 的立场是消费者代言人，他们与消费者站在统一战线。

立场决定战线。导购是 KOC，名人、专家、品牌商代言人是 KOL。导购的工作是渠道推广，名人、专家、品牌商代言人大多负责媒体宣传。KOL 必须亲近品牌商才能生存，他们需要拉近和消费者之间的距离，以增强消费者的购买欲望。KOL 虽然能为产品代言、做专业背书，但是很难带货。

KOC 与消费者更亲近，基于消费者代言人的立场，以及与消费者长期接触的经验，KOC 更容易了解消费者的情感、需求和痛点，与消费者的情感共鸣是他们的带货法宝，而且他们能够抓住消费者的核心需求。有时候，KOC 甚至会联合消费者与品牌博弈，这也是由 KOC 的立场决定的。

3. KOL 以弱关系为主，KOC 以强关系为主

在新媒体时代，口碑成为营销传播的关键，基于人际关系形成的口碑对消费者的购买决策具有重要影响。人际关系包括以下 3 种关系：强关系、弱关系、休眠关系。

KOL 是影响力较强的媒体人，他们在人际关系网络中拥有的弱关系多于强关系。1974 年，美国社会学家马克·格兰诺维特提出了"弱关系"的概念。他认为弱关系连接的关键在于弱关系的数量，弱关系促成了不同人群之间的信息流动。格兰诺维特的研究表明：当一个人看到和自己有弱关系的人分享的信息后，其分享该信息的可能性会增加近 10 倍。

KOC 类似于渠道，他们的影响力仅限于个人圈层，他们在人际关系网络中拥有的强关系和弱关系远远多于一般人。根据"邓巴数"定律，一个人通常无法维持超过 148 段稳定的社交关系，这些关系包括我们和非常熟悉的人（如亲戚、朋友、同事、合作伙伴等）的关系，属于强关系。

KOL 拥有广泛的影响力，他们的粉丝可能多达上千万人、上亿人，但他们与粉丝之间通常只有单向的、比较松散的关系，即弱关系。KOC 不一定拥有大量粉丝，他们与粉丝之间的关系通常是强关系，这种强关系是在亲密的互动和情感共鸣的基础上建立起来的，对成交的影响很大。

4. KOL 传播弱认知，KOC 传播强认知

营销的目的是改变消费者的认知，从而影响消费者的消费行为。KOL 和 KOC 之所以在营销中起着重要的作用，是因为他们能够利用自身的影响力和关系，协助品牌改变消费者的认知。

生活中主要有以下 5 种认知模式。

（1）大众媒体：弱认知，需要持续强化。

（2）内容裂变：弱认知，高效。

（3）区域链：弱认知，"照片+数据"。

（4）口碑：中认知，人格背书，低效。

（5）体验：强认知，低效。

强认知是由强关系决定的，它虽然稳定，但是效率较低。通过弱关系传播弱认知虽然高效，但是如果达不到一定的密度，就无法起到强化认知的作用。

KOL 通过大众媒体、内容裂变、区域链（如电商数据）等传播认知，虽然传播效率高，但是这种认知属于弱认知，需要不断强化才能达到传播效果。由于 KOL 难以实现精准传播，因此必须在一定范围内迅速地向消费者传播认知。KOC 通过口碑和体验传播认知，虽然传播效率低，但是这种认知建立在强关系的基础上，属于强认知。

5. "KOL+KOC= 媒体传播 + 渠道传播"：激活每一个传播节点

KOL 是信息网络中的枢纽节点，KOC 是人际关系网络中的枢纽节点。"KOL+KOC=媒体传播 + 渠道传播"，这有利于激活每一个传播节点。

传统营销的有效方式是通过"广告 + 深度分销"来触达消费者。2010 年后，广告开始走下坡路；2014 年后，深度分销开始走下坡路。与此同时，社交网络中的 KOL 和 KOC 迅速增加，消费者的时间被他们抢占，消费者的认知被他们改变。

"广告 + 深度分销"失效，"KOL+KOC"兴起，两者的职能是相同的，都是尽可能触达每一位消费者：KOL 取代了广告，其职能是媒体宣传；KOC 取代了深度分销，其职能是渠道推广。要想激活每一个传播节点，增强传播的势能，必须形成认知交叉覆盖。在整个信息网络和人际关系网络中，KOL 和 KOC 之间往往存在重叠或交叉，这有利于形成认知交叉覆盖，提高认知强度。认知强度越高，越能有效激活传播节点，并使被激活的传播节点影响更多的传播节点。

3.1.4 品牌与 IP

品牌是大众媒体生态的时代认知符号，IP 是自媒体生态的时代认知符号。两者的区别在于承载信息的媒体不同，信息的呈现形态和调性也不同。在大众媒体生态中，传播效率最高的是大众媒体广告。品牌是大众媒体广告形成的时代认知符号，它是大众的记忆符号，只有在"记忆符号"这个前提下探讨品牌内涵才有意义。广告的投放量决定大众的记忆程度，投放内容决定品牌内涵。

例如，"故宫"是一个品牌，"故宫淘宝"是它的衍生 IP；某品牌的运动鞋有独立的品牌形象，该品牌与某球星联名的经典款运动鞋是它的衍生 IP 产品。

在互联网时代，媒体逐渐去中心化。去中心化的本质是多中心化，这对媒体传播产生了以下两个方面的影响。

一是自媒体传播是自传播，大众媒体传播是付费传播。很多传统企业的市场部（品牌部）面临的问题是"钱花不出去"，因为自媒体传播内容和大众媒体传播内容不同。

大众媒体传播是付费传播，即使传播内容和用户的立场不同，只要传播量足够大，也能形成记忆符号。自媒体传播是自传播，通过自媒体传播链进行免费传播和裂变，如果传播内容和用户的立场不同，就无法进行免费传播和裂变，也无法形成自媒体传播链。

二是自媒体是多中心化的，无法像大众媒体一样实现大范围覆盖。

IP 需要基于用户的情感、情怀、情绪，和用户的立场保持一致。IP 之所以能引起用户的共鸣，

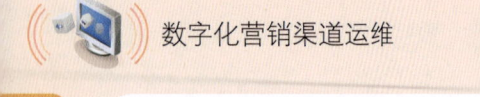

是因为它具备让用户共情的能力。情感因素更容易吸引用户互动、传播、推广，IP 的火爆就是产品中的情感因素借助自媒体在社会上广泛传播的结果。

当情感成为内容的一部分时，它就可以连接用户。即使不在消费场景中，内容也是产品（IP）的一部分，同样可以连接用户。这样，IP 与用户的连接会更加紧密。

1. IP 与传播密度

无论使用哪一种媒体，大众认知都取决于传播密度。传播密度包括受众覆盖率和交叉覆盖次数。

基于广告形成品牌需要达到一定的传播密度，基于内容形成 IP 同样需要达到一定的传播密度，但两者的逻辑不同。华糖云商副总指出："大众媒体传播关键在'播'，自媒体传播关键在'传'。"

自媒体是去中心化的，单一自媒体的受众覆盖率有限。但是，自媒体的受众同时也是传播者，只要他们传播相关内容，就可以形成传播链，这条传播链被称为内容裂变。

自媒体的传播密度公式是"传播密度 = 传播宽度 × 裂变速度 × 传播次数"。

在上式中，传播宽度、传播次数和资源投放有关，它们的问题比较容易解决。对传播密度影响更大的关键因素是裂变速度。自媒体传播经常创造"传播奇迹"，一些内容因触动了大众的情感而快速裂变，在短时间内火爆全国，这样的内容只要触达受众一次就够了。另外，因为内容裂变是在受众的圈子（自媒体）内进行的，可以利用受众的社交关系，所以相关内容的认知强度比广告更高。

2. IP 人设与内容调性

站在品牌商的角度，大众媒体传播需要强调品牌是什么和产品差异化。

IP 需要人设，强调品牌、产品人格化。人设要通过内容来体现，内容要在自媒体上形成自传播。广告是付费传播，内容裂变是自传播。

大众媒体传播是付费传播，无论内容的质量如何，只要是合法合规的，就能向大众传播。越优质的栏目，广告费越高，如中央电视台的广告费一般比地方台的广告费高很多。

在自媒体上传播内容，首发媒体可能收费，但后续的内容裂变是免费的。内容能被大众集体转发的主要原因是它们引起了大众的共鸣。内容裂变的底层逻辑是共情、共振、共鸣。

3. 内容的裂变力

品牌有两个标志性符号：Logo 和 Slogan。Logo 是视觉认知符号，Slogan 是大众媒体广告反复强调的记忆点。不断地重复 Logo 和 Slogan 可以使它们成为识别品牌的标志，并强化受众的记忆。

在自媒体传播中，判断内容的裂变力的依据是裂变速度。品牌商在自媒体上投放内容，受众在品牌商没有付费的情况下主动转发，这就是裂变。裂变是内容的自我复制。

世界上有 3 种东西具备自我复制能力：基因、病毒（包括计算机病毒）、模因。《思维病毒》一书的作者理查德·布罗迪认为"模因"是"可以复制的思维病毒"。内容裂变其实就是思维复制。

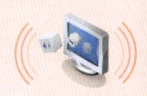

有裂变力的内容需要符合如图 3-3 所示的条件。

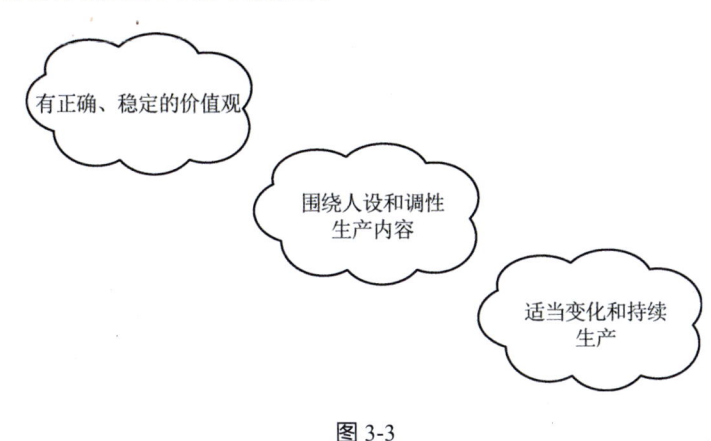

- 有正确、稳定的价值观
- 围绕人设和调性生产内容
- 适当变化和持续生产

图 3-3

1）有正确、稳定的价值观

有人以为生产内容就是讲段子或蹭流量，其实不然。有裂变力的内容要有正确、稳定的价值观，即"三观"要正。价值观隐藏在内容中，只有持续生产价值观正确、稳定的内容，受众才能记住它们。博眼球、蹭流量的内容虽然能在短时间内获得关注，但是这种关注没有太大的价值。

2）围绕人设和调性生产内容

有人以为生产内容很难。其实，只要确定了人设和调性，就可以源源不断地生产内容。

3）适当变化和持续生产

与大众媒体广告"一年花费几亿元，只为让受众记住一句话"不同，内容生产可以适当变化，重点是让受众记住说话的人。《超级 IP》一书的作者把内容生产分为以下 3 个阶段：第一个阶段，同义反复，同质延伸，强化记忆；第二个阶段，跨界进击，内容破圈；第三个阶段，进入无意识状态（受众已经把超级 IP 生产的内容深深地刻在心里，不用思考即表示认同），强化集体记忆，构筑壁垒。

在确定 IP 人设与内容调性时，企业创始人和 PGC[①] 是关键。为了持续生产内容，有些企业设立"内容梦工场"，企业内部和外部的人员均可参与；有些企业把生产内容的工作外包出去；还有些企业直接使用 UGC[②]。

4. 内容裂变的路径

内容裂变有两条路径：一是自媒体路径，二是"渠道组织 + 自媒体"路径。前者是线上传播，

---

① PGC：专业生成内容，是由传统广播电视从业者按照与制作电视节目类似的方式进行制作，在传播层面必须根据互联网的传播特性进行调整的内容。
② UGC：互联网术语，最早起源于互联网领域，指用户通过互联网平台展示自己原创的内容或将其提供给其他用户。

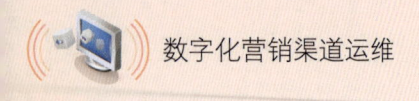

这是新兴企业的强项；后者是线上传播和线下传播相结合，这是传统企业的强项。

第一，自媒体路径：在自媒体上投放内容，吸引受众自发、主动裂变。在这个过程中，起决定作用的是内容的裂变力。

第二，"渠道组织+自媒体"路径：我国的渠道系统依托人链，从经销商到二级批发商、终端店、KOC，渠道的层级有4级（不包括厂家内部的层级），可以实现更精确的管控。例如，慕思的首场渠道直播动员了4000多家线下门店和150多万个KOC，是典型的有组织的裂变。

无论是过去的自媒体传播，还是现在与直播相结合的传播，基本上都可以做到二级有组织的裂变，即在一个县内实现"百店联动、千群共振、万人传播"。这个过程就是有组织的裂变过程。

有组织的裂变是渠道与自媒体相结合的有中国特色的产物。一些企业重新定义了渠道的职能，并对渠道的销售功能进行了再次扩充和定位。社群传播、线上传播表明，渠道既有分销职能，也有区域性传播职能。

5. 裂变内容与互动内容

快速裂变的内容往往是可以引起情感共鸣的内容，这种内容能够快速形成一定的传播密度。只有可以吸引用户互动、交流的内容，才能强化认知。裂变内容在自媒体上广泛传播，互动内容在自媒体上高频交互，两者共同形成传播密度和传播深度。

裂变内容可以引起用户的情感共鸣，互动内容可以让用户掌握主动权，这主要体现在以下3个方面。

一是用户是内容的生产者。优秀的内容传播的基本特征是有大量的UGC，也就是"从用户中来，到用户中去"。

二是用户在自媒体上互动（包括认同、表扬、评论、分享等），并在这个过程中彰显自身价值和社会认同。

三是用户在互动过程中"种草"，这是商业借助自媒体的"返祖"现象，与农业社会中的口碑极其相似。

除非内容的裂变速度特别快，否则，即使内容再好，如果首发媒体的传播量不够大，触达的人数也是有限的。因此，选择内容的首发媒体非常重要。首发媒体的传播量在很大程度上决定了传播宽度。当前，自媒体大号已经市场化，而且头部化现象非常严重。投放内容是一笔交易，企业要么自己积累足够多的自媒体粉丝，要么在粉丝足够多的自媒体上投放内容。

3.1.5 品牌退场，IP崛起

品牌是20世纪的时代认知符号，是工业文明的硕果。IP是21世纪的时代认知符号，是信息文明的杰作。从品牌到IP，既是文明的跨越，也是商业生态的演进，还是认知手段的变化。

1. 媒介是影响营销的最大变量

1）媒介即信息

"媒介即信息"是媒介专家马歇尔·麦克卢汉的著名观点。他的另一个著名观点是"媒介是人的延伸"。人通过媒介向世界延伸,感知世界,"手机是人的'第六感觉器官'"指的就是这个意思。麦克卢汉所说的"媒介"不仅包括媒体,而是人类创造物的总和,如语言、文字、机器、电子产品等。人们正是通过这些媒介来感知世界、获得信息的。

2）信息即认知

形成认知的关键是信息和加工信息的过程。认知是指人们获得知识、应用知识或加工信息的过程。人类最基本的心理过程包括感觉、知觉、记忆、思维、想象等。人脑接收外部世界的各种信息并进行加工处理,将其转换为人的心理活动,进而支配人的行为。这个过程被称为信息加工过程,又称认知过程,如图 3-4 所示。

图 3-4

3）认知即营销

"营销"一词不属于汉语词汇,因而有人在使用它时经常产生误解,如分不清营销与销售、营销与推销等概念。《连接》一书的作者介绍了营销的 3 个环节:认知、关系、交易。

上述 3 个环节的核心是认知。交易是认知的结果,关系有助于降低认知成本。我们可以简单地理解为"认知即营销"。

媒介即信息,信息即认知,认知即营销。从这 3 句话中可以看出,媒介是影响营销的最大变量。

2. 媒介的变化

> **拓展阅读**
>
> 在不同的社会中,媒介经历了以下变化。

> 农业社会的媒介：语言媒介、文字媒介、印刷媒介。
>
> 工业社会的媒介：电子媒介，包括电报、电话、广播、电影、电视等。
>
> 信息社会的媒介：互联网媒介、物联网媒介，包括 PC（个人计算机）互联网、移动互联网。其载体包括家庭终端、移动终端（如汽车终端）、手持终端（如智能手机）。其表现形式包括 App、小程序等。

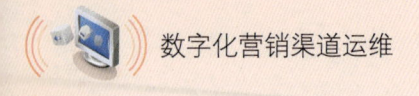

认知强度和认知效率的关系是矛盾的。例如，体验的认知强度高、认知效率低，广告的认知强度低、认知效率高。体验、口碑、内容、广告的认知强度排序、认知效率排序如图 3-5 所示。

认知强度　体验 ＞ 口碑 ＞ 内容 ＞ 广告

认知效率　体验 ＜ 口碑 ＜ 内容 ＜ 广告

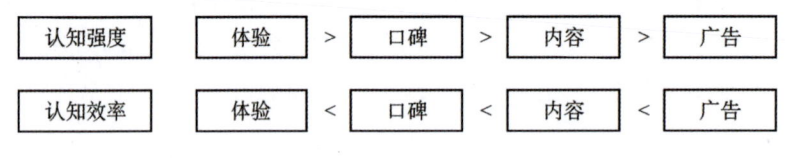

图 3-5

3. 媒介组合

在大众媒体出现后，虽然广告成为主要媒介，但是体验、口碑仍在。

在互联网媒介出现后，虽然自媒体成为主要媒介，但是广告仍在。

当认知效率较低的媒介（如体验、口碑）与互联网媒介结合，形成媒介组合时，其认知强度和认知效率会大大提高。

体验、口碑、大众媒体、现代组织、自媒体、虚拟组织、电商平台等媒介两两结合，形成了多种组合认知模式，如表 3-1 所示。

表 3-1 多种组合认知模式

	体验	口碑	大众媒体	现代组织	自媒体	虚拟组织	电商平台
体验	口碑	口碑	名人代言	渠道品牌	体验营销	体验营销	网红直播
口碑	口碑	口碑	名人代言	渠道品牌	IP	"种草"	搜索流量
大众媒体	名人代言	名人代言	品牌	品牌和渠道"双轮驱动"	—	—	搜索流量
现代组织	渠道品牌	渠道品牌	品牌和渠道"双轮驱动"	渠道驱动	BC 一体化	私域流量	新零售
自媒体	体验营销	IP	—	BC 一体化	IP	—	新零售
虚拟组织	体验营销	"种草"	—	私域流量	—	社交电商	区域链
电商平台	网红直播	搜索流量	搜索流量	新零售	新零售	区域链	平台电商

下面重点介绍 3 种组合认知模式。

1)"种草"

"种草"又称"安利",有分享、推荐的意思,是在口碑营销过程中形成的网络语言。在工业社会,口碑主要借助人际关系链来传播,虽然认知强度高,但是认知效率低,所以没有成为主流的认知模式。当口碑和自媒体、虚拟组织结合时,其认知效率大大提高。

2)"体验+KOC+自媒体"

体验既是认知强度最高的认知模式,也是认知效率最低的认知模式,而且成本非常高。对于高价值产品或高附加值产品等高端产品,无论是广告还是内容,都难以传递它们的丰富内涵,只有体验(如沉浸式体验)能做到这一点。

体验(强认知)、KOC(强关系)、自媒体(强影响力)结合可以形成"体验+KOC+自媒体"的组合认知模式。若该模式与云店结合,则能使交易更加便利,并形成针对高端产品的高效的强化认知、深化关系、促成交易的模式。

3)"渠道组织+直播"

在过去的很长一段时间内,线下(渠道)和线上(互联网)是两个对立面;现在,依托人链的直播系统可以把整个渠道系统动员起来,通过直播的方式把流量聚集在直播间中,这样产生的渠道流量比在电商平台中购买的流量更有价值。慕思的渠道直播首秀大获成功,格力在"618"活动中创造了惊人的渠道直播业绩,某网红主播与 TATA 木门合作开展"渠道直播拉练",这些案例都表明了"渠道组织+直播"的组合认知模式的重要作用。

3.2　渠道直播

站在零售商的视角,起源于平台的直播是一种营销方式。直播网红相当于"寄生"在平台上的零售商。

站在品牌商的视角,除了电商平台常态化的店铺直播(以下简称"店播"),最有效的直播是依托全国性线下渠道和立体连接,从而触达 C 端的渠道直播。

首先,品牌商组织渠道直播,通过经销商动员零售商;然后,零售商动员 KOC;最后,KOC 触达 C 端。可见,渠道直播是调动全渠道资源的营销活动。

与涉及品牌较多的网红直播不同,渠道直播涉及的品牌相对单一。渠道直播可以与场景体验结合,面向 C 端,通过直播的方式形成向全国传播的场景体验活动。

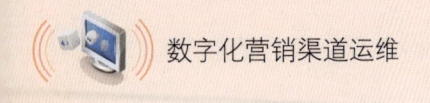

3.2.1　3类直播，3种商业模式

直播带货由网红"引爆"，目前已经发生了分化，形成了两类直播。与此同时，第三类直播逐步成熟，未来可能成为新的主流直播类型。

第一类直播是网红直播，主要存在于头部平台。这类直播既是媒体关注的焦点，也是平台流量倾斜的卖点，还是企业争相"填坑"的热点。

第二类直播是"店播"。过去，"店播"很少引起媒体的关注；现在，"店播"风靡全网，如义乌的"网红直播村"江北下朱村几乎家家户户都做直播。直播已经成为某些企业的主流商业模式。

第三类直播是渠道直播。例如，格力的直播显示了渠道直播的雏形，标志着渠道直播已经成为重要的营销模式。

1. 网红直播带货，直播向新制造供应链演变

网红直播带货的知名产品越来越少，其带货的产品主要集中在高度分散的行业。

网红直播带货的顺序通常是先带别人（品牌商）的货，再带自己（新制造供应链）的货。这是网红直播带货的底层逻辑。

去中心化会创造更大的中心。在这种趋势下，很多品牌商被网红抢走了风头，网红开始占据媒体头条，成为去中心化趋势创造的"媒体宠儿"。

1）网红是零售小平台

"零售小平台'寄生'在流量大平台上"这句话里有3个关键词：零售小平台、"寄生"、流量大平台。

网红相当于零售商，可以被视为零售小平台，他们不断地将优质产品推荐给粉丝。网红选择品牌不是为品牌代言，而是一种批量零售的推广活动。网红不是品牌的代言人。除了具体费用不一样，直播的坑位费与传统零售店的进店费没有本质区别。

流量大平台（如阿里巴巴、抖音、快手等）既有引流的能力，又面临流量枯竭的困境。这些平台拥有的流量需要通过网红直播带货来变现，其面临的流量枯竭的困境也需要通过网红直播带货来摆脱。

2）直播是网红变现，不是品牌变现

网红直播带货，粉丝信任的是网红，而不是产品，粉丝对产品的信任是其对网红的信任的转移。网红直播带货的产品既可以是标榜"全网最低价"的知名产品，也可以是粉丝觉得品牌不重要的低知名度产品。通过直播来变现既是网红持续积累信任的结果，也是对选品严格把关的结果。头部网红有海量产品可以选择，他们往往有严格的选品程序和丰富的选品经验。某些小网红之所以直播"翻车"[1]，主要是因为不会选品或无品可选。

---

[1] 翻车：网络用语，和"阴沟里翻船"的意思类似。

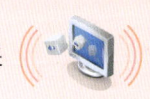

3）网红可以引流，但对品牌商既无雪中送炭之功，也无锦上添花之力

2020年上半年，不少创业企业希望通过网红直播带货实现一夜爆红。现在看来，这些企业对网红的期待值太高了。网红的价值主要体现在以下4个方面。

一是增加一次带货量。通过直播来变现，扣除坑位费和提成后，品牌商多半会亏损。在这种情况下，直播能否给品牌商带来销量之外的利益是品牌商需要重点考虑的问题。

二是促进粉丝留存。只要网红的粉丝与品牌的目标受众吻合，品牌商就可以通过直播来留存网红的一部分粉丝，不过这部分粉丝的比例很低。

三是提高品牌的曝光度。通过直播，网红可以提高品牌的曝光度。不过，大品牌的曝光需求通常不太强烈；对于新兴品牌，单次直播的曝光度有限，除非直播本身成为话题。

四是提高电商平台的权重。一些电商平台已经采取了相关措施，降低了站外引流的权重。

4）品牌商远离网红，新制造供应链初具雏形

网红与品牌商的关系正在发生变化，标榜"全网最低价"的直播带货方式对品牌商无益。特别是网红的粉丝越来越"私域化"，这种趋势减弱了网红对平台引流和品牌加持的依赖性。

头部网红正尝试从零售小平台向新制造供应链转型。由于直播带货的品类大多是低知名度品类，因此许多网红形成了独立的供应链，绕过高溢价的品牌商，打造跨品类的网红品牌。经过头部网红的尝试，"新零售+新制造"已初具雏形。

随着直播逐渐退潮，头部网红的格局基本定型。在头部网红向新制造供应链转型后，一些知名品牌开始对他们敬而远之。当然，这并不代表品牌商放弃了直播。品牌商远离网红，恰恰意味着品牌商常态化直播的开始，如"店播"。

2. 生龙活虎的"直播村"

与被媒体高度关注的网红直播不同，一些地方出现了"直播村"，几乎家家户户都做直播。在这些地方，直播已经成为做生意的常态。

这种直播既有2C的直播，也有2B的直播，其中2B的直播是重点。2C的直播就是电商平台的常态化直播。过去，电商平台依靠图文来销售产品；现在，电商平台依靠直播来销售产品。直播不一定需要头部网红，店主、店员也可以直播，或者在MCN机构[①]中选择不知名但直播技巧熟练的小网红。

2B的直播解决了很多小型企业的渠道难题。我国有很多产业集群，如义乌在小商品领域的产业集群。产业集群内有大量的小型企业，它们没有品牌、销售团队和完善的销售网络，它们的生意主要来自以下3个方面：给当地有品牌的企业贴牌，通过各地的批发市场向全国批发，通过少量业务员在全国各地联络经销商和终端客户。

"直播村"往往在产业集群内特别繁荣，而且以2B的直播为主。越是小型企业，越缺乏传统的

[①] MCN（多频道网络）机构：相当于中介公司，采用网红经济运作模式，主要工作是网红包装、营销、推广和变现。

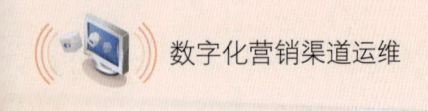

销售网络，其 2B 直播的效果就越好。直播的门槛不算太高，加之产业集群内的企业相互之间的影响很大，只要有一家企业成功，其他企业就会群起效仿。在某种程度上，直播是小型企业的线上销售网络的一部分。深度分销需要强大的渠道团队和组织管理能力，直播只需要几个人就能构建销售网络。

3. 3 种商业模式

直播是高效的商业工具，它不是网红独享的工具。站在品牌商的立场，直播形成了以下 3 种商业模式。

第一，对于小型企业，直播是线上渠道。在我国的消费品营销中，渠道驱动必不可少。小型企业之所以规模不大，主要是因为其渠道组织和管理能力比较差。直播是企业与消费者沟通的工具，虽然比线下面对面沟通的效果差，但是比其他沟通方式（如电话沟通、微信沟通等）的效果好。因此，小型企业往往很乐意通过直播的方式来构建线上销售网络、维护客情。不过，虽然直播的渗透率较高，但是与线下渠道相比，直播的力量仍然不够强大。

第二，对于强势品牌，直播是 BC 一体化的高效工具。要想加强渠道驱动，把深度分销推向 C 端，直播是不可或缺的工具。BC 一体化的直播，其技术路径比较复杂，专业性强，不太受媒体关注，却是品牌商的高效工具，无论是用于招商、新品推广还是节假日活动，这种直播的效果都非常好。经过实践，人们总结出一种商业模式，即线下、线上结合"三部曲"：场景体验是起手式、线下做透一个店、线上打爆一个县。其中，线上打爆一个县的主要工具就是直播。在这种商业模式的基础上，人们总结出两种策略，分别为滚动策略、轰动策略。

第三，对于平台，直播是零售工具。未来将出现以下两种趋势：一是品牌商直播常态化，"店播"和品牌商自建内部直播机构成为标配；二是头部网红由帮品牌商带货逐步转变成自建供应链，品牌商直播逐渐被边缘化。

3.2.2 只有与消费者站在统一战线，才能海量带货

相关数据表明，直播带货市场潜力巨大。直播带货已成为新的竞争领域，许多网红、大 V、名人、企业家参与其中，看似热闹，实则形势严峻。

据媒体报道，某主播直播 100 天后，带货成绩下滑了 97%；在某主播的"新国货首发"专场直播中，某款奶粉只售出了 15 罐；某名人直播卖白酒，观众下了 20 多单，退了 16 单；某名人直播卖茶具，在线人数多达 90 万人，销售额却不到 2000 元。

曾经是企业代言人的网红、名人、企业家拥有巨大的流量和丰富的供应链资源，看似能为消费者提供"全网最低价"的产品，为什么他们的直播频频"翻车"？主要原因在于他们没有与消费者站在统一战线，在立场、情感、话术等方面，他们和消费者是错位的。

1. 立场决定战线

主播能否与消费者站在统一战线是由主播的立场决定的。主播的4种立场如图3-6所示。

图3-6

1）导购立场

导购又称买手，他们是KOC，头部主播是超级KOC。在导购行业中，某些头部主播代表了一部分从事导购工作多年或拥有专业销售经验的导购。这些主播曾经从事柜台导购或品牌销售等工作，积累了丰富的经验和技巧，可以为消费者提供优质的导购服务。导购的职责是帮助消费者选择合适的产品，他们必须与消费者站在统一战线，为消费者着想，并为消费者提供良好的购物体验。

2）名人立场

作为家喻户晓的公众人物，名人在网络中拥有巨大的流量。他们是超级KOL，可以利用强大的影响力和巨大的网络流量为品牌代言、做背书。但是，"高高在上"的名人很难与消费者站在统一战线。

3）专家立场

专家在行业中有一定的话语权，他们的认知在一定程度上代表了行业的发展方向。然而，专家的认知往往与消费者的认知存在很大的差距，两者之间有一条"认知鸿沟"。例如，某主播试图在直播时用专家逻辑说服消费者，却遭到消费者的反驳。该主播提出的"新国货""研发创新""行业标准"等概念与消费者的认知有隔阂，难以引起消费者的共鸣，导致消费者不愿意购买其直播带货的产品。

4）品牌商代言人立场

有些品牌商代言人有一种误解，认为只要产品质量好，就一定能受到消费者的青睐。这些品牌商代言人强调产品的技术、功能、材料等特性，却忽略了消费者认为好产品应该更好地满足他们的需求，为他们提供更好的使用体验，更容易让他们产生共鸣和联想。

立场错位意味着品牌商代言人的观点与消费者的观点背道而驰，自说自话、自我感觉良好的错误立场难以引起消费者的共鸣，容易导致消费者对品牌商代言人不信任、不买账。

在通常情况下，KOL 代言，KOC 带货。KOL 包括名人、专家、品牌商代言人等，其立场与消费者相去甚远。KOL 虽然可以为产品代言，但是成功带货的挑战性很大。相比之下，作为 KOC 的导购长期从事销售工作，更接近消费者，非常了解消费者的情感、需求和痛点，更容易与消费者产生情感共鸣，因此更容易成功带货。

2. 情感共鸣是表达逻辑

与其让消费者认同产品，不如引起消费者的情感共鸣，让消费者从心底里真正认同主播。为了达到这个目的，主播可以在直播过程中适当地介绍自己的家庭关系，改变冷冰冰的商业形象，增强与消费者之间的亲密感、信任感，让消费者看到自己更真实、更贴近生活的一面，进而引起消费者的情感共鸣。

1）情感共鸣的前提是没有认知障碍

消费者很难表达出他们尚未意识到的需求。因此，根据消费者的需求来选品是一种没有认知障碍的选品逻辑。只有遵循这种选品逻辑，主播才能与消费者进行有意义的对话和情感交流。

主播可以在直播过程中和消费者互动，像和朋友拉家常一样了解消费者的需求和顾虑。根据消费者的需求来选品有两个好处：一是让消费者产生被重视的感觉；二是让选品更精准、服务更到位、直播人气更高。

2）洞察消费者的真实需求，打消消费者的顾虑

在选品时，主播需要考虑消费者的需求，但这不意味着只要根据消费者的需求来销售产品就够了。百度前副总裁总结了 10 个消费者需求点，并将它们分为以下 3 级。

初级需求：低价需求、性能、降低风险。

中级需求：新颖性、便携性、可达性、过程体验。

高级需求：高端、定制化、理想自我。

消费者的初级需求很重要，但更重要的是基于消费者的初级需求洞察他们的中级需求和高级需求，帮助他们明确地表达出自己的真实需求并做出正确的选择。

3）从选品到改造供应链

了解消费者的情感、需求和痛点，是主播打通消费者需求和产品供给的前提。在直播时，直播间中的所有产品都可能被消费者看中。例如，在主播试吃食品时，如果消费者觉得装食品的碗漂亮，直播团队就会主动与碗的品牌商沟通；如果主播使用的水杯受到关注，几天后，这款水杯就会上架；直播间中的镜子、背景灯饰、窗帘等道具也会因为受到关注而被摆上货架。直播带货正在从

主播主动销售产品转变为消费者主动购买产品。

长期以来，产品供给和消费者需求不匹配是困扰很多品牌商的主要难题。主播向品牌商反馈消费者的需求，可以帮助品牌商降低试错成本、提高生产效率，从而将直播从简单的产品促销转变为高需求产品的展示中心。

3. 话术是海量带货的核心

为了实现海量带货的目标，主播需要使用专业的话术，以提高沟通效率，并让消费者觉得主播与他们站在统一战线。

1）主播可以用"自用款"证明产品好用

例如，某主播告诉消费者自己使用了 10 盒某产品，并强调自己在出差期间会随身携带该产品。另一个主播在直播时展示自己网购某产品的订单，证明自己是该产品的忠实用户，通过分享真实的使用体验来打消消费者对该产品的顾虑。这种话术可以让消费者更信任主播，并与主播建立一致的利益关系。

2）主播可以提出专业建议，帮助消费者在脑海中构建使用场景

"穿棕色风衣的时候，一定要涂这种颜色的口红""小朋友夏天晚上出去玩，在身上贴这款产品可以防止被蚊子叮咬""下楼买菜懒得化妆，戴上这个帽子就好"等话术可以引导消费者的思维，帮助消费者在脑海中构建使用场景，并意识到他们对产品的需求，从而产生强烈的购买欲望。通过使用这种话术，主播可以让消费者更直观地理解产品与日常生活的紧密关联，从而产生购买产品的强烈欲望。

3）主播可以强调产品供不应求，营造紧张的氛围

在直播过程中，很多主播经常使用"还有最后 5000 套，大家快抢购""库存只剩 500 个、300 个、100 个……""产品已经卖完了，我看看能不能补货"等话术，以营造紧张的氛围，让消费者感觉时间紧迫，从而刺激他们快速购买产品。这种具有倒计时和提醒作用的话术可以增强紧迫感，促使消费者迅速做出购买决策。

4）优秀的主播不会一味地夸产品，也会替消费者挑产品的毛病

例如，某主播曾公开批评某高端品牌的口红："这个品牌的口红真的不适合中国人，你们别买了。"另一个主播在介绍一款花洒时说："这个花洒的缺点是不像其他花洒那样有喷射式的大水流，它的水流有点小，"紧接着话锋一转，"这种小水流对皮肤的冲击小，特别适合宝宝和女生。"这种话术不夸大产品的效果和受众范围，而是客观地说明产品适合哪些人、不适合哪些人，容易让消费者觉得真实、没有套路，从而拉近主播与消费者之间的距离。

某主播曾经说过："直播不应该只追求'全网最低价'。"主播不能只关注价格竞争，还应该与消费者站在统一战线，理解他们的需求，这样才能实现海量带货的目标。如果主播的立场、情感、话术与消费者错位，即使产品的价格是"全网最低价"，消费者也不一定购买产品。

3.2.3 网红经营好产品，品牌商经营好网红

以第三方网红为代表的直播是一种公用且付费的媒体形式，在为品牌商带货的同时，还能帮助品牌商进行口碑传播和品牌建设。例如，很多电商平台上的商家为产品标注"某主播推荐"等字样，这从侧面反映了主播对产品的推荐作用和背书作用。直播不仅能促进产品销售，还能借助主播的影响力提高相关品牌在市场上的知名度。

以店主或品牌商为代表的直播可以被视为一种自媒体形式。他们不属于特定的平台或组织，而是拥有独立品牌的 IP。

媒体是一种聚集和分配流量的工具，通过向有需求的人传递特定的信息，完成从认知到交易的转化过程。传统媒体与交易通常是分离的，新媒体则实现了"认知即交易"。

网红把直播从电商轨道转入媒体轨道，他们通过直播在社交媒体上创造话题，并给社交媒体带来新的流量。这种叠加效应使直播行业呈现出"头部越来越大、尾部越来越长"的特征，这是媒体的天然属性造成的结果。

1. 直播即"战场"

平台的出现改变了流量的分布方式。只要有流量，就会有商流，商业竞争就会在流量聚集的地方展开。不同类型的平台具有不同的价值。例如，小红书适合产品推荐和"种草"，它能强化认知；微信是社交平台，对微商而言，将社交场景转化为交易场景是非常重要的；电商平台侧重交易场景，在强化认知方面有所欠缺。直播是流量聚集的"战场"，无论是小红书、微信还是电商平台，都可以成为直播的载体。

流量即商流，商流即"战场"。作为一种媒体形式，直播不仅适用于电商领域，还适用于各种人员聚集的场景，它可以被视为人员聚集场景的跨领域表现形式。在直播间中，各种人员聚集在一起，共同参与互动，分享信息和体验。这种表现形式可以应用于不同领域、不同行业中，为人们提供独特的体验，如在娱乐领域、教育领域、文化领域中，直播可以成为人们聚集和交流的平台。

2. 直播是电商的新常态

直播是网红的"表演"，如果没有网红，那么直播可能不会像现在这样备受重视。网红在形成直播生态的过程中起到了非常重要的作用，功不可没。直播的流行、发展与网红密不可分，他们通过直播给观众带来了各种有吸引力的内容，吸引了大量的关注和流量。网红的直播活动是直播生态中不可或缺的一部分，它推动了直播的广泛应用和快速发展。

对知名品牌而言，利用网红进行直播可能面临一些挑战。标榜"全网最低价"的网红直播不但对品牌无益，反而会给品牌带来一定的损失，因此品牌商不能将这种直播视为常规的品牌推广手

段。网红的影响力和知名度是有限的，品牌商要慎重地、有策略地加以利用，计网红对品牌推广产生积极的、可持续的影响。

直播对电商商家的核心价值在于直播场景的认知效果优于传统图文的认知效果，而且直播间中的人员聚集效应对增强消费者的下单信心具有重要作用。未来，直播将成为电商的新常态。

3. 直播常态化、组织化、岗位化

头部网红是直播行业中的权威自媒体，有较大的背书作用和传播效应。品牌商可以有选择地和网红合作，尤其是头部网红。作为新的"流量聚集器"，直播已经成为店铺（尤其是线上店铺）的必备工具。有直播习惯的店铺通常比没有直播习惯的店铺业绩更好，直播质量高的店铺通常比直播质量低的店铺业绩更好。在这种情况下，直播常态化成为品牌商的重要工作之一。有些品牌商将直播作为一项常态化工作，组建直播团队，甚至细分专门的岗位。这样一来，传统电商部门中的平面美工、文案、运营等岗位将面临新的挑战，要么转型，要么被淘汰，尤其是不精通多媒体和视频制作的人，可能被淘汰出局。

品牌商可以采用以下两种方式组建直播团队。一是自主培养，有条件的品牌商可以自主培养主播，没有条件的品牌商可以让员工兼职主播。二是选择MCN机构的主播。不过，MCN机构的两极分化现象比较严重，不同层次、质量的MCN机构良莠不齐，这提高了品牌商的选择难度。品牌商应该选择合适的MCN机构，以获得高质量的主播和专业的服务。

4. 直播场景在变化

网红直播与品牌商直播的直播场景不同。

网红直播是网红变现的过程，网红是焦点。品牌商直播是产品变现的过程，产品的研发、制造、供应链和消费体验是焦点。

网红直播的直播场景是零售场景，某个固定的直播场景可应用于不同产品的直播。当然，大直播场景是通用的，小直播场景可以随着产品的不同而变化。品牌商直播的直播场景不是通用的，最好与产品的消费体验场景相结合，这样做的目的是让消费者在较短的时间内认知产品。

3.2.4 网红直播退潮，品牌商"店播"、渠道"闪播"兴起

互联网工具的发展常常符合一定的规律：在早期阶段，某个互联网工具获得较多的红利，被大量追随者"神化"；随着时间的推移，红利越来越少，各种问题相继出现，媒体开始传播否定的声音；最后，红利逐渐消失，有远见的企业将该工具内化为核心能力，并将其作为互联网基础设施的一部分。

从淘宝的发展历程来看，网红直播展现了一种直播逻辑。2016年3月，淘宝意识到传统电商面临的危机，并开始尝试直播带货。随着不断的升级和迭代，这种模式逐渐发展为品牌商"店播"，

即品牌商通过开展直播活动来推广和销售产品。直播带货大致经历了 3 个阶段，如图 3-7 所示。

带货达人阶段 → 头部主播阶段 → 商家"店播"阶段

图 3-7

（1）带货达人阶段（2013—2015）。

这个阶段形成了直播带货的雏形，带货达人以图文形式的内容助力品牌商销售产品，并推动了 MCN 机构的成长，为后来的直播电商奠定了基础。

（2）头部主播阶段（2016—2018）。

2016 年以前的直播主要是主播通过展示才艺来获得打赏的模式。拥有导购优势的蘑菇街率先试水直播电商，随后阿里巴巴快速跟进。在这个阶段，阿里巴巴主要完成了以下两项工作：一是把初代带货达人推向直播间；二是联合 MCN 机构，培养了一批新的素人主播。

（3）商家"店播"阶段（2019 年至今）

2019 年是直播电商元年，某些头部主播的带货成绩证明了直播电商的效果和价值，同时也标志着直播电商大局已定。随后，腾讯、拼多多、抖音纷纷入局，直播电商几乎成为所有电商平台和社交平台的标配。

1. 品牌商"店播"

品牌商"店播"已经常态化，百果园是其中的佼佼者。

2019 年下半年，百果园开始尝试直播。经过实践，百果园发现，与通过自然搜索进入百果园旗舰店的消费者转化率相比，直播间的转化率高两三倍。直播不是一种全新的流量来源，它与实际业务是相辅相成的关系。换句话说，直播是其他渠道不可或缺的工具，它可以帮助其他渠道提高转化率。直播为品牌商提供了与消费者直接互动的机会，它能加快消费者做出购买决策的速度，提高消费者对品牌商的信任度，从而促进产品销售。直播的优势在于能够通过生动的展示和实时的互动来强化消费者对产品的认知，引起消费者的兴趣，进而提高转化率。

百果园的实践证明，"店播"是电商的升级版。

百果园的"O2O+B2C"直播打通了三度空间，这种直播是基于微信生态的直播，与网红在阿里巴巴、抖音、快手等平台中的直播不同。

阿里巴巴、抖音、快手等平台中的直播是中心化的直播，适合网红快速聚集人气，实现商业变现。基于微信生态的直播能够打通线下门店、微信、直播间，这是百果园通过直播放大私域流量的逻辑。

百果园主要通过活动策划来实施"O2O+B2C"直播。这意味着百果园必须更好地利用自己的私域流量（如社群流量），并借助微信小程序等工具帮助线下门店引流。

百果园的区域分布化直播主要通过区域社群来展开，根据各个区域的实际情况进行选品和定价，并在各个区域内推广，把直播聚集的社群流量引向线下门店。

通过这种方式，百果园把直播与区域社群相结合，增加了线下门店的流量和销量。区域分布化直播充分利用微信生态的资源，给百果园带来了更多的商机和增长机会。

百果园形成了完整的直播体系和标准流程：首先，主播对产品进行专业的介绍，让消费者了解产品的特色；然后，主播通过直播专享福利（如优惠券、奖品、周边产品等）引导消费者购买产品。

百果园在上海设有一个直播间，利用直播间为上海的400多家百果园线下门店引流，消费者在直播间购买产品后，可以根据自己所在的位置去附近的线下门店提货。直播间产生的所有订单都是通往线下门店的，直播间为线下门店引流，线下门店交付产品和服务。

2020年5月22日，百果园的"霸道总裁Peter朱"进行了首场直播。"Peter朱"是百果园集团副总裁兼集团商品中心总经理，他"从0到1"确立了百果园的水果采购标准和体系。他的首场直播取得了不错的成绩：30多万人观看，订单量达4000多笔，销售额达100多万元。

在直播过程中，百果园采用了集团中心化直播和区域分布化直播两种方式。一方面，百果园面向全体消费者开展集团层面的直播活动。这种直播方式能够覆盖更广泛的消费者群体，塑造统一的品牌形象，提升宣传效果。另一方面，在一些区域内，百果园基于自身的流量体系制作和传播直播内容。这种直播方式能够更好地满足当地消费者的需求，并更精准地推广产品和服务。通过上述两种方式，百果园充分利用集团和区域的资源，达到了更好的品牌推广和销售效果。

通过公众号推文、社群推广转发和设置小程序，百果园构建了多元的流量矩阵，吸引了大量消费者观看直播。通过直播间中的场景化介绍，百果园向消费者详细地展示产品，强化消费者对产品的认知，从而提高整体渠道的转化率。

此外，百果园还对拼团业务做出了许多改进，如充分利用直播的流量闭环：首先，百果园通过公众号和社群触达消费者，进行流量分配；然后，消费者通过公众号和社群中的直播链接参与直播活动，主播介绍产品并引导消费者进入小程序的拼团页面购买产品；最后，消费者去附近的线下门店提货，线下门店完成产品和服务的交付。

这样的流程设计使百果园能够充分利用直播带来的流量，促使消费者参与互动、购买产品，从而提升整体渠道的销售业绩。通过公众号、社群、小程序的有机结合，百果园打造了流畅的购物体验，打通了便捷的渠道转化路径。百果园的"O2O+B2C"直播是品牌商主导的BC一体化直播。

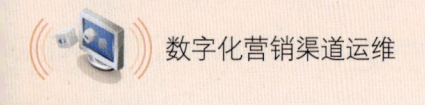

2. 渠道"闪播"

利用直播在渠道中进行"闪电式推广",短短几天就可以在一个县级市场中完成推广。由于用时较短,这种直播被称为渠道"闪播"。推广效率高是渠道"闪播"的显著特点。例如,山东、安徽、河南、河北、陕西等地的县级市场曾布局饮料销售渠道,提出了以餐饮销售带动礼品销售的"双渠道"共振模式,并取得了较大的成功。这种模式是渠道"闪播"的生动体现。

3.3 社区社群

在线下门店、社群、云店的立体连接中,3个主体分别为B端、KOC、C端。在通常情况下,这种商业逻辑是成立的。但是,某些即时消费性强的低价值大众消费品很难将KOC社群作为打通三度空间的桥梁。对于这个问题,比较好的解决办法是利用社区社群。

社区社群与KOC社群的区别如下。

第一,社区社群具有地理属性,通常以线下门店为中心,商业范围小;KOC社群通常以人际关系为中心,不受商业范围的限制。

第二,社区社群的群主专业做零售;KOC社群的群主以兼职做零售的非专业人员居多。

第三,社区社群以线下门店交付为主;KOC社群以区域仓交付和品牌中心仓交付为主,以线下门店交付为辅。

3.3.1 社区社群,传统商业唱主角

近年来,到家服务、社区社群、渠道直播火了。令人吃惊的是,这一次竟然由传统商业唱主角。这种趋势反映了传统商业在逆境中的创新能力和适应能力。随着消费者对便利性和安全性的需求越来越强烈,到家服务应运而生,传统零售店通过提供送货上门等服务,满足了消费者的需求。社区社群的兴起使传统零售店与消费者的联系更加紧密,传统零售店通过与社区社群建立互动、合作关系,提升了消费者的忠诚度和消费体验。渠道直播的崛起得益于直播平台将传统渠道与线上直播相结合,从而创造了大量的销售机会。这一系列变化表明,传统商业正在积极应对新的挑战、把握新的机遇。传统商业借助新兴技术和新的商业模式,适应消费者需求的变化,不仅保持了自身的竞争力,还实现了业务的增长。

品牌商、零售商等传统商业第一次成为互联网商业的主角。自阿里巴巴爆红以来,互联网商业的主角一直是平台(包括平台电商、社交电商、B2B、新零售等新平台、新势力),品牌商只能成为平台上的商家,是互联网商业的被动参与者。

互联网时代的品牌商面临的最大困境是缺乏独立的商业思维,一味接受平台的商业思维,如平

台思维、流量思维等。平台与品牌商之间是互相竞争的博弈关系,这些商业思维是使平台在博弈中占据主导地位的商业思维。

平台往往通过强调自身的优势和资源,吸引品牌商入驻平台并依赖平台来推广业务、获取流量。然而,过度依赖平台的商业思维往往导致品牌商过度关注平台提供的流量和曝光度,忽视品牌独立性、长远发展、品牌建设和价值创造的重要性。

品牌商应该充分认识自身与平台之间的博弈关系,并努力形成独立的商业思维。这意味着品牌商要更加注重品牌建设、产品创新、消费体验,以提升品牌的影响力和消费者的忠诚度。此外,品牌商还要积极探索多样化的营销渠道和合作方式,减少对单一平台的过度依赖,实现更加持续、稳定的发展。

总之,品牌商需要摆脱过度依赖平台的商业思维,形成独立的商业思维和商业策略,以更好地应对互联网时代的挑战。通过在博弈中保持平衡和灵活性,品牌商可以与平台进行良性互动,尽力争取双赢。

平台流量是平台和品牌商共同创造的,为什么品牌商要向平台购买流量呢?对品牌商而言,流量思维是一种"陷阱"。商业思维是有立场的,平台思维的立场和品牌商相反。本教材之所以提出一系列新概念(如新营销、BC一体化、社区社群等),是希望品牌商能够建立独立的互联网商业体系。对品牌商而言,抓住由自己主导的互联网商业机会是很重要的。一旦错失机会,品牌商将很难崛起。

当前的新零售市场主要分为以下两个领域:一是创新型新零售(如盒马鲜生),相关企业注重引入新的技术和模式,提供独特的消费体验;二是依托社区店的新零售,包括社区团购、由B2B向新零售转型的企业(如零售通)。在当前的形势下,无论是在新的营销策略还是新零售模式中,社区都扮演着流量入口的重要角色。在未来的竞争中,社区对品牌商的发展至关重要,平台则对新零售的发展至关重要。能够为社区店提供增值服务和支持的企业将掌握流量入口的主导权。

特别强调一点,社群营销的核心不是交易行为(下单),而是营销活动,包括线下的场景体验和线上的社群传播。在社群营销中,传播不仅包括广告宣传,还包括与场景体验相关的打卡活动等。此外,购买渠道是线下门店、社群还是云店已经不再是重点。总的来看,真正的社群营销是将社区社群作为技术手段,打通线下、社群、线上等多个空间维度的全方位营销活动。

拓展资料

未来,几乎所有营销都要借助互联网工具来进行。那么,快消品企业互联网化有哪些路径呢?

第一,平台电商路径。平台电商不是快消品的主渠道,因此这条路径并非快消品企业互联网化的主流路径。

第二，私域流量路径。私域流量创造的销售额在社会消费品零售总额中所占的比例可以忽略不计。大型快消品企业的销售额可达数十亿元、数百亿元、数千亿元的规模，然而它们很难通过私域流量获得超过10亿元的销售额。虽然快消品企业可以尝试这条路径，但是对快消品行业的龙头企业而言，这条路径注定是边缘化的。

第三，自建电商平台（如App）路径。大多数快消品企业走不了这条路径，从社会层面来看也不现实。

第四，新零售路径。线下企业与互联网结合，从零售商的角度来看是新零售，从品牌商的角度来看是新营销。

运营社区社群的方法如图3-8所示。

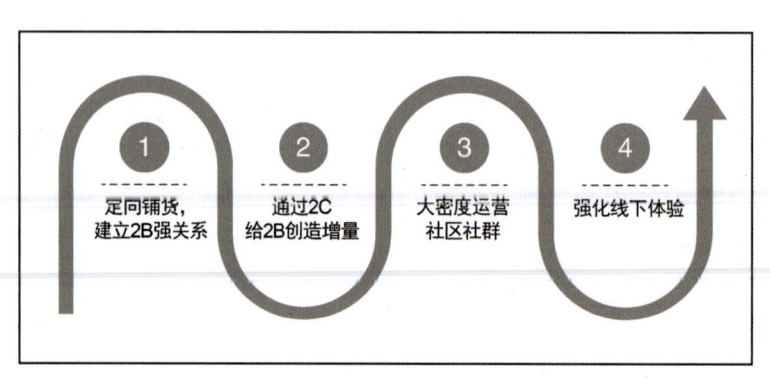

图 3-8

（1）定向铺货，建立2B强关系。需要明确的是，社区关系是天然存在的，运营社区社群则是一项专业工作。过去，影响深度分销效果的主要因素是产品的铺货率。在实践新营销策略时，专家学者提出了定向铺货的概念。定向铺货有两个前提条件：一是线下门店必须与社区建立紧密的关系，二是线下门店的店主必须是品牌商的忠实粉丝。当线下门店与社区形成牢固的关系时，可以通过社群互动把这种关系转化为强大的购买力。

（2）通过2C给2B创造增量。在商业运营过程中，增量思维很重要。改革开放的重要成果和成功经验之一是"用增量激活存量"。激活存量可以形成杠杆效应，有助于节省时间和精力。要想做到这一点，品牌商需要对组织结构进行改造。过去，传统的销售部通常面向企业客户（2B）；现在，品牌商往往同时经营企业客户和个人消费者（2C），因此需要对组织结构进行相应的调整和变革。

（3）大密度运营社区社群。社区社群是公域流量，一旦被激活，难免有人想利用自己的资源和优势，把公域流量据为己有。深度分销之所以从重视客情发展为重视资源的密集投入，原因就在于此。密度在一定程度上代表认知度和品牌价值，缺乏大密度运营和得不到消费者广泛认可的社区社群没有太大的商业价值。

（4）强化线下体验。进入网络时代，线下体验变得越来越重要。过去，2B 业务只要维护好客情就够了；现在，2B 业务不仅要关注客情，还要重视客户体验。要想做到上述两点，品牌商必须对传统的销售部进行功能性改造，特别是改造传统的销售前台。这意味着品牌商不能单独组建一个新的团队，否则只不过是建立了与 2C 直接交互的渠道，无法实现 BC 一体化。

3.3.2　社群营销连接 3 个最小商业单元

1. 最小商业单元

现代商业发生在以下 3 个空间维度中：线下空间、社群空间、线上空间。这 3 个空间维度各自形成了独立的商业体系，分别为传统商业、社交电商、电商。

了解每个商业体系中的最小商业单元和最大商业单元是很重要的。对传统商业而言，最小商业单元是社区（社区店），最大商业单元是 KA 店和连锁店。对社交电商而言，最小商业单元是社群，也就是小型的社交圈子；最大商业单元是"有知名度的 IP（知名品牌或名人）+ 多层级社群"。对电商而言，最小商业单元是云店（如小程序），它是个人或企业在线上平台经营的小型店铺；最大商业单元是大型的电商平台（如阿里巴巴、京东等）。了解这些最小商业单元和最大商业单元，有助于企业更好地规划和开展三度空间的商业活动。

企业要想做大，必须打通最小商业单元。三度空间的最小商业单元分别为社区、社群、云店。如果能打通这些最小商业单元，企业就可以形成"社区 + 社群 + 云店"营销体系。新营销将打通上述 3 个最小商业单元的营销体系称为社群营销，如图 3-9 所示。社群营销是互联网时代复杂商业体系的最小商业单元，是商业体系的细胞。

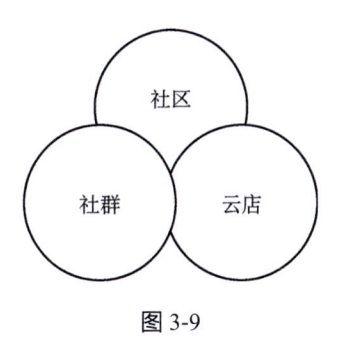

图 3-9

2. 社区是传统商业的最小商业单元

哪里有人，哪里就有消费场景；哪里有消费场景，哪里就有生意。商业是以人为中心形成的。

我国的营销市场主要分为以下两个市场：一是以"KA店+便利店"为主要形态的城市市场（又被称为终端市场），人口密度较大；二是以流通渠道为主的流通市场，人口密度较小。

相应地，我国的营销体系也分为以下两类：一是以终端拦截（导购）为基本模式的营销体系，二是以深度分销为基本模式的营销体系。

3. 社群是社交电商的最小商业单元

早期的微商就是直销的社群化。直销要想形成一定的体系，多层级的组织架构是不可缺少的。微商也是如此。当微商发展到一定阶段时，多层级的黏性开始减弱。另外，无论是法律还是平台，都不允许设置过多的层级。因此，"IP+多层级社群"成为社交电商的标配，这种模式适用于小众产品。社交电商只有利用"IP+多层级社群"才能形成商业规模，而社区社群即使只是单一层级的社群，也可以商业化。

4. 云店是电商的最小商业单元

我国电商崛起走的是平台电商路径，品牌商难免被平台思维、流量思维等属于平台的商业思维"洗脑"。

大平台形成"流量池"，入驻平台的品牌商向平台购买流量，这是平台电商的逻辑。除了创新型新零售，其他品牌商和零售商很难自建电商平台。

近几年，一些品牌商和零售商找到了另一条电商路径，即围绕社群构建电商系统。

在社交电商中，社群是认知、关系、交易"三位一体"的商业系统。在电商中，对品牌商和零售商而言，社群可以基于关系体系（社群是一种社交关系体系）的商业路径来建立，它不必是"三位一体"的商业系统。无论品牌商和零售商的规模有多大，都可以围绕社群构建最小的电商系统——云店。

5. 品牌商的互联网化路径

"社区+社群+云店"是先2B再2C的互联网化路径，新营销称之为BC一体化。

BC一体化的核心是"社区+社群"，只要这条路走得通，"社区+社群+云店"就是必然的结果，三度空间也就自然而然地打通了。

社区是2B和2C的枢纽。很多新零售平台瞄准了该枢纽，如原来定位于B2B的惠拿货后来改为定位于新零售，其关注点是社区店；同样属于新零售平台的社区团购平台，其商业路径是社区社群。

社区店的前景取决于谁为社区店赋能。无论是电商还是新零售，对商家而言最大的"诱惑"都不是流量，而是赋能。赋能意味着收益超过投入、突破能力瓶颈。

深度分销的本质不是赋能，而是瓜分存量。存量越接近极限，商家越需要赋能。

3.4　互联网深度分销

深度分销的终点是终端，立体连接的起点是终端，两者有先后顺序。如果没有深度分销对终端的稳固，立体连接就成了无源之水、无本之木。如果立体连接是社群渠道化，有互联网加持的深度分销就是渠道社群化。传统渠道依托人链，深度分销通过人链触达终端。人链化的渠道既有人际关系稳定的优点，也有过度依赖人际关系的缺点。互联网与深度分销结合增加了以下新链条：一是数字链，通过渠道数字化为用户画像，实现了精准管理，提高了人员效率；二是社群链，在技术层面实现了渠道扁平化管理，解决了深度分销渠道层级过多带来的管理问题。

AI（人工智能）物体识别技术日益成熟，成为互联网深度分销、实时优化渠道陈列的利器。

3.4.1　从人海战术到"精准爆破"

我国在城市化进程中形成了以下两个彼此独立的商业系统：一是现代化城市的大型商超；二是广大农村、低线城市和高线城市中位置偏僻的中小型门店。相应地，我国形成了以下两个营销体系：一是面向大众的大型商超，二是面向中小型门店的深度分销。

深度分销被称为近20年来的"最佳中国营销实践"，它解决了我国数百万家门店的供应链问题。供应链问题表现为以下两点：一是我国的经销商格局以县级经销商为经销商主体，经销商的规模普遍偏小；二是门店高度分散。

深度分销的本质是厂商一体化，利用厂家的组织能力和商家的客情、配送能力，触达终端，并实现对终端的高度覆盖。

"大型商超＋中小型门店"的商业生态在短期内难以改变。这种商业生态有以下两个演进方向：一是渠道与互联网结合，实现高效的深度分销；二是在终端通过社群、直播、云店等直达C端，实现BC一体化。

1. 有数据才能精准

通过连续、规则的数据，品牌商可以发现规律。如果实际情况不符合规律，就可能有不正常的地方。只有找到不正常的地方，才能找到解决办法。

2010年以来，SaaS（软件即服务）系统在我国得到广泛应用。2014年以来，B2B在我国得到大力推行，推动了我国品牌商的数据化。现在，AI技术与B2B的结合带来了实时的渠道数据。

数据的最大价值是有助于发现规律，在发现规律后，人们可以预测未来。例如，通过对比某终端店不同时间的产品陈列位置和销量数据，品牌商可以发现在该终端店的产品陈列位置发生变化后，其销量是增加了还是减少了，以便找到最佳的产品陈列位置，从而增加该终端店的销量。

数据分为纵向数据和横向数据，两者的价值不同。纵向数据是在不同的时间对同一个体进行观测和测量的数据，通俗地讲就是"自己和自己对比"的数据。横向数据是在相同的时间对某一个体及其竞品或关联产品进行对比的数据。例如，品牌商通过分析竞品或关联产品在同一个终端店的销量变化情况，可以明确自身产品的优势和劣势。

品牌商可以在渠道中应用AI技术，通过图片抓取来快速识别自身产品、竞品或关联产品的终端数据，包括陈列面积的大小和销量的变化。

纵向数据的主要价值是防止"好市场"变差，横向数据的主要价值是有利于发现有潜力的"好市场"。

渠道数据在营销中有两种价值：一是标签化，二是预测。

例如，品牌商基于渠道数据，认为某门店推广高端新品的能力很强。这就是标签化，标签化有利于精准地开展工作。

又如，品牌商根据渠道数据预测某门店应该什么时候进货、进多少货，如果实际情况与预测结果不符，就可能存在问题。在找到并解决问题后，品牌商可以精准地开展工作。

有时候，市场费用是投入"好市场"有效还是投入"差市场"有效这个问题是凭感觉判断的。如果有数据作为支撑，品牌商就可以有的放矢、提高效率，从而精准地开展工作。深度分销靠的是人海战术，不提高效率，很难达到理想的效果。

2. 精准的深度分销要有"后台"

SaaS系统的功能很强大，它主要在以下3个方面为深度分销赋能，如图3-10所示。

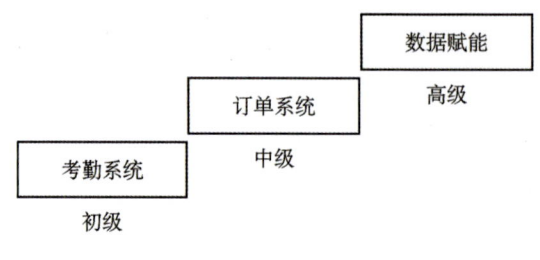

图3-10

（1）考勤系统（初级）：记录营销人员的行程。

（2）订单系统（中级）：管理线上订单。

（3）数据赋能（高级）：利用数据为营销人员赋能。

传统营销人员可能不太熟悉"赋能"这个词，其实传统营销中同样有赋能。

营销人员的业绩主要与以下两种能力有关。

一是营销人员的个人能力。个人能力的差异在一定程度上导致了营销人员的业绩存在差异。

二是组织（平台）的赋能。例如，企业的培训、管理和各种标准化流程、模式能够"让平凡的人做出不平凡的业绩"。组织赋能的作用就是"让平凡的人做出不平凡的业绩"。优秀的企业之所以优秀，不是因为企业中的所有人都很优秀，而是因为这些企业能够"让平凡的人做出不平凡的业绩"。

3.4.2　互联网深度分销"三链叠加"：人链、数字链、社群链

我国营销的一个重要特点是品牌和渠道"双轮驱动"。在快消品领域，渠道驱动的表现形式是深度分销。传统的深度分销主要依托人链。

人链的主要价值是深化和稳定渠道关系，并借此解决渠道营销中的问题。随着渠道的数字化转型，数字链变得越来越重要。数字链结合了数据和中台，不仅可以提高交易效率，还可以实现精准的深度分销。通过结合数据和中台，品牌商可以更好地借助数据分析和精细化管理来推动渠道发展，从而提升销售效果、扩大市场份额。"双轮驱动"的营销模式能够更好地满足消费者的需求，促进品牌和渠道共同发展。

如今，社群已经成为商业中不可或缺的一部分，在商业中发挥着非常重要的作用。我国商业已经形成了社群渠道化的模式，并构建了渠道社群链。借助社群的力量，传统的多层级营销组织有可能转变为虚拟的扁平化社群组织。过去的渠道链主要包括信息链、资金链、物流链，现在新增了3条链：人链、数字链、社群链。新增的每一条链都能与信息链、资金链、物流链结合，从而增强渠道驱动力。

人链代表着渠道中各个参与者的人际关系和合作关系。数字链是指通过数字技术、数据管理来优化渠道运营和决策。社群链通过建立和运营社群来扩大渠道影响力、推动业务增长。这些链条的结合与协同增强了渠道驱动力，促进了渠道合作和商业发展。社群渠道化的模式为企业提供了更多的与消费者互动、建立关系的机会和方式，并帮助企业实现了更高效的渠道营销。

1. 从单链到"三链叠加"

我国营销领域有一个经典的说法："营销决定企业会不会成功，管理决定企业会不会失败。"企业的管理能力直接影响企业的执行力。

在我国市场中，许多企业在其他方面做得很出色，却由于渠道驱动力不够强而遭遇失败。渠道链管理能力是决定企业实力的重要因素。人链、数字链、社群链"三链叠加"已经成为渠道营销的主流模式。

2. 从"三链平行"到"三链结合"

如图3-11所示，与"三链平行"不同，"三链结合"不是3条链的简单相加，而是使这3条链发生"化学反应"，形成高效的组合。

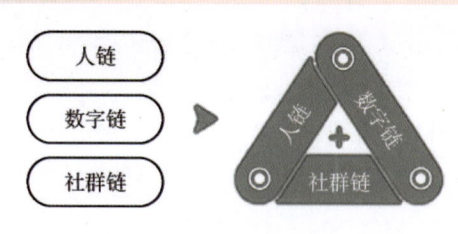

图 3-11

例如，人链与数字链结合必须突出中台的价值，否则数字链无法自动赋能人链。人链与数字链结合的正确方式是"人链+数字链+中台=高效、精准的深度分销"。

又如，人链与社群链结合有助于企业拓展线上空间，这已经成为一个基本组合，如"人链+社群链+直播""人链+社群链+云店"等。

过去，深度分销只关注对人链的管理，只有一条管理链，对于渠道出现的问题，往往发现得比较晚。如果可以实现"三链结合"，企业就能实施高效的"三线管理"。通过构建和高效管理人链、数字链、社群链，企业可以更好地管理渠道。"三线管理"意味着企业在管理渠道时不能只依赖人际关系，还应考虑信息和资金的流动，并确保3条链协调运作。通过增强渠道链管理能力，结合对信息链和资金链的管理，企业可以及时发现和解决渠道中的问题，提高对市场变化的响应速度，增强自身的竞争力，从而创造更好的业绩。

3. 从多层级链条到扁平化链条

我国的渠道管理存在以下两个深层的结构性矛盾。

第一，我国的深度分销格局是"以县为经销单元，分销到终端"。我国市场具有碎片化和区域范围大的特点，大型企业通常需要建立至少包括4个层级（大区经理、省区经理、城市经理、业务经理）的管理结构，有时甚至包括更多的层级。多层级管理结构是为了适应我国市场的碎片化特点而建立的。各个层级的管理者负责特定的区域或城市，确保产品被顺利分销到终端。多层级管理结构能够帮助企业更好地控制和管理分销渠道，以保证产品的正常供应和流通。

这种深度分销格局的优势是能够高效地覆盖规模庞大的市场，并与不同区域的市场特色、市场需求相匹配。通过多层级管理结构，企业能够更好地了解不同区域的市场情况，构建合适的销售网络，并及时响应市场的需求和变化。当然，这种深度分销格局也存在一定的局限性，如层级过多可能导致信息传递不畅、决策效率低等。因此，企业在建立多层级管理结构时要权衡利弊，确保各个层级的管理者能够协调合作，以实现高效的深度分销。

第二，我国企业的非现场管理渗透率通常是2级。在现场管理（如生产管理）方面，企业的管理渗透率相对较高；在非现场管理方面，企业的管理渗透率相对较低，经常出现"将在外，君命有所不受"的情况。这种现象是由我国渠道管理的结构性矛盾造成的，企业只能改善，无法彻底消除。对于一般的渠道管理，2级管理渗透率是最佳选择。

渠道管理中存在3条链，其中人链是多层级的，数字链没有层级之分。在数字链中，所有参与者都可以共享数据（需要开放数据权限）。

通过建立数字链和共享数据，企业可以弥补非现场管理渗透率较低的不足。在这种模式下，各个管理层级可以准确地获取和分析数据，更好地了解市场情况和渠道运营情况，从而做出更合理的决策。数字链为渠道管理提供了更高效、精确的选择，有助于提升企业的管理渗透率和决策执行效果。需要注意的是，在开放数据权限的同时，企业要确保数据的安全性和合规性，以保护自身和消费者的利益。此外，企业还要加强对数字链的管理和监控，确保数据的准确性和可靠性，以达到最佳的渠道管理效果。

4. 推进"人链+社群链"的3个阶段

第一个阶段：依靠经销商网络，激活优质的小型经销商。

在这个阶段，企业需要综合运用定向铺货、场景化陈列、广泛体验、地推活动和提高社群活跃度、促进社群传播、及时激励等策略。

通过定向铺货，企业可以有针对性地向优质的小型经销商分发产品，确保产品能够精准地覆盖目标市场。通过场景化陈列，企业可以把产品放置在合适的场景中，让消费者更容易接触和体验产品。通过广泛体验，企业可以为消费者提供多种体验机会，吸引消费者参与活动，并提高产品的曝光度。通过地推活动，企业可以实地推广产品，进一步促进产品销售。

同时，企业也要注重线上的活动和传播，利用活跃的社群和广泛的社群传播，把产品信息传递给更多的消费者。此外，企业还可以通过及时激励来调动小型经销商的积极性，使其更加积极地推广产品。通过综合运用以上策略，企业可以线上、线下一体化运营小型经销商，从而解决产品的动销问题。这种新的运营模式有效地提升了产品的推广和销售效果，给企业的发展带来了积极的影响。

第二个阶段：为小型经销商赋能，向C端延伸。

通过建立社群，企业不仅可以及时激励店主，还可以获取店主反馈的动销数据。如果动销成功，店主就会对产品充满信心，也更愿意接受向C端延伸的推广策略。企业可以利用互联网工具和投票、评比等活动来影响店主的生活圈，因为大部分店主的生活圈和生意圈是高度重叠的。

朋友关系、信任关系为产品推广奠定了坚实的基础。通过口碑传播，产品更容易被消费者接受。这进一步扩大了产品的影响力，并促进了产品向C端延伸。这种策略在提升产品的口碑、扩大产品的影响力和促进产品向C端延伸方面起到了关键作用。通过充分利用社群和朋友关系、信任关系，企业能够更高效地推广产品，提高消费者对产品的接受度和信任度，为自身的发展和市场份额的扩大奠定坚实的基础。

第三个阶段：增加小型经销商的密度，扩大C端的广度。

在动销成功后，店主可以把动销的场景通过社群传播出去，进而影响其他店主。社群有助于企业掌握终端的动销数据。企业可以采用定向铺货的推广策略，先选择有潜力的店铺，然后在社群中以这些店铺为榜样，影响其他店铺。通过这种方式，企业可以借助榜样店铺在社群中的示范作用，

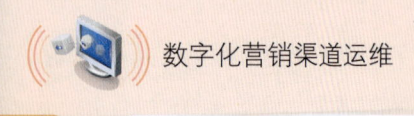

激励其他店铺。其他店铺的店主在看到榜样店铺的成功案例后，会受到启发和激励，并采用类似的做法。这种有针对性的推广策略能够更加高效地利用社群的力量，促使更多店主参与推广活动并实现动销目标。同时，通过社群的传播，动销的成功案例也能得到更广泛的宣传和认可，给企业带来更多的曝光，形成口碑效应。

C 端社群即终端店的店主作为群主自行建立和运营的社群，属于店主粉丝群。这种社群是渠道粉丝链的延伸和发展，其作用是促进店主与消费者的互动，通过持续的互动和沟通，强化消费者对品牌的认知，推动消费者从初次尝试品牌转变为把品牌视为首选。在 C 端社群中，店主充当群主的角色，与消费者建立紧密的联系。通过互动和沟通，店主可以向消费者分享产品的优势和特点，解答消费者的疑问，为消费者提供购买建议，并传递品牌的价值观和理念。常态化的互动和沟通有助于店主与消费者建立信任关系，提高了消费者对品牌的忠诚度。通过终端店的店主粉丝群，品牌可以借助店主的影响力和社交关系，向更多的消费者推广产品。店主粉丝群不仅深化了品牌与消费者的关系，还为品牌奠定了强大的社群基础，增强了品牌的影响力和市场竞争力。

3.4.3　互联网全程渗透深度分销：招商、铺货、动销、推广

1. "互联网+招商"

过去，招商主要有以下两种方式：一是行业大会招商，二是业务员"盲拜"（事前对意向客户没有了解，就登门拜访）招商。这两种方式不但费时，而且效率很低。

"互联网+招商"为企业提供了更多的选择：一是通过自媒体广泛发布信息；二是通过社群或直播等互联网工具高频、高效沟通，特别是企业高层或创始人亲自参与招商，这对提高招商效率很重要；三是在招商过程中采用"场景体验+直播"模式，邀请意向客户考察，这有助于意向客户快速成交。

2. "互联网+铺货"

铺货是新品上市的第一个步骤。在当前的市场环境下，铺货并不是一件困难的事情。对线下门店而言，即使是大品牌的产品，消费者有时候也会退货，因此线下门店在铺货时可以更大胆一些。在对新品进行终端铺货时，企业必须同时做到以下 3 点：第一，让线下门店购进足够多的新品，确保新品供应充足；第二，让新品在线下门店中占据理想的陈列位置和陈列面积，确保新品能被充分地展示给消费者；第三，让线下门店的店主做新品的推荐者，积极地向消费者推荐和宣传新品。以上 3 点有助于企业在终端实现新品推广和销售目标。线下门店的持续进货保证了新品供应的稳定性，理想的陈列位置和展示效果增强了新品的可见性、吸引力，店主的推荐增加了消费者对新品的关注和兴趣。终端铺货的成功不仅依赖于新品的质量和市场竞争力，还依赖于线下门店及店主的积极参与和推动。只有各方共同努力，新品才能在终端市场上取得良好的表现。

3. "互联网+动销"

"互联网+动销"主要有以下两种逻辑：单店逻辑和区域逻辑，它们分别适合中心城市市场和

县级市场。

单店逻辑的重点是单个线下门店的运营和动销。通过互联网工具和技术，企业可以实现对单个线下门店的精准定位和精细化运营。例如，通过数据分析和消费者洞察，企业可以了解特定城市中潜在消费者的需求和消费习惯，并根据这些信息来调整产品组合、定价策略、促销活动，从而提升单个线下门店的销售业绩和动销效果。

区域逻辑的重点是整个县级市场的覆盖和协同。通过互联网工具和平台，企业可以建立特定区域内的网络化运营和协同推广体系。这包括建立区域级的社群和渠道合作关系，共享数据和资源，实现特定区域内的市场拓展和动销效果提升。企业可以采用区域逻辑，在更大范围内实现规模化运营和动销，从而扩大自身的影响力和市场份额。

在互联网时代，上述两种逻辑为动销提供了更多的机会和可能。无论是采用单店逻辑还是区域逻辑，企业都要充分发挥互联网工具和数字化的优势，通过数据分析、精准营销、协同推广等手段，提升动销效果，促进销量增加和市场拓展。

4."互联网+推广"

在激活线下门店的过程中，企业可以通过多种互联网工具来引导流量分配，让线下门店产生增量。其中，社群和直播是两种常用的互联网工具。

通过社群，企业可以与线下门店建立更密切的互动和合作关系。企业可以通过社群与线下门店的店主交流，分享产品信息、促销活动经验等，并调动店主的积极性和主动性。店主之间也可以在社群中相互交流和分享经验，从而实现线下门店之间的合作和互助，共同提升销售业绩。

除了社群，直播也是一种有效的互联网工具，它可以吸引大量消费者的关注。企业可以通过直播来展示、推广、销售产品，吸引消费者前往线下门店购买产品。此外，企业还可以邀请线下门店的店主参与直播，展示线下门店的特色和优势，增强消费者的信任感和购买欲。

通过社群和直播的结合，企业可以引导线下门店之间的流量分配，把流量引向不同的线下门店，让线下门店产生增量。企业在社群、直播中展示线下门店的特色和优势，可以吸引消费者主动前往线下门店购买产品，从而提升线下门店的销售业绩。总之，企业可以通过社群和直播等互联网工具来引导线下门店之间的流量分配，有效激活线下门店并使之产生增量，提升线下门店的销售业绩。

互联网全程渗透深度分销如图 3-12 所示。

1 "互联网+招商"	2 "互联网+铺货"	3 "互联网+动销"	4 "互联网+推广"
❶ 自媒体招商	❶ 新品进店	❶ 单店逻辑	❶ 自媒体推广
❷ 社群或直播招商	❷ 陈列展示	❷ 区域逻辑	❷ 店主推广
❸ "场景体验+直播"招商	❸ 店主推荐		❸ "社群+直播"推广

图 3-12

典型案例

今麦郎的"四合一"模式好在哪里

近几年,方便面行业整体呈现下滑趋势。在这种情况下,今麦郎却做出了令人吃惊的业绩。

今麦郎采用了车辆、人员、区域承包、终端机"四合一"模式。"四合一"模式的本质是通过科学的配置,建立让经销商获取合理利润的新管理体系。

"四合一"模式中的车辆、人员、区域承包并无特别之处,很多企业的做法都和今麦郎类似,比较特别的是终端机。在方便面行业整体呈现下滑趋势的背景下,今麦郎依靠"四合一"模式增加了销量,其核心是通过终端机获取终端数据。

今麦郎的终端机依托"人链+技术链"。人发现不了的问题,终端机不仅能发现它们,还能把它们上传给更高的层级。

今麦郎董事长指出,"四合一"模式是经销商盈利能力的保证。

(1)没有车辆就没有网点,没有网点就没有销量,网点的数量决定了经销商的销量。要想服务更多的网点,必须配备足够多的车辆,这样才能保证工作效率。

(2)除了配备车辆,还要通过人员的有效拜访来保证销量。人员管理是指通过公平的激励措施来增强销售人员的"战斗力",鼓励他们积极地维护与终端网点的关系,从而打败竞争对手,增加自身产品的销量。

(3)通过区域承包(尤其是承包经销商的配送车辆),让销售人员变成"合伙人",调动他们对销售工作的积极性。

(4)利用终端机智能化管理车辆、人员、区域承包,建立全新的管理体系。今麦郎的终端机,本质上是集成销售体系中的人员、渠道、产品、库存、订单、门店、物流、财务、ERP等供应链全流程、全场景的"最强大脑"。

今麦郎终端机的独特之处在于,它可以将销售人员的全部工作内容量化、标准化,并围绕消费者的购买行为形成一套完整的激励体系,真正实现了销售人员的过程项目化管理。终端机让销售人员的行为变得可控,让终端变得可视,让感性管理变成基于数据的理性管理。

激励体系的逻辑

1. 量化

今麦郎对销售人员在终端围绕增加销量所做的全部工作内容进行分解,并量化到每一个细节,如:今天必须拜访15家门店,得×分;每家门店必须张贴符合标准的海报,得×分;每种口味的方便面必须在货架上摆放×排,得×分;价格标签、割箱陈列必须符合标准,得×分;堆头必须符合标准,得×分;冰冻产品陈列必须符合标准,得×分。

通过量化，今麦郎可以准确地掌握销售人员在终端的工作质量，并根据销售人员的得分给予相应的奖励（销售人员当天的得分在第二天全部换算成"今币"）。通过及时奖励，今麦郎大大提高了销售人员的工作积极性，同时也为采用"四合一"模式进行标准管理奠定了基础。

2. 追踪

既然实现了工作内容的量化，就要有相应的追踪考核机制。没有及时的跟进和追踪，销售人员很难长期保持工作积极性。因此，采用"四合一"模式的经销商必须建立完整的追踪管理体系。

例如，销售人员每天几点拜访第一家门店，在店内停留多长时间、得多少分，在店内工作的实际情况，每天拜访门店的数量是多少、拜访路线是不是最优的，每月拜访门店的数量是多少等都可以通过终端机进行及时追踪和高效管理，从而实现销售人员在终端的标准化工作。

今麦郎对"四合一"模式的推进没有停留在思路层面，而是对所有环节都制定了详细的工作标准。

（1）配套设施。

"作战室"：准备独立的会议室，并配备相应的工具，如投影仪、打印机、宽带、桌椅等。

看板、地图上墙：如《提成标准》《每日业绩提成看板》《区域地图》《"作战"路线图》等。

（2）承包小老板工作配套设施。

车辆：每6万人划定1个片区，配备1辆专车，用于销售今麦郎的产品（对于弱势市场，每10万人配备1辆专车）。

终端机：承包小老板必须配备手机终端机，以完成考核工作。

网点划分：承包区域使用规范区划，按照每400人划分1个网点的标准，6万人需要划分150个网点。

路线：将承包区域内的150个网点划分为6条拜访路线，进行周期性拜访。

（3）工作点评。

在后台系统中对重点案例或普遍存在的问题进行点评、分析。

（4）强调重点事项。

强调当日的重点事项（数量不宜过多，完毕后结束早会）。

"四合一"模式对经销商有以下3个好处。

第一，在内务规范阶段，把原来不够规范的工作内容规范化、流程化，包括会议、工作标准、纪律、激励措施、考核、检核等。

第二，在市场规范阶段，对销售人员的服务、拜访频次等多项工作内容进行规范，确保服务到位、形成稳定的周期性拜访、陈列位置固定、标准生动化。这样，不仅销售人员的收入会大幅度增加，产品销量也会显著提高。

第三，经销商有收益，通过规范化管理网点，增强渠道竞争力，提高销量和利润，进而提高经销商的积极性。

拓展阅读

新媒体传播一般包括以下5个步骤。

1. 提炼产品卖点或品牌的核心价值

无卖点，不传播。

产品或品牌应该有USP，即清晰的产品卖点或品牌的核心价值，以便让消费者知道产品或品牌的优势及其和竞品的区别。例如，"××空调，一晚一度电""要旅游，找××""订酒店，用××"等耳熟能详的广告语就是结合场景的行动暗示，可以让消费者形成记忆点。"经常用脑，多喝××"也是产品卖点的场景化体现。

2. 有创意地表达产品卖点

新媒体传播的关键是有创意。

3. 引爆传播点

好的话题需要引爆传播点。怎样才能让话题吸引人们的眼球？和大V、名人挂钩是一个不错的选择。

4. 精准传播

大V、名人能够为话题提供背书和引爆点，这是新媒体传播的关键。

5. 对接销售平台，形成有效闭环

销售平台既可以是线上的，也可以是线下的。在不同的行业中，新媒体传播的侧重点是不同的。例如，快消品行业侧重渠道驱动力和品牌驱动力，家具行业侧重终端促销力，3C（计算机、通信、消费类电子产品）行业侧重"功能+情感"，地产行业侧重团队执行力。总之，很多行业都可以和新媒体结合，借助新媒体的力量提升传播效果、促进产品销售。无论玩法怎么变，传播的本质没有变，新媒体可以让传播变得更快、更有效。

职业技能训练

一、判断题

（1）深度分销的终点是终端，立体连接的起点是终端。　　　　　　　　　　　　　（　　）

（2）如果常见的广告是"软广告"，公关就是"硬广告"。　　　　　　（　　）

（3）我国营销的一个重要特点是品牌和渠道"双轮驱动"。　　　　　（　　）

（4）体验既是认知强度最高的认知模式，也是认知效率最低的认知模式。（　　）

（5）过去的渠道链主要包括人链、数字链、社群链。　　　　　　　　（　　）

二、单项选择题

（1）选择 KOL 的首要标准是（　　）。

　　A．影响力　　　　　B．爱尝鲜　　　　　C．爱分享　　　　　D．专业

（2）选择 KOC 的首要标准是（　　）。

　　A．强关系　　　　　B．爱分享　　　　　C．自我消费　　　　D．专业

（3）消费者的初级需求是（　　）。

　　A．低价需求、性能、降低风险

　　B．新颖性、便携性、可达性、过程体验

　　C．高端、定制化、理想自我

　　D．低价需求、便捷性、性能

（4）渠道数据在营销中的价值是什么？（　　）

　　A．一是标签化，二是预测　　　　　B．一是去标签化，二是预测

　　C．一是去标签化，二是评估　　　　D．一是标签化，二是评估

（5）我国经历的两次渠道变革是什么？（　　）

　　A．一次是渠道下沉，另一次是深度分销

　　B．一次是渠道下沉，另一次是直播推广

　　C．一次是社群下沉，另一次是深度分销

　　D．一次是社群下沉，另一次是直播推广

04

第四章
数字化营销渠道"六双"运营体系

【知识目标】

- 掌握构建数字化营销渠道"六双"运营体系的方法；
- 掌握拓展"双路径"的方法；
- 理解三大交易场景的颠覆性创新。

【能力目标】

- 能结合企业实际选择合适的"双私域"和"双场景"；
- 能利用各种平台建立"双货架"；
- 能结合企业实际开展"双中台"实践。

【素养目标】

- 培养学生爱岗敬业的职业态度；
- 培养学生的团队协作能力，引导其践行和谐、友善的价值观；
- 培养学生的数字化思维和能力；
- 培养学生认识自我、挖掘自身优势的能力。

【思维导图】

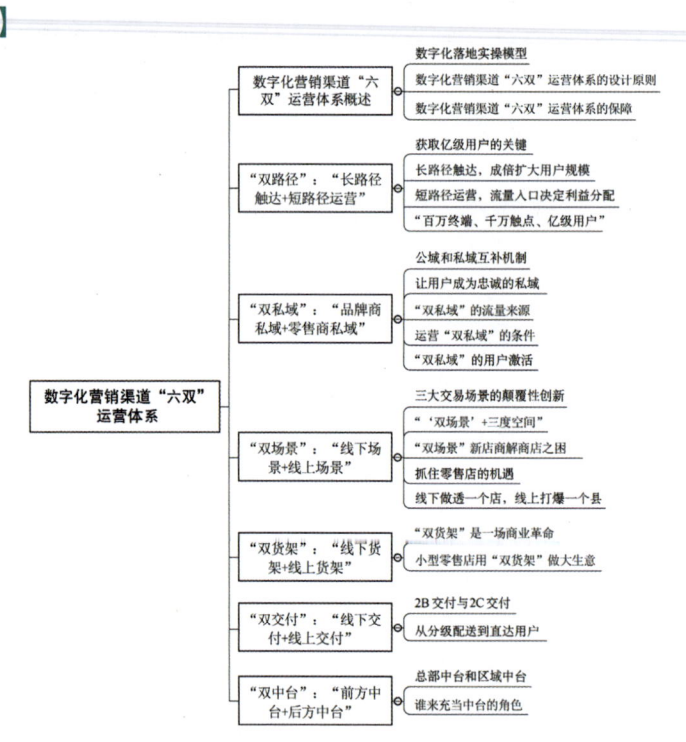

```
                                    ┌─ 数字化营销渠道"六双"运营体系概述 ─┬─ 数字化落地实操模型
                                    │                                  ├─ 数字化营销渠道"六双"运营体系的设计原则
                                    │                                  └─ 数字化营销渠道"六双"运营体系的保障
                                    │
                                    ├─ "双路径"："长路径触达+短路径运营" ─┬─ 获取亿级用户的关键
                                    │                                  ├─ 长路径触达，成倍扩大用户规模
                                    │                                  ├─ 短路径运营，流量入口决定利益分配
                                    │                                  └─ "百万终端、千万触点、亿级用户"
                                    │
                                    ├─ "双私域"："品牌商私域+零售商私域" ─┬─ 公域和私域互补机制
                                    │                                  ├─ 让用户成为忠诚的私域
                                    │                                  ├─ "双私域"的流量来源
                                    │                                  ├─ 运营"双私域"的条件
  数字化营销渠道"六双"运营体系 ──────┤                                  └─ "双私域"的用户激活
                                    │
                                    ├─ "双场景"："线下场景+线上场景" ─┬─ 三大交易场景的颠覆性创新
                                    │                                ├─ "'双场景'+三度空间"
                                    │                                ├─ "双场景"新店商解商店之困
                                    │                                ├─ 抓住零售店的机遇
                                    │                                └─ 线下做透一个店，线上打爆一个县
                                    │
                                    ├─ "双货架"："线下货架+线上货架" ─┬─ "双货架"是一场商业革命
                                    │                                └─ 小型零售店用"双货架"做大生意
                                    │
                                    ├─ "双交付"："线下交付+线上交付" ─┬─ 2B交付和2C交付
                                    │                                └─ 从分级配送到直达用户
                                    │
                                    └─ "双中台"："前方中台+后方中台" ─┬─ 总部中台和区域中台
                                                                      └─ 谁来充当中台的角色
```

【引导案例】

三只松鼠的电商"突围"

2020年年初,线下商业遭遇了巨大的冲击和挑战,三只松鼠也不例外。在大环境的影响下,如何实现逆势增长、开辟新渠道、寻找新商机,成为零售行业突破行业困局的关键。

为了渡过难关,三只松鼠采用"区域作战"模式,根据店铺及其所在地的实际情况,帮助店主尽可能地消除大环境带来的负面影响,并指导店主采用社群营销策略,把店铺打造成"可移动的零食店"。

"可移动的零食店"采用消费者在线下单、店主自行配送的运营模式。配送订单的增加有赖于店主对社群的精心运营和维护。通过引导消费者添加店铺微信、在朋友圈中宣传推广、建立福利群并频繁互动等方式,店主建立了一些比较稳定的社群,其规模通常为100~5000人,这对"可移动的零食店"的可持续发展起到了巨大的作用。

1. 社群资源:积累并利用社群资源

位于安徽合肥的三只松鼠豆芽店(以下简称豆芽店)于2019年10月开业,目前该店铺的微信好友已经超过5000人。豆芽店是如何在短时间内积累这么多社群资源的呢?

首先,豆芽店的店主在收银台张贴了店铺微信二维码,消费者扫码添加店铺微信即可享受购物优惠。豆芽店的店主深知,必须长期维护微信好友,才能充分发挥社群资源的价值。

其次,为了提升消费体验,豆芽店推出了一项专属优惠活动:凡是该店铺的微信好友,都能享受全年9.6折的购物优惠,并定期获得购买特价产品、秒杀产品的资格。除此之外,该店铺的微信好友还有机会参加各种会员活动,如到店抽奖、有奖游戏等。

最后,为了增加与微信好友的互动,豆芽店会不定期推出朋友圈抽奖、有奖竞答等活动,以增强微信好友的黏性。

2. 精细化运营:了解并满足消费者的需求

2020年年初,因为运营需要,豆芽店不得不将营业时间调整为11—18点,导致日销售额大幅下滑。为了弥补损失,豆芽店采用社群营销策略,积极地引导消费者通过微信来查看优惠信息、选购产品和服务。

通过分析销售数据和消费者的朋友圈,豆芽店的店主发现代餐类产品(如蛋白棒、代餐奶昔等)的销量明显上升。在深入了解消费者的饮食需求和偏好后,豆芽店的店主开始在朋友圈中大力推广相关产品。销售数据显示,肉食卤味、素食蛋类、面包糕点等品类的销售占比显著提高。

在微信运营方面,豆芽店时刻关注社群动态,与消费者保持积极的互动,以消费者的实际需求为出发点,为消费者提供合适的产品。此举旨在为消费者提供更有价值的服务,并深化与消费者的互动和信任关系。

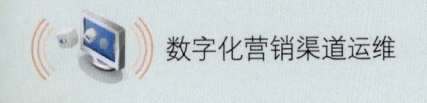

3. 附加价值：优化便民服务，提高配送服务的附加价值

当消费者通过微信下单助手下单后，店主必须迅速完成备货和配送。特别是在2020年年初，店主需要格外重视消毒工作，将保证产品卫生视为首要任务。为了提高配送效率，很多店主选择定时配送、定点配送的方式。如果在配送前或配送过程中增加一些附加动作，就能进一步提高销售转化率。

以安徽滁州店为例，配送前，店主会在朋友圈中宣传并说明配送路线，以激发附近消费者的购买欲望。该店主认为，提供优质的配送服务有助于提高消费者的忠诚度。

辽宁鞍山店的店主会在配送前贴心地询问消费者是否需要其他便民服务，如代买蔬菜或水果。该店主表示，便民服务对提高销售转化率大有裨益，很多消费者一开始并不打算购买三只松鼠的零食，后来因为需要他代买其他东西而一并下单。

江苏宿迁店的店主为了吸引消费者，专门建立了一个外卖福利群，并定期推出各种优惠活动。一开始，即使该群中仅有百余名消费者，该店主仍然坚持每天在朋友圈中发布产品推荐等信息，尽心尽力地服务每一名消费者，以吸引更多消费者加入该群。该店主不仅为消费者配送订单中的产品，还会满足消费者的其他需求，如帮消费者代买奶茶。附加价值较高的配送服务可以让消费者感受到店主的用心，增加消费者对店铺和店主的好感。

在多家店铺的成功案例的激励下，许多店主开始积极学习并借鉴相关策略。例如，有些店主意识到自己在社群运营方面的不足，决定今后要更加用心地运营社群。为了掌握社群运营技巧，他们不断尝试新的营销方式，如利用微信下单助手、群接龙拼团等。

【案例分析】近几年，社群营销的优势愈发凸显。例如，三只松鼠的店主通过社群运营，利用会员体系和配送服务，缩短与消费者之间的距离，激发消费者的购买欲望。

4.1　数字化营销渠道"六双"运营体系概述

随着数字化市场的快速发展和市场结构的深刻变化，一些企业的线下渠道体系暴露出效率低下、模式老化、渠道单一等问题，急需进行以数字化为主要推动力的模式创新和升级改造。

4.1.1　数字化落地实操模型

基于数字化长路径F2B2b2C的特点，营销专家提出了数字化营销渠道"六双"运营体系的概念，包括"双路径""双私域""双场景""双货架""双交付""双中台"，如图4-1所示。

数字化营销渠道"六双"运营体系既是认识渠道数字化的方法和理解渠道数字化的思维方式，也是渠道数字化发展所遵循的规律。

第四章 数字化营销渠道"六双"运营体系

图 4-1

数字化营销渠道"六双"运营体系的核心是"双"。"双"不意味着"既做……又做……",而是两者融为一体。这就像物理变化和化学变化的区别一样:物理变化是两种物质混合,即使混合得非常均匀,也是两种不同的物质;化学变化是两种物质发生反应,生成新的物质。例如,线上、线下融合不意味着既做线上又做线下,而是线上、线下一体化,两者融为一体。

1. "双路径":"长路径触达 + 短路径运营"

长路径(F2B2b2C)触达解决连接海量 C 端的问题,短路径(F2C、B2C、b2C)运营解决运营效率的问题,两全其美。"双路径"是厂、商、店三方一体、共享用户资源的体现。

是不是零售商完成了用户触达,触点就没有价值了?当然不是。零售商需要通过触点来持续激活用户,所以长路径触达是持续性的。另外,线上、线下融合也需要持续引流,所以长路径触达和短路径运营要交替进行、相互强化。

2. "双私域":"品牌商私域 + 零售商私域"

"双私域"具有双重用户黏性。品牌商私域通过丰富的 SKU 和专业的线上运营来增强用户黏性。零售商私域解决用户触达、用户连接、用户激活的问题。零售商离用户更近,可以在线下、社群、线上三度空间与用户建立关系,充分发挥自身的优势。"双私域"使用户黏性更强,在共享用户资源的情况下,实现厂、商、店三方受益。"双私域"是线上、线下融合与厂、商、店三方一体的体现,它既能把零售商私域变成品牌商私域,也能把品牌商私域变成零售商私域。

3. "双场景":"线下场景 + 线上场景"

从用户的角度来看,"双场景"为用户提供了线上交易场景和线下交易场景,用户可以随意选择交易场景。从零售商的角度来看,"双场景"解决了"小店大运营"的问题,是线上、线下融合

113

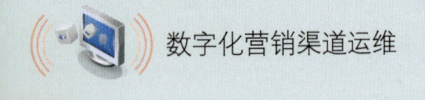

的体现。线上份额和线下份额在一定程度上由交易场景决定,"双场景"不仅意味着电商的单场景变得较为传统,还意味着零售商将争夺电商的线上份额。

4. "双货架":"线下货架 + 线上货架"

"双货架"能够满足"双场景"衍生出来的需求。有了"双货架",即使线下门店的营业面积再小,也能通过线上货架上架厂家的所有适销 SKU,从而拥有"无限货架"。线下货架解决高频产品的销售问题,线上货架解决低频产品的销售问题。

5. "双交付":"线下交付 + 线上交付"

"双交付"即"2B 交付 +2C 交付""到店交付 + 到户交付",能够满足"双货架"衍生出来的需求。"双交付"可以让用户享受线上交易和线下交付的双重便利,是线上、线下融合的体现。

6. "双中台":"前方中台 + 后方中台"

厂家中台前移可以解决线上、线下融合和经销商、零售商参与线上运营的问题,是 bC 一体化和线上、线下融合,以及厂、商、店三方一体的体现。

4.1.2 数字化营销渠道"六双"运营体系的设计原则

设计数字化营销渠道"六双"运营体系需要遵循以下 3 项原则:bC 一体化,线上、线下融合,厂、商、店三方一体,如图 4-2 所示。

图 4-2

1. 原则一:bC 一体化

如同深度分销的核心是终端管理一样,bC 一体化的核心是对 b 端和 C 端的全面覆盖。一方面,bC 一体化有别于侧重 b 端的传统运营模式;另一方面,它与侧重 C 端的电商模式、私域流量模式也有区别。单店社群是渠道数字化的最小经营单元,企业需要同步关注 b 端和 C 端,并在组织结构、岗位设置、工作流程上充分考虑 b 端和 C 端的实际需求。全面覆盖、平衡发展是 bC 一体化的核心理念和关键方向。

2. 原则二:线上、线下融合

线上、线下融合不意味着建立两套独立的组织和体系,而是线上、线下应该形成紧密结合、相互依存的关系。线上、线下的订单和销量都很重要,不可偏废。线上、线下融合不仅可以把线上流量转化为线下业务，还可以把线下流量引向线上平台，有助于实现资源共享、优势互补，提升整体运营效率和用户体验。

3. 原则三：厂、商、店三方一体

厂、商、店三方一体的运营模式与电商、私域流量的运营模式有所不同。电商、私域流量的运营模式注重去中间化和去终端化，旨在简化流程并提高效率。厂、商、店三方一体的运营模式注重 b 端在数字化转型中的核心地位，需要重新评估终端的价值。在实现 bC 一体化的过程中，b 端做出了巨大的贡献。为了回馈 b 端，可以采用厂、商、店三方一体的运营模式。在这种模式下，厂、商、店共享用户资源，共同发展。此外，厂、商、店三方还要遵循一项重要原则：以流量入口为分配利益的基准。在 bC 一体化中，流量入口主要集中在 b 端。无论交易方是厂家还是经销商，都应该将 b 端作为分配利益的核心。这种分配方法既能体现对 b 端的尊重和认可，也能促进厂、商、店三方的紧密合作和共同发展。

4.1.3 数字化营销渠道"六双"运营体系的保障

数字化营销渠道"六双"运营体系需要技术和组织方面的保障。

（1）数字化营销渠道"六双"运营体系的技术保障。要想构建支撑数字化营销渠道"六双"运营体系的技术体系，必须解决以下 4 个关键的技术问题：一是 F2Bb2C 的技术路径，由于该技术已经相对成熟，因此这个问题不是主要的技术问题；二是实现 bC 一体化的技术问题，得益于 bC 双码和 bC 小程序的普及，这个问题也有了较好的解决方法；三是 b 端的"双货架"，主要涉及线上货架的建立和管理；四是实现 F2C、B2C、b2C 交易平台与交付平台之间的技术对接，以确保交易平台与交付平台的密切协作。只有解决了上述技术问题，才可以构建支撑数字化营销渠道"六双"运营体系的技术体系，为企业的数字化转型提供有力的支持。

（2）数字化营销渠道"六双"运营体系的组织保障。在现有的营销组织中，传统企业已经部署了以下 3 个系统：一是传统渠道系统，二是电子商务系统，三是私域流量管理系统。传统企业是否需要在此基础上部署独立的数字化渠道系统？答案是否定的。未来，企业的营销组织将趋于简化和统一，其主要由以下两个系统构成：一是电子商务系统，二是数字化系统。其他系统将逐渐融入这两个系统中。需要指出的是，电商运营应保持其独立性，因为平台的主导力量较强。电商运营由平台主导，企业内部的电商运营体系必须与平台相适应、相匹配。

在发展初期，私域流量运营（F2C）可能具备一套独立的运营体系，该运营体系与电商运营（B2C）的运营体系类似。一旦 F2Bb2C 模式形成规模，F2C 就会逐渐融入 F2Bb2C 体系中。原因有三：首先，两者的规模不对等，F2C 的规模通常远小于 F2Bb2C 的规模；其次，F2Bb2C 已经涵盖了 F2C 的运营模块；最后，在融入 F2Bb2C 体系中后，F2C 可以发挥杠杆作用，撬动 b2C 市场，成为实现 bC 一体化过程中"用增量换存量"的关键支点。

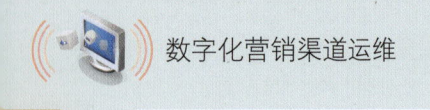

在实现 bC 一体化的过程中，传统的营销组织会逐渐消失。要想实现渠道数字化，bC 一体化至关重要。bC 一体化以 b 端为基础，通过深度分销深入 b 端市场。bC 一体化只需要在深度分销的基础上增加几个步骤，实际操作起来比想象中简单。bC 一体化与深度分销的主要区别是 b 端和 C 端的人员比例。当然，为了完成渠道数字化转型，部分企业也可以重新构建整个营销体系。

4.2 "双路径"："长路径触达 + 短路径运营"

"双路径"指的是"长路径触达 + 短路径运营"。长路径触达指的是触达、连接用户的路径是 F2B2b2C，这与传统企业的深度分销路径（F2B2b）有很多重叠的部分。短路径运营指的是运营用户的路径是 F2C、B2C、b2C，厂家、经销商、零售商都可以是运营主体。触达路径和运营路径的区别如图 4-3 所示。

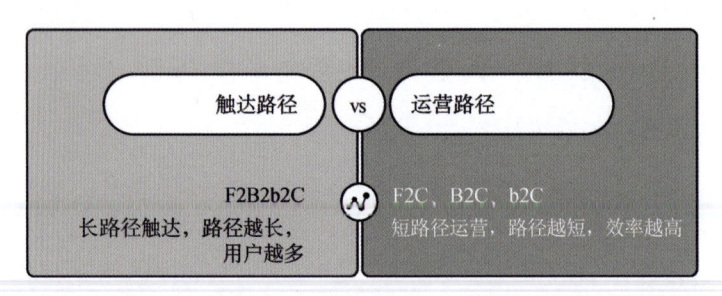

触达路径	vs	运营路径
F2B2b2C 长路径触达，路径越长，用户越多		F2C、B2C、b2C 短路径运营，路径越短，效率越高

图 4-3

4.2.1 获取亿级用户的关键

除了厂家，其他运营主体的用户规模普遍没有超过 1 亿人。头部主播主要依赖平台的流量支持，其粉丝规模大多为数千万人，年营业额接近千亿元。头部主播的业务模式类似于零售业的全品类经营，主要经营各品类的头部品牌。

对快消品行业的龙头企业而言，要想把近 90% 的线下用户数字化，需要以亿级用户为基础。然而，获取亿级用户的难度很高，几乎没有任何私域流量运营方法能够实现这个目标。在数字化进程中，用户规模的重要性不言而喻。一种私域流量运营方法是否有效，在很大程度上取决于其能够获取的用户规模。

从厂家的角度来看，获取亿级用户有以下两个关键点：一是增加触点的数量，二是提高用户裂变的速度。快消品企业在传统渠道中主要销售大众产品，这类产品不具备小众产品的用户裂变特质。因此，快消品企业要想获取亿级用户，至少要拥有上千万个触点。这些触点来自何处？快消品行业的龙头企业通常通过深度分销来掌控上百万个终端，进而以这些终端为基础，形成上千万个触点，最终获取亿级用户。

在"双路径"策略中，除了显性路径，还有以下两条隐性路径：一是用户激活路径，二是利益分配路径。下文将详细探讨这两条隐性路径。需要强调的是，长路径触达并非一次性触达用户后就不再维护，而是需要与短路径运营相互结合、交替使用，以实现用户规模的扩大和运营效率的提高。

4.2.2 长路径触达，成倍扩大用户规模

亿级用户的量级决定了企业只能采用长路径（F2B2b2C）的用户触达方式（见图4-4），这是企业的必然选择。要想获取亿级用户，必须拥有上千万个触点。经营大众产品的企业不能对用户裂变抱有不切实际的幻想。即使对经营小众产品的企业而言，用户裂变也只能在少数情况下实现，在大多数情况下，它很难实现。企业不能把凤毛麟角的"用户裂变奇迹"当成可以复制的常态。

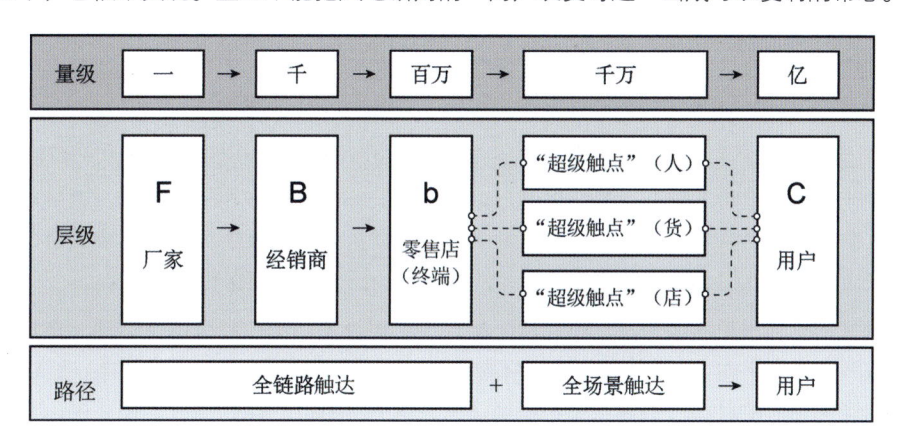

量级	一 → 千 → 百万 → 千万 → 亿
层级	F 厂家 → B 经销商 → b 零售店（终端） → "超级触点"（人）／"超级触点"（货）／"超级触点"（店） → C 用户
路径	全链路触达 + 全场景触达 → 用户

图 4-4

"百万终端、千万触点、亿级用户"不难实现，可以成为企业经营的常态。要想拥有上千万个触点，企业必须掌控上百万个终端。在企业的组织体系中，能够达到百万量级的只有终端。这是在渠道数字化过程中需要强调的关键问题：企业必须有组织地动员上百万个终端，才能获取亿级用户，不能只依赖用户裂变。

在我国的渠道系统中，快消品行业的龙头企业掌控上百万个终端没有太大的问题。这些企业之所以成为龙头企业，是因为它们有极强的渠道组织、管理、控制、动员能力。

谁在掌控上百万个终端？如果是传统分销模式，就是厂家在掌控；如果是深度分销模式，就是厂家、经销商共同掌控。可见，在渠道数字化的过程中，经销商的角色不可或缺。

长路径触达用户的核心是利用 bC 一体化模式，主要强调零售店的作用。那么，经销商有什么作用？快消品行业的龙头企业通常有成千上万家经销商，这些经销商连接了更多的零售店，在厂家与零售店之间起到了扩大用户规模的作用。

我国渠道的特点是高度碎片化和高度本地化，因为渠道链往往就是人链。厂家与经销商建立关系，经销商与零售商建立关系，零售商与本地的社区用户建立关系。在每个层级中，关系的数量是有限的，这是线下渠道的特点。F2Bb2C是一种不但能成倍扩大用户规模，而且在扩大用户规模后关系不会疏远的模式，可以帮助企业获取亿级用户。因为用户规模大，所以路径比较长。

4.2.3 短路径运营，流量入口决定利益分配

在渠道数字化的过程中，用户触达至关重要。无论企业采用哪种模式，只要能有效地触达用户，就能实现短路径运营，从而享受渠道数字化的便利。受去中间化思维的影响，许多人误认为短路径运营等同于F2C模式，其实短路径运营包括F2C、B2C、b2C 3种模式。无论是厂家、经销商还是零售商，都可以成为短路径运营的运营主体。

F2C模式在技术上是可行的，在实际操作中却面临许多困难：首先，F2C模式、B2C模式仅适用于单一的线上场景，只有b2C模式适用于线上、线下"双场景""双货架"；其次，F2C模式以经销商和零售商为引流工具，不但容易引起经销商和零售商的抵触，而且难以实现获取亿级用户的目标。F2C、B2C、b2C 3种模式共存体现了厂、商、店三方一体的思维。

F2C模式的适用场景主要包括新品推广、节假日活动和集中性大型推广活动。需要明确的是，F2C模式并非数字化运营的常态，其要点是厂家运营、三方分利。在利益分配上，数字化运营遵循的不是"谁交易，谁受益"的原则，而是流量入口决定利益分配的原则。在F2C模式中，厂家是交易方，零售店是流量入口，经销商是流量入口的管理方，三方都能获得相应的利益。

B2C模式的适用场景主要包括常态化线上运营、区域性产品推广和区域性活动。在数字化营销渠道"六双"运营体系中，"双中台"可以解决分区域运营的问题。在B2C模式中，经销商是数字化运营的运营主体。B2C模式的要点是经销商运营、两方分利，这意味着在该模式中，只有经销商和零售店能获得利益。

b2C模式的运营主体是零售商，大型零售店和小型零售店的运营方式存在差异。b2C模式的适用场景主要包括大型零售店通过自有平台运营用户和小型零售店通过区域性零售集中运营用户。需要指出的是，经销商通常也会参与b2C运营，因此经销商的线上运营工作涵盖了b2C运营。在短路径运营中，无论采用哪种模式，都要确保经销商和零售店能获得利益，这样才能实现线上、线下融合和厂、商、店三方一体。

4.2.4 "百万终端、千万触点、亿级用户"

长路径F2Bb2C的前半部分与深度分销路径F2Bb相同，两者的差异在于b2C环节。即使企业完成了F2Bb的信息化进程，也只实现了初步的数字化。要想实现全链路智能化，企业必须关注b2C环节，触达用户并获取用户数据。当前，一些企业面临的问题是虽然能掌控上百万个终端，但是与获取亿级用户之间仍然存在较远的距离。为了解决这个问题，企业需要从b端和C端的层面进

行深入分析。

新零售提出了"人、货、场"的概念。在此基础上,我们可以把该概念涉及的触点归纳为三大"超级触点",即人、货、店。之所以把它们称为"超级触点",是因为这些触点的数量能够达到亿级,其中有效触点的数量能够达到千万级。

触达用户的规模取决于以下 3 个因素:一是触点的数量,二是每个触点覆盖的用户规模,三是用户通过社交网络裂变的次数。首先,触点的数量决定了潜在的用户规模;其次,每个触点如何有效覆盖用户取决于技术手段和触点的触达范围;最后,用户通过社交网络裂变的次数受品类特征和运营策略的影响。

三大"超级触点"如图 4-5 所示。

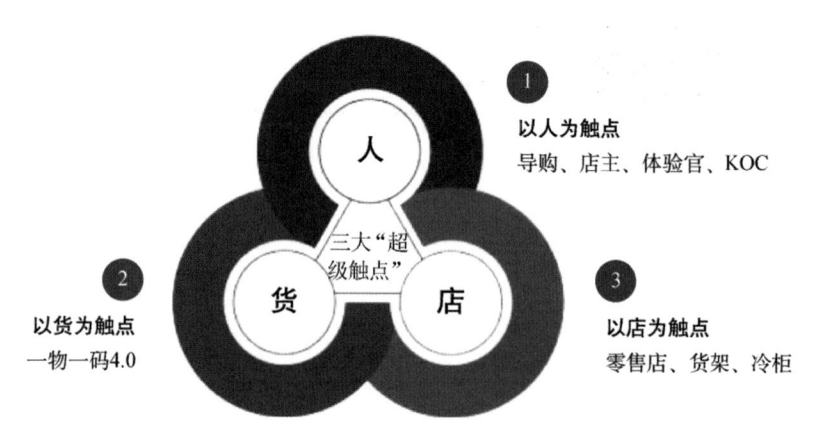

图 4-5

(1)以人为触点:如导购、店主、体验官、KOC 等,运营主体需要为他们提供技术手段,如 bC 小程序。

(2)以货为触点:产品本身就是关键的触点,运营主体可以利用一物一码(二维码)4.0(如 bC 双码)等技术手段。

(3)以店为触点:零售店、货架、冷柜等都是重要的触点,运营主体可以利用 bC 小程序等技术手段。

1. 一物一码 4.0

一物一码在商业中的应用经历了以下 4 个阶段,如图 4-6 所示。

一物一码 1.0:用于溯源,如防窜货、防假冒,其商业模式是 C2F 模式。

一物一码 2.0:包括 C 端红包、B 端开箱奖(如东鹏特饮鼓励零售店开箱、核销的红包),其商业模式是 F2B 模式、F2C 模式。

一物一码 3.0：用于引流，把用户引流到特定的零售店，其商业模式是 C2b（用户—零售商）模式。

一物一码 4.0：bC 双码，即店码、用户码，形成 bC 技术绑定，其商业模式是 F2b2C 模式、F2B2b2C 模式。

一物一码1.0 —— 溯源，如防窜货、防假冒

一物一码2.0 —— C端红包、B端开箱奖

一物一码3.0 —— 引流

一物一码4.0 —— bC双码（店码、用户码）

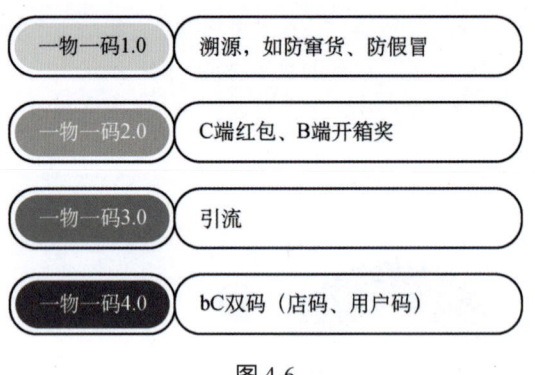

图 4-6

一物一码在商业中的应用比较普遍，其商业模式基本上是 F2C 模式。一物一码的缺点是扫码率不高，难以激活用户。激活用户效果比较好的技术手段是 bC 双码，主要通过动员 b 端，在 C 端开展活动。这种用户连接方式有组织、有动员，可以大大提高扫码率，特别适合 KA 店开展推广活动。

2. bC 小程序

bC 小程序是形成 bC 技术绑定的另一种用户连接方式，既可用于以人为触点（如 KA 店的导购和小型零售店的店主、店员等）的用户连接，也可用于以店为触点（如零售店、货架、冷柜等）的用户连接。以人为触点的用户连接的优势是可以在线下、社群反复激活用户。在连接用户的早期，激活用户也很重要，因为没有被激活的用户会"沉底"。

线上激活是被动的，线下（现场）激活和社群激活是主动的。大型零售店通过 bC 小程序激活用户主要靠导购，因为他们能直接服务用户；品牌商和经销商可以通过管理、激励导购来调动其积极性。小型零售店通过 bC 小程序激活用户主要靠店主和店员。

4.3 "双私域"："品牌商私域＋零售商私域"

4.3.1 公域和私域互补机制

从平台的角度来看，公域流量指的是商家直接入驻平台（如拼多多、京东、淘宝、饿了么、喜马拉雅、知乎、得到等）并实现流量转换的、平台用户集体共有的流量。关于公域流量的定义，存在以下 3 个值得商榷的关键点。

第一，平台的定义需要进一步明确。电商平台无疑是平台的一种形式，传统零售商在实现数字化后同样可以被视为平台。如果把所有商流和关注量都视为流量，那么传统零售商和社交媒体都可以被视为平台。

第二，公域和私域是基于不同的视角划分的。平台将流量视为私有资源并标价出售，商家将流量视为公有资源，这意味着平台的私域实际上是商家的公域。例如，某个拥有大量粉丝的主播可以被视为一个平台，其私有的粉丝可以被视为其他应用方的公有资源。

第三，只有未被标价出售的流量才能被视为公域流量。在互联网上，偶尔有一些免费的公域流量（如平台的流量支持），大多数流量都是被标价出售的。随着平台流量的增加，其标价越来越高，甚至超过了线下流量的标价。因此，把所有平台流量都看作公域流量是不准确的。

私域流量指的是从公域（如因特网）、他域（如平台、媒体渠道、合作伙伴等）引流到私域（如官网）的流量，以及私域产生的流量（如访客）。这表明私域流量的主要来源有以下两个：引流和自身产生的流量。

对于私域这一概念，"新经销"公众号创始人指出："私域不是联系，而是关系。"他认为私域运营的本质是关系的变现，通过与用户建立深度连接，提高用户对品牌的认同度和忠诚度。他将私域分为以下两种类型：品牌商私域和个人私域。品牌商私域侧重品牌认同和深度连接，个人私域侧重人际关系和深度连接。这些观点强调了与用户建立深度连接的重要性，有助于我们深刻理解私域这一概念。

4.3.2 让用户成为忠诚的私域

用户既是平台的核心资产，也是平台私域的重要组成部分。大平台之所以能成为大平台，是因为它们能获得更多用户的认同和支持。通过用户标签和 AI 算法等技术手段，平台能够更好地理解并满足用户需求，为用户提供更精准的推荐和更贴心的服务，从而让用户获得更大的利益。在这种情况下，即使平台将用户作为流量出售给其他机构或企业，用户也不会太反感，因为他们可以获得更大的价值和利益。

用户是品牌商的私域。过去，品牌商经常谈论品牌认同、品牌忠诚等概念；现在，品牌商更强调用户黏性，因为数字化为品牌商提供了深度连接用户的可能。

用户是零售商的私域。在与用户的互动中，大型零售店通常基于地理位置、商业范围与用户建立关系，它们在所在的商业范围内具有交易便利的优势；小型零售店的商业范围与用户的生活范围高度重叠，它们主要依靠人际关系，把熟人转化为忠诚的私域。过去，小型零售店的店主主要通过线下互动（如见面、聊天等）与用户建立关系。随着数字化的普及，店主增加了社群互动的互动方式。在数字化快速发展的今天，店主可以通过数字化互动与用户建立关系。在现实空间、社群空间、数字化空间中，零售商都能与用户进行高效的互动。

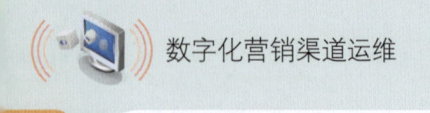

每个人都有自己的私域，因为每个人都有人际关系网络，既被他人影响，也影响他人。过去的影响方式主要是口碑传播，现在的影响方式有很多种，如社群、社交媒体等，这是用户裂变仍然有一定作用的原因。虽然每个人都有私域，但是真正有商业价值的私域是KOL和KOC的私域。KOL的私域与平台私域类似，标价出售流量。KOC的私域既有隐蔽性，又有商业价值，但KOC的分散度较高，商业化难度较大。

在满足深度连接和建立关系这两个条件的情况下，用户可以成为忠诚的私域。私域的规模可大可小，不过，要想成为数字化主战场，必须形成一定的规模。目前，平台私域已初具规模，零售商也比较容易形成规模。不过，虽然零售商与用户建立了关系，但是这种关系缺乏深度连接的基础。

由于个人私域难以形成一定的规模，因此微商和社交电商往往只能短暂地受到关注。缺乏组织体系和规模使商家对用户裂变尤为重视。很多领域都有在短期内快速实现用户裂变的成功案例，这给商家带来了很大的希望。那么，如何高效地开发私域呢？

对品牌商（特别是各行业的龙头企业）而言，获得大量用户的认同是开发私域的基础。开发私域的重点是通过数字化手段把潜在的认同转化为深度的连接，形成用户黏性，从而进行有针对性的商业化运作。

4.3.3 "双私域"的流量来源

1. 品牌商私域

品牌商私域需要满足以下两个条件：一是深度连接，二是建立关系。

知名品牌（如快消品行业的龙头企业）只需要解决深度连接的问题，普通品牌或新品牌需要同时解决以上两个问题。下面介绍如何解决深度连接的问题。

品牌商怎么与用户建立深度连接呢？可以参考图4-7中的4种方式。

| 用户找上门 | 从平台引流 | 通过典型个人私域引流 | 通过零售商引流 |

图4-7

（1）用户找上门：如用户关注公众号、使用小程序。快消品行业的知名品牌几乎都有公众号、小程序，但这种方式形成的用户规模不够大。

（2）从平台引流：这不是私域让渡，而是品牌商在没有支付流量费的情况下把平台的流量引入私域。这种方式只能形成较小的用户规模，难以形成较大的用户规模。

（3）通过典型个人私域引流：如通过 KOL、KOC 引流。这种方式需要付费，虽然比通过普通个人私域引流的效率高，但是形成的用户规模仍然不够大。

（4）通过零售商引流：上述 3 种方式虽然都可行，但是形成的用户规模不够大，因此无法成为主流方式。通过零售商引流是触达用户、获取亿级用户、与用户建立深度连接的主流方式。例如，社区团购曾通过零售商引流在短期内迅速形成了一定的用户规模。

2. 私域让渡

私域让渡即把某个组织或个人的私域让渡给其他组织或个人。在特定条件下，私域是可以让渡的。私域让渡有以下 3 种方式。

（1）隐性让渡：如平台出售流量就是把平台的私域通过让渡变成商家的商域。隐性让渡具有隐蔽性，用户往往感觉不到。这种让渡方式很有技术含量，其模式是平台一次性出售流量，商家支付流量费。

（2）以合作运营用户的方式让渡：如社区团购的"团长"先把私域流量让渡给平台来运营，然后在后台分配利益（"团长"获得提成）。兴盛优选采用的是这种让渡方式，美团优选和多多买菜的流量不是来源于私域让渡，而是来源于平台。

（3）用户裂变：用户把自己的私域让渡给其他组织或个人。这种让渡方式在组织和管理上的难度很高。

4.3.4 运营"双私域"的条件

传统企业的数字化不能以 F2C 模式为主，必须以 F2B2b2C 模式为主，这样才能有组织地大规模触达用户。F2B2b2C 模式意味着零售商把私域让渡给品牌商，双方共享用户资源。这样一来，新的问题出现了：零售商如何把私域让渡给品牌商？

零售商让渡私域有以下两种方法：一是一次性让渡，对应 F2C 模式，一些品牌商过去做地推时采用的就是这种方法；二是合作运营私域，即合作运营"品牌商私域＋零售商私域"的"双私域"（见图 4-8），对应 F2B2b2C 模式或 F2b2C 模式（适用于渠道直销模式）。

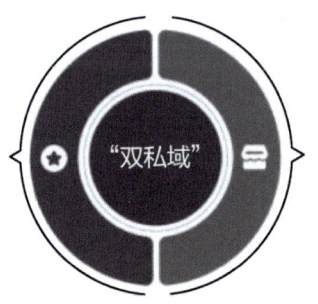

图 4-8

运营"双私域"需要解决以下3个问题：一是明确什么样的品牌商具备运营"双私域"的条件，二是在技术手段的层面解决"双私域"的深度连接问题，三是说服零售商让渡私域。

1. 品牌商是否具备运营"双私域"的条件

零售商私域侧重"人际关系＋深度连接"，品牌商私域侧重"品牌认同＋深度连接"。零售商让渡私域的前提是用户认同品牌。从这个角度来看，知名度高的品牌更有优势。那么，知名度低的品牌是否无法完成私域让渡？答案是否定的。只要用户在线下完成了交易，就可以视为用户认同品牌。这样，在线下交易的过程中，深度连接和私域让渡就同时完成了。

2. 私域让渡的技术手段

平台出售流量是一种私域让渡，用户之所以感觉不到，是因为平台是根据用户画像出售流量的，具有很强的隐蔽性。数字化过程中的私域让渡也是通过技术手段实现的，用户同样感觉不到。实现bC一体化的前提是形成bC技术绑定，只要b端和C端在技术上绑定，厂、商、店三方就能共享用户资源，完成私域让渡。上文介绍过，形成bC技术绑定的技术手段主要是bC双码和bC小程序。

3. 零售商是否愿意让渡私域

私域让渡是双向的，这一点在bC一体化中得到了体现。bC一体化既为零售商把私域让渡给品牌商提供了技术路径，也为品牌商把私域让渡给零售商提供了技术路径。例如，多多买菜和美团优选将流量让渡给充当自提点的"团长"，如果这些平台能借此与用户建立关系，就完成了私域让渡；如果"团长"只履行自提点的职能，无法连接平台和用户，这种让渡就是无效的。

"团长"之所以能充当自提点，是因为他们在地理位置上与用户相近，这种关系有助于开展经营活动。零售商是否愿意让渡私域的关键是利益如何分配，相关方应该按照流量入口决定利益分配的原则来分配利益。虽然"双私域"可以实现双向私域让渡，但是在实践中，零售商私域通常更重要。运营"双私域"意味着品牌商私域和零售商私域缺一不可，不过在实际操作中，零售商私域的地位更关键。

4.3.5 "双私域"的用户激活

运营"双私域"意味着必须与用户建立深度连接。在F2C模式中，终端只有工具价值，用于一次性触达用户。建立深度连接需要通过技术手段来连接并激活用户，只有激活用户，才能建立真正的深度连接。

1. 用户激活

"双路径"中有以下两条隐性路径：一是用户激活路径，二是利益分配路径。在激活用户的过程中，企业需要明确哪个私域更重要。用户激活分为以下两个步骤：一是高频激活用户，二是形成用户黏性。高频激活用户依靠技术手段和零售商私域，形成用户黏性依靠用户运营能力。

所有数字化模式都需要激活用户,不同的数字化模式对应不同的激活手段。B2C 模式和 F2C 模式主要对应以下两种激活手段:一是通过分发优惠券来激活用户,二是在特定节日或其他时间节点对用户进行线上提醒。上述两种激活手段属于被动激活,如果用户不主动参与相关活动,企业就难以有效触达用户。

与品牌商采用单一的线上激活手段来激活用户相比,零售商可以采用线下激活手段、社群激活手段、线上激活手段等多种激活手段。一般情况下,在激活新用户时,线下激活手段和社群激活手段更有效。线上激活手段"千人千面"的特性只有在形成用户黏性后才能充分发挥作用,线下激活手段(特别是现场进行一对一互动的方式)对激活新用户更有效。这是因为线下激活手段和社群激活手段具有更强的交互性,特别是当零售商与用户有强关系时,结合其他营销手段,激活用户并不困难。此外,线下激活手段和社群激活手段还能在用户端形成势能,因为部分用户之间也有强关系。利用用户之间相互影响的效果,已经被激活的用户能够影响更多的用户,甚至实现用户相互渗透。

2. 用户密度

在激活用户的过程中,用户密度是关键因素,它可以形成强大的势能。用户密度在渠道数字化中占据举足轻重的地位,只要涉及线下业务,就要重视对用户密度的考量。在确定用户密度时,企业需要设定明确的密度边界,如全国范围内的用户密度、全省范围内的用户密度等。在初期阶段,当用户数量较少时,企业可以将社区作为密度边界。社区与零售店之间存在一种生态关系。随着用户密度的增加,b 端也会相应地被激活,从而增强 b 端的势能。换句话说,b 端和 C 端互为"杠杆的支点",共同推动业务的发展。

数字化运营的两个关键点如图 4-9 所示。

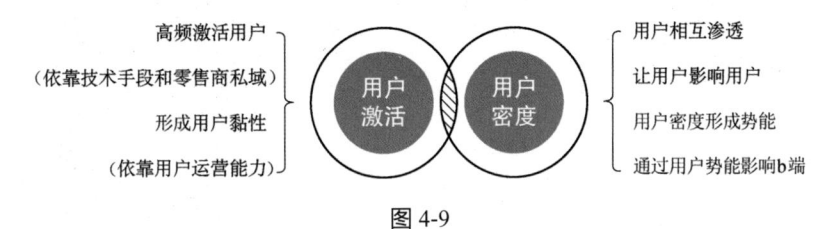

图 4-9

在运营"双私域"的过程中,针对部分零售商不配合的情况,企业必须在体系设计层面确保零售商的利益分配问题得到妥善的解决。为了消除零售商的担忧,企业需要提供明确的利益保障(尤其要保障零售商的核心利益),可以从以下两个方面入手:一是通过双向私域让渡,解决零售商在流量下滑背景下的增量问题;二是将数字化的利益分配方式作为制度性的保障措施。

运营"双私域"的核心理念是不以谁是交易方为利益分配的主要依据,而以流量入口为基准。短路径运营包括 F2C、B2C、b2C 3 种模式:在 b2C 模式下,零售商能够获得利益;在 F2C 模式和 B2C 模式下,零售商不参与交易,无法获得利益。需要强调的是,如果没有零售商提供流量入口,

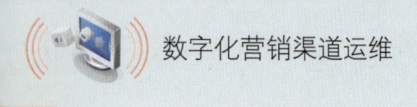

F2C 模式和 B2C 模式下的交易就无法完成。因此，必须根据流量入口分配利益，即使零售商不参与交易，只要流量入口是零售商提供的，就应该按照约定合理地分配利益。实践表明，只要能合理地分配利益，零售商就会表现出很高的积极性。

总的来看，激活零售商的有效措施包括：依靠用户密度激活 b 端，实现 b 端和 C 端相互激活；在运营"双私域"时，根据流量入口分配利益；品牌商让渡私域，为零售商创造增量。这些措施有助于调动零售商的积极性和顺利运营"双私域"。

4.4 "双场景"："线下场景+线上场景"

《场景革命》一书的作者指出，互联网开创了两大场景：一是线上交易场景，如"阿里系"平台；二是流量入口场景，如微信、今日头条等。

传统交易场景是第一交易场景，采用的是线下交易、线下交付的模式。电商场景是第二交易场景，采用的是线上交易、线下延迟交付的模式。O2O 场景是第三交易场景（如美团外卖），采用的是线上交易、线下接近即时交付的模式。第一交易场景和第二交易场景相对单一，当有新场景争夺流量时，它们没有"还手之力"，其份额必然缩小。

"双场景"意味着 b 端不能只有单一的交易场景，至少应该有两个交易场景，而且每个交易场景中都要有竞争。如图 4-10 所示，三大交易场景的区别可以通过以下两个体系来体现：一是认知、交易、交付体系，二是线下、社群、线上三度空间体系。

第一交易场景：线下交易、线下交付	第二交易场景：线上交易、线下延迟交付	第三交易场景：线上交易、线下接近即时交付
特点 1.认知与交易分离 2.交易与交付同步	**特点** 1.认知与交易同步 2.交易与交付分离，交付有延迟	**特点** 1.认知与交易同步 2.交付略有延迟
涉及空间 1.线上空间（认知） 2.线下空间（交易）	**涉及空间** 1.线下空间（认知、交易） 2.社群空间（认知、交易） 3.线上空间（认知、交易）	**涉及空间** 1.线下空间（认知、交易） 2.社群空间（认知、交易） 3.线上空间（认知、交易）

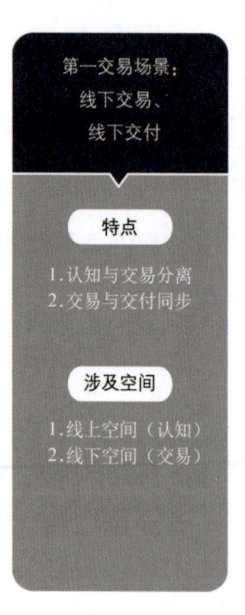

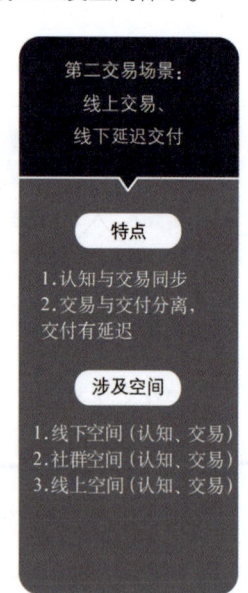

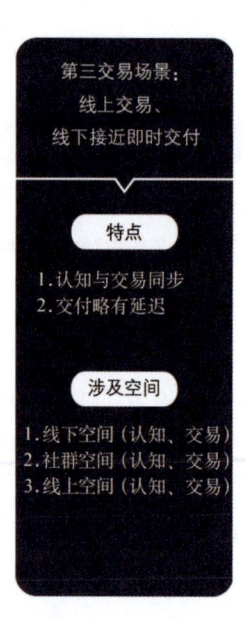

图 4-10

4.4.1 三大交易场景的颠覆性创新

1. 第一交易场景

第一交易场景的特点是：认知与交易分离，交易与交付同步。在工业社会，大众媒体在用户认知中占据主导地位，如电视广告。品牌力求达到尽人皆知的程度，成为用户的首选，这就是品牌驱动。然而，从用户形成认知到完成交易，需要经过一个过程，即认知与交易分离。例如，用户在前一天晚上观看电视广告，对某品牌形成认知，第二天到零售店购买该品牌的产品。

基于上述情况，大众消费品对渠道驱动的要求是"无所不在、唾手可得"，以降低交易成本，并为用户购买产品提供便利。便利是渠道的核心属性。在第一交易场景的交易过程中，用户和商家一手交钱，一手交货，即交易与交付同步。

第一交易场景主要涉及以下两个空间：线上空间和线下空间。线上空间是用户认知的主要来源（如电视广告），线下空间是主要的交易场所。一方面，认知与交易分离造成了用户认知成本高的问题，因为在用户获取认知信息和完成交易之间存在时间差。如果用户对品牌的认知不足，那么用户在交易时可能无法回忆起品牌的相关信息。因此，品牌需要不断强化用户认知。另一方面，提供认知信息的大众媒体是有限的，这造成了媒体巨头和行业巨头共生的格局，导致大量小型运营主体难以达到投放广告的门槛。

尽管如此，第一交易场景对小型运营主体仍然有一定的作用。小型零售店的商业范围和用户的生活范围高度重叠，店员向用户推荐产品的成功率较高，这体现了第一交易场景中的认知、交易一体化。基于大众媒体广告投放形成的品牌认知有助于用户认可品牌，这在大型连锁超市中表现得尤为明显。基于渠道驱动形成的品牌认知有助于品牌成为终端推荐的特定品牌，这在社区店中表现得较为突出。

2. 第二交易场景

第二交易场景的特点是：认知与交易同步；交易与交付分离，交付有延迟。

随着智能手机的普及，用户无论是在线下空间（口碑传播）还是在社群空间、线上空间获取认知信息，都可以在线上即时交易。这是认知与交易同步。

在完成交易后，商家无法立即完成交付，而是需要经过物流配送的过程。同城物流通常可以当日送达，异地物流的送达时间受配送距离和物流发展程度的影响。交付方式分为到户交付和社区交付，到户交付（如顺丰速运、京东物流等）实现了真正的到家交付，社区交付（如菜鸟驿站）是一种不同于到家交付的交付方式。这是交易与交付分离，交付有延迟。

第二交易场景采用的是线下延迟交付的模式，适合有计划地购买产品，不适合购买即时消费性强的产品。这决定了第二交易场景的市场份额上限。虽然认知与交易同步具有可以把流量快速变现的优点，有助于新品牌迅速提高销量，但是其缺点同样显而易见。由于用户认知缺乏持续积累，因此品牌商需要不断地购买流量，以保持用户对品牌的关注度，从而形成了对流量的依赖。对许多"淘品牌"（现更名为天猫原创）和新消费品牌而言，用户认知缺乏持续积累是它们面临的一大挑战。

3. 第三交易场景

第三交易场景的特点是：认知与交易同步，交付略有延迟。虽然交付略有延迟，但是延迟的时间不长，如美团外卖等平台的交付时间通常为 20 分钟至 1 小时。第三交易场景的零售端布局在用户附近，增强了交付的便利性，这在外卖等行业中表现得尤为突出。外卖行业催生了一个新的职业群体——外卖骑手，这进一步增强了交付的便利性。

过去，第三交易场景往往局限于特定行业，特别是餐饮业，因为某些食品需要特殊的保温处理、保鲜处理，如生鲜食品。随着时间的推移，第三交易场景逐渐延伸至更广泛的大众消费品行业。为了适应这一转型，传统零售店需要从单一的交易场景拓展为多交易场景。目前，许多行业和零售店正在进行试点项目，探索这一转型的最佳实践。

展望未来，bC 一体化将进一步推动这一转型。这意味着用户在购买传统零售店中的产品时，可以通过线上平台完成交易。即使是小型零售店，也可以通过"双货架"上架大量 SKU，从而更好地满足用户的多样化需求。这一转型将给传统零售业带来新的机遇和挑战，行业内的各方需要积极参与和快速适应这一转型。

4.4.2 "'双场景'+三度空间"

"双场景"即同时拥有第二交易场景和第三交易场景，既可以交易与交付同步，也可以交付略有延迟。

"双场景"的拓展得益于以下 3 个方面：一是外卖，二是盒马鲜生，三是社区团购。它们拓展了第三交易场景的内容。

有的外卖运营主体是专职外卖商家，不提供堂食；有的外卖运营主体同时提供堂食和外卖。例如，麦当劳设立了独立的外卖系统"麦乐送"和外卖团队，提出了"30 分钟速达，超时赠券，24 小时服务"的口号，如图 4-11 所示。

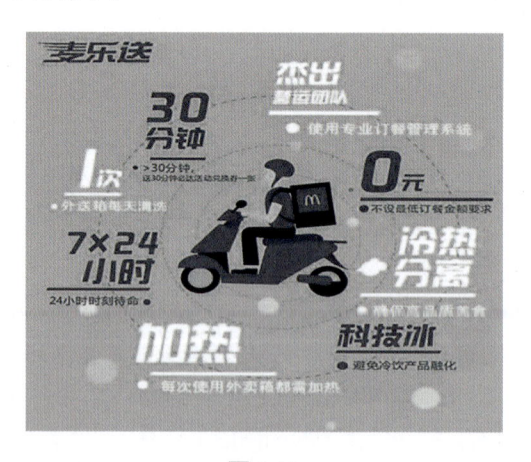

图 4-11

如图 4-12 所示，盒马鲜生是零售企业中较早开展"双场景"运营的企业，其提出"3 公里内最快 30 分钟速达"的口号，部分盒马鲜生零售店的线上订单量超过总订单量的 60%。

图 4-12

在此基础上，盒马邻里进一步提出"30 分钟到家，15 分钟便民"的口号。"30 分钟到家"指的是第三交易场景，即 O2O 场景，用户在线上下单，产品在 30 分钟内被送到用户家。"15 分钟便民"指的是第一交易场景中的便利店场景，用户步行到盒马邻里便利店大约需要 15 分钟。

社区团购把"双场景"拓展到了传统零售业。有的社区团购的"团长"是专职"团长"；大多数"团长"本来就是店主，"团长"是兼职，他们拥有店主和"团长"的双重身份。社区团购对"双场景"的拓展主要表现在以下两个方面：一是预售；二是自提，用户需要到店取货。自提与预售相结合具有非常高的价值。

在工业社会，商业活动主要依赖单一的线下空间。到了信息社会，商业活动的空间得到了拓展，实现了线下空间、社群空间、线上空间的结合。在这种背景下，第二交易场景仍然局限于线上空间，这是对商业活动空间资源的极大浪费。在"双场景"中，认知、关系、交易的立体连接可以全面覆盖上述 3 个空间。

上述 3 个空间各有优点，其中社群空间发挥着核心作用。线下空间可以建立强关系，社群空间可以形成强互动，线上空间可以为交易提供便利。

传统零售店在商业范围内具有线下强关系的优势，熟人即熟客，熟客即财富，这是传统零售店的核心优势。虽然传统零售店具有线下强关系，但是它们不能干扰用户的日常生活。因此，在建立关系的过程中，传统零售店往往处于比较被动的地位。

在建立关系的过程中，社群发挥着重要的缓冲作用。

第一，许多零售店建立了社群，如社区团购将社群作为用户互动的平台。

第二，与功利性的社交电商（如微商）不同，社群具有平和、温暖的特点。由于用户同处于一

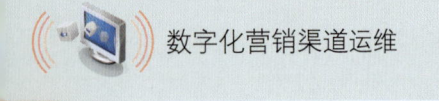

个社群中，彼此熟悉，因此社群交易更人性化，更能满足用户需求。通过这个渠道，线下空间的强关系得以转化为社群空间的强互动。

第三，社群交易不会对用户造成过度的干扰，这为把流量引向线上空间打下了坚实的基础。更重要的是，社群中的用户在需求上有一定的相似性，这使他们更容易达成共识。

虽然打通线下空间和线上空间有一定的难度，但是传统零售店通过社群成功实现了运营"双场景"的目标。

4.4.3 "双场景"新店商解商店之困

兼具第一交易场景和第三交易场景的零售店被称为"双场景"新店商，它与传统商店具有不同的零售逻辑。商店的"店"指的是特定的场所、地理位置，店商的"商"指的是以用户为核心。"店"与"商"有被动和主动的区别。在传统商店中，店铺是吸引流量的核心，通过建立用户关系来增强用户黏性。在"双场景"新店商中，"人"是吸引流量的核心，店铺是基础平台，只有基础流量，需要通过让用户主动搜索产品来增加店铺的流量。

现在正是用"双场景"新店商解商店之困的时候。

在我国，开展零售业的场所通常被称为商店，也叫作店铺，是进行贸易活动的场所。商店的目标是增加营收，营收在很大程度上由客流量决定，而地理位置对客流量具有关键影响，因此地理位置对商店而言非常重要。商店的营业面积决定了其商业范围：小店的商业范围通常在周边居民步行5分钟就能到达的范围内；大店的商业范围更大，顾客通常需要开车前往。地理位置和营业面积对商店的营收具有重要的影响。在运营能力相同的情况下，更好的地理位置和更大的营业面积往往能带来更高的营收。当然，它们也意味着更高的租金。

店商与电商不同：电商没有实体店，只有电商平台中的线上店；店商既有实体店（受商业范围的限制），也有云店（不受商业范围的限制）。在电商刚刚兴起时，用户对线上的亲密互动感到兴奋。现在看来，这种感觉只是一种短暂的新奇感。实体店的优势在于能够建立线下强关系，这有助于形成人链。例如，深度分销就是厂家通过渠道形成具有强关系的人链。在现代社会中，商店的商业范围和用户的生活范围高度重叠，用户的朋友通常是潜在用户，店主必须学会管理用户关系。

这种独特的用户关系在商业上具有重要价值，特别是在社群营销时代，商业活动通常围绕着人链展开。在以人链为核心的商业模式中，店铺的地理位置不再是主要的影响因素。从交易的角度来看，店商是"实体店＋云店"的组合，其中实体店是云店的基础。如果没有实体店做基础，云店就会变成社交电商。

实体店的发展主要受商业范围和营业面积的限制。云店不受这些因素的限制，其采用的是"线上下单＋线下配送"的运作方式。通过线上下单，云店能够突破商业范围的限制；通过线下配送，云店能够实现近距离即时配送（远距离配送主要依靠第三方配送，与电商的配送方式相似）。营业面积限制了实体店的 SKU 数量，而云店的 SKU 数量在理论上是无限的。在互联网时代，一些商店

成为"网红店""打卡店",吸引了所在商业范围以外的许多用户。

4.4.4 抓住零售店的机遇

"双场景"的出现不仅给零售店带来了前所未有的机遇,还预示着零售行业的深刻变革。面对这场变革,新店商将展现出更加多元化、智能化的特点,并承担更多的创新职能。为了更好地抓住这个机遇,企业应深化零售店的数字化转型,使其成为业务增长的重要引擎。本节将从以下 4 个方面进行分析。

第一,新店商将更加注重用户体验。在"双场景"中,用户将享受到更加便捷、个性化的购物体验。因此,新店商需要通过数字化手段来精准地把握用户需求,并为用户提供定制化的产品和服务。此外,新店商还需要优化线下门店的购物环境,力求让用户在享受购物乐趣的同时感受到品牌的温度。

第二,新店商将强化线上、线下融合。线上、线下融合不仅有助于提升用户体验,还有助于实现资源的优化配置。一方面,新店商需要充分利用线上平台的数据资源,精准地把握市场趋势和用户需求,为线下门店提供有力的支持;另一方面,线下门店也需要通过数字化手段来实现与线上平台的无缝对接,从而为用户提供更加便捷的购物体验。

第三,新店商将承担更多的社会责任。随着社会的不断进步,用户对企业的期望不断提高。作为与用户直接接触的窗口,新店商需要承担更多的社会责任,如通过绿色采购、环保包装等举措来降低对环境的影响,通过公益活动、社区服务等举措来回馈社会、关爱弱势群体。这些举措不仅有助于提升品牌形象,还能提高用户的忠诚度,增强用户的归属感。

第四,企业应积极拥抱数字化转型,将零售店作为数字化转型的重要环节。数字化转型不仅有助于提升零售店的运营效率和服务质量,还能帮助企业更加精准地进行市场定位和实施营销策略。企业需要加大在数字化技术方面的投入,积极引入人工智能、大数据等先进技术,为零售店的发展提供有力的支持。此外,企业还需要加强内部培训和管理,提升员工的数字化素养和业务能力,确保数字化转型顺利实施。

4.4.5 线下做透一个店,线上打爆一个县

从品牌商的角度来看,关于"如何做好新店商"有一个重要的现象:云店的流量能够覆盖整个县级市场,实体店的流量主要局限于其所在的商业范围。云店的流量是如何产生的呢?与电商平台中的线上店不同,云店不依赖于购买流量,而是依赖于以下两个流量来源:一是店内人链带来的流量,二是品牌商带来的流量。推广新店商的目标是通过"线下做透一个店,线上打爆一个县"的策略来实现的,"线下做透一个店"基于单个店铺的业务拓展逻辑,"线上打爆一个县"基于多个店铺的协同发展逻辑。这意味着线下的重点是充分拓展和完善单个店铺的业务;线上的重点是通过线上渠道迅速扩大影响力,覆盖更广泛的县级市场。这种策略能够有效地推动新店商的发展,形成线

上、线下协同效应。

"线下做透一个店"的"店"不是普通的零售店，而是有体验性的体验店。体验店的价值是形成强认知。没有强认知，很难完成私域让渡，零售店基于强关系的连接很难变成基于强认知的连接。因此，现在出现了一种趋势：很多快消品行业的龙头企业尝试设立体验店，通过一个体验店影响一片零售店。这是"线下做透一个店"有助于实现"线上打爆一个县"的原因。"线下做透一个店"分为以下3个步骤。

（1）在商店的日常运营中，KOC是非常重要的资源。店主要把与KOC的关系从生意关系发展为生活关系，从交易关系发展为人际关系。另外，品牌商的体验活动也可以深化店主与KOC的关系。

（2）店主要与KOC建立线下关系，进而建立社群关系和线上关系。店主与KOC既要有线下强关系，也要有社群强互动。

（3）通过体验活动让KOC形成强认知。KOC在b端通过体验活动形成强认知，既是私域让渡的基础，也是传播认知的基础。

完成了上述3个步骤，KOC就具备了引流的价值，可以协助零售店引流了。引流的本质是基于人际关系的自发性推荐，应避免过度商业化。

单店引流是以悄无声息的方式进行的，多店联动则具有强大的影响力。多店联动的引流逻辑是快速形成用户密度和注意力焦点，从而形成用户势能。有了用户势能，一个区域内所有零售店的销量都会提高。

4.5 "双货架"："线下货架+线上货架"

零售商实现数字化后拥有了"双场景"，"双场景"的好处是可以获取"双客群"，即同时获取线下客群和线上客群。要想获取线上客群，一定要有线上货架。所以，零售商数字化需要"双货架"，如图4-13所示。

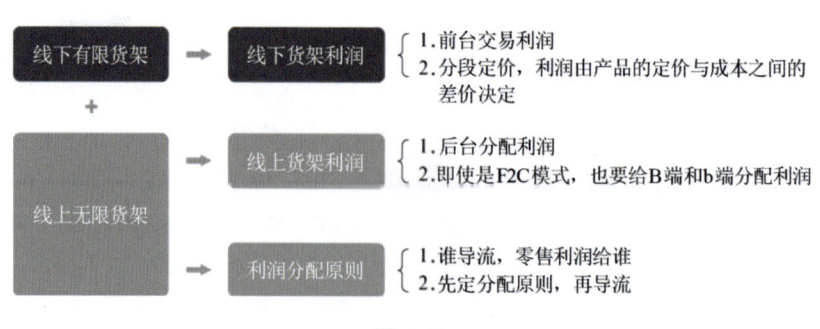

图4-13

线上货架的 SKU 从何而来？

线上货架的 SKU 有以下两个来源：一是把零售店的 SKU 全部上架，进行现货销售；二是把经销商的线上货架作为零售店的线上货架，进行预售或无货销售。例如，一些零售店的店主同时也是社区团购的"团长"，除了拥有传统的线下货架，还拥有社区团购平台的线上货架。"双货架"对零售店和厂家都有好处：对零售店的好处是突破了零售业中"级差地租"的限制，对厂家的好处是消除了渠道 SKU 漏斗现象。

4.5.1 "双货架"是一场商业革命

零售店同时拥有线下货架和线上货架，这在商业领域内是一个革命性事件。传统商业无论如何创新，一直无法突破"级差地租"的限制。级差地租是一个源于农业社会的概念。土地受地理位置、肥沃程度、距离市场远近等因素的影响，存在等级之分。土地所有者利用较好的土地和高回报的投资获得的超额利润被称为级差地租。

对农民而言，租种肥沃的土地还是贫瘠的土地需要综合考虑多方面因素。肥沃的土地虽然有较高的粮食产量，但是地租相对较高；贫瘠的土地虽然地租较低，但是粮食产量相对较低。因此，租种土地的收益实际上是粮食产量与地租相互作用的结果。这个逻辑同样适用于零售业。零售业中影响收益的核心因素是地理位置，较好的地理位置虽然能吸引较大的客流量，但是高昂的房租同样是不可忽视的成本；较差的地理位置虽然房租较低，但是客流量相对较小。本质上，房租与地租、粮食产量与零售收益都受"级差地租"的限制。

在零售业中，客流量主要由零售店的地理位置和营业面积决定。较好的地理位置能够吸引较大的客流量，较大的营业面积能够扩大零售店的商业范围。此外，零售店的营业面积还与 SKU 数量具有密切的关联。在较好的地理位置，零售店的营业面积通常不用太大，否则容易导致房租过高。不过，旗舰店可能是例外，其经营目标并非盈利，而是品牌传播。零售店的营业面积有限，其 SKU 数量也会受到相应的限制。如果 SKU 数量少，那么即使客流量大，交易成功的概率也会降低。在零售店的营业面积固定的情况下，店主通常只能选择头部 SKU。头部 SKU 虽然销量较高，但是毛利往往不高。

"级差地租"给零售业带来的矛盾，在农业社会没有得到解决，在工业社会没有得到解决，在当今社会同样没有得到解决（电商平台的流量费类似于零售店的房租）。对于这一矛盾，我们可以借助哈佛大学教授麦克奈尔提出的"零售循环假设"理论来理解。他认为，新的商业机构在初期往往处于"三低"（地位低、利润低、价格低）的状态。如果取得成功，它们就会改善设施，提供更多的服务，进而增加费用、提高价格，最终与被它们替代的商业机构一样，变成"三高"（地位高、利润高、价格高）的商业机构，成为下一场商业革命的对象，直至新的商业机构出现。

理论上，线上货架是"无限货架"，可以上架无限 SKU。这样一来，"双货架"就解决了传统零售店无法解决的营业面积与 SKU 数量的矛盾。对于一家地理位置好、营业面积小的零售店，如果能连接 C 端，就可以通过线下货架销售头部 SKU，通过线上货架销售长尾 SKU；对于一家地理位

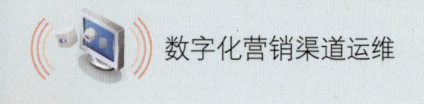

置差、营业面积小的零售店，如果能通过良好的人际关系连接 C 端，那么仍然可以通过线上货架销售众多 SKU。

4.5.2　小型零售店用"双货架"做大生意

近几年，电商进入增长平缓期，不同类型的线下零售店境遇不同：传统 KA 店的客源流失现象仍然严重，小型零售店却实现了客源回流。传统 KA 店的用户是按计划购买产品的，电商用户也是按计划购买产品的，两者的重叠比较多，因此传统 KA 店持续流失客源可以理解。小型零售店的用户主要进行即时消费，消费是否便利对他们特别重要。过去，消费便利意味着用户只要步行 5~15 分钟就能到店，如盒马邻里的口号"15 分钟便民"就是基于对消费场景的合理把握而提出的。

在用户步行 5~15 分钟的范围内，零售店能够实现高频率的社交互动，这个范围可以被视为零售店商业范围的核心区域。在这个区域内，把线下强关系转化为社群关系、线上关系是可行的。一旦用户与零售店建立了线上关系，"无限货架"的潜力就能得到充分的发挥。凭借丰富的产品种类，线下强关系可以顺利转化为黏性很强的线上交易关系。对小型零售店而言，拥有"双货架"意味着可以进行预售或无货销售。

数字化营销渠道"六双"运营体系中有一套完善的利益分配机制，交易方和流量入口都可以获得利益。在零售店暂时缺货（如新品上市）的情况下，可以采用 F2C 模式，即零售店负责线上销售，厂家负责线下配送。只要用户是通过零售店这一流量入口购买产品的，零售店就能获得相应的利益。

"双货架"意味着零售店既不会因为营业面积小而缩小生意规模，也不会因为地理位置差而影响业绩。"双场景""双货架"为零售店提供了新的可能：无论有没有店面陈列、进货资金，只要零售店能吸引较大的流量，就可以做大生意。对零售店而言，营业面积大的优势主要体现在以下两个方面：一是便于建立关系，积累私域流量；二是便于近距离交付。

对厂家而言，协助小型零售店做大生意就是赋能。现在，虽然一些厂家提出要为零售店赋能，但是零售商感受不到。当这种赋能变成"有感增量""有感利润"时，零售商就能实实在在地感受到了。

1. 渠道 SKU 漏斗现象

如果厂家拥有 500 个 SKU，经销商进货 200 个 SKU，大型零售店进货 50 个 SKU，小型零售店进货 3~5 个 SKU，就形成了渠道 SKU 漏斗现象，如图 4-14 所示。因为漏斗的入口很大、出口很小，所以"漏掉"的 SKU 很多。

在新品上市阶段，渠道 SKU 漏斗现象比较明显。这种现象在渠道的各个环节中都有所体现，每个环节都可能出于某种原因把新品排除在下一个环节之外，因此这种现象又被称为"渠道的层层否决"。虽然目前无法完全消除线下的渠道 SKU 漏斗现象，但是线上货架可以上架无限 SKU，从而大大减少这种现象。特别是在新品上市时，F2C 模式可以直接触达终端用户，从而拓宽销售渠道。这种模式有效地减少了渠道 SKU 漏斗现象。

第四章 数字化营销渠道"六双"运营体系

```
F —— 厂家：拥有500个SKU
B —— 经销商：进货200个SKU
b —— 零售店：大型零售店进货50个SKU，小型零售店进货
        3～5个SKU
C —— 用户：只能选择1个SKU
```

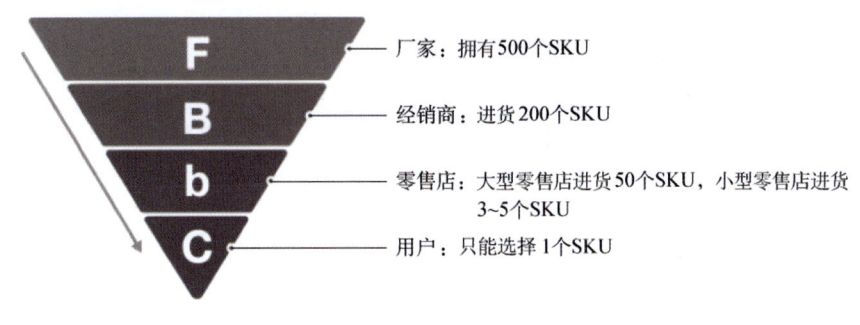

图 4-14

2. 线上货架运营

线上货架的运营主体是零售商，这是由 F2B2b2C 模式的 bC 一体化特征决定的。除了新品上市、大型推广活动等特殊情况，线上货架运营主要有以下 3 种方式。

（1）零售店有现货的 b2C 运营方式。如果零售店有现货，那么零售店只需要在用户下单后完成交付，可以独立负责运营和交付。

（2）经销商有现货的 B2C 运营方式。如果零售店没有现货而经销商有现货，那么经销商可以负责运营和交付。在我国的县级经销体系中，经销商交付基本上是同城交付，经销商需要提醒用户交付延迟时间。

（3）厂家有现货的 F2C 运营方式。如果零售店和经销商都没有现货，那么厂家可以负责运营和交付，同样需要提醒用户交付延迟时间。若货在品牌中心仓，则交付延迟时间较长；若货在区域仓，则交付延迟时间较短。

需要说明的是，无论谁是运营主体，面向用户的运营主体只有一个。用户无法分辨谁在运营，也不关心谁在运营。运营分工是厂、商、店三方的内部分工，实现厂、商、店三方一体要以工作流程为保障。

> **拓展阅读**
>
> 随着天气回暖，越来越多的人选择出门逛街。为了抓住商机，线下门店设计了很多创新性内容，如与互联网结合，建立了"云货架"，形成了线上与线下的联动，增强了线下消费的多样性。建立"云货架"有以下 3 种作用。
>
> 第一，服装、鞋帽的线下门店经常出现断码、缺货的情况，虽然店员可以先帮消费者记录货号，再从其他店调货，但是消费者通常需要等待 1～2 天才能去店内取货，不仅多跑一趟，还可能因为赶上工作日而打乱自己的时间安排。"云货架"能够有效地解决这个问题，库存联网，消费者可以直接查询库存，下单后在家等着收货就可以了，不用多跑一趟。

第二，化妆品、护肤品的线下门店经常出现热卖款缺货的情况，而且玻璃包装易碎、拿放不方便。有了"云货架"以后，消费者可以在店内试用小样，若觉得满意，则可以通过"云货架"下单，享受送货上门服务，这样既能保证产品品质，又能轻轻松松地逛街。

第三，在线下门店消费者多、店员少的情况下，消费者可以通过"云货架"查询产品的材质、特性、作用等信息。很多消费者喜欢先在店内亲自试用或体验一番，再购买产品。"云货架"可以满足消费者的这种需求。消费者先在店内实际体验，再通过"云货架"下单，有助于品牌商打通线上数据和线下数据，提升品牌形象，并为消费者提供便捷的购物体验。

当前，"云服务"越来越朝着增强生活便利性的方向发展。试想一下，未来可以在"云货架"中加入一些 AI 模块，如通过人脸扫描来判断消费者的年龄，基于大数据来推送适合相应年龄段的消费者的产品，让购物变得更人性化、便捷化、垂直化。

4.6　"双交付"："线下交付+线上交付"

一手交钱，一手交货，这是传统零售的交易与交付方式——交易与交付同步；线上交易，线下交付，这是线上零售的交易与交付方式——交易与交付分离。

部分线上交易是非实物交易，可以通过电子方式来完成，交易与交付同步，如话费充值。只有实物交易需要线下交付。

网上零售分为实物商品网上零售和非实物商品网上零售，无论是哪一种，都可以通过电子方式完成交易。实物商品必须通过线下完成交付。非实物商品可以通过电子方式完成交付，交易与交付同步。

4.6.1　2B 交付与 2C 交付

b 端有了"双场景""双货架"后，势必要解决产品交付的问题。在这种情况下，产品交付应该采用"双交付"模式。F2C 模式的交付方式和 B2C 模式相同；F2B2b2C 模式的交付方式比较复杂，3 个运营主体都存在交付问题，而且既存在 2B 交付问题，也存在 2C 交付问题。

1. 2B 交付

传统渠道的交付方式是分级交付，包括 F2B 的代理商交付和 B2b 的同城配送，即两级交付。F2B2b2C 模式中增加了一种交付方式——F2b（厂家—零售商）的终端直达，如图 4-15 所示。

终端直达极大地减少了货物从出厂到交付给用户的装卸次数。例如，美的通过数字化物流系统"安得智联"的"1 盘货"实现了"用户直达"，把货物交付给用户前的装卸次数从 6 次减少到 3 次。

终端直达有以下两种模式。一种是"F2B+B2b"模式，即"两次交易，一次交付"，在 F2B 模式中只交易、不交付，B 端的货物暂时存放在 F 端指定的第三方物流配送平台的仓库中，在完成

B2b 交易后，第三方物流配送平台将货物交付给 b 端。另一种是 F2b 模式，b 端直接向 F 端下单，消除渠道 SKU 漏斗现象。这种模式特别适合交付多品牌、小批量的 SKU。虽然 b 端直接向 F 端下单，但是仍然要给 B 端分配利益。

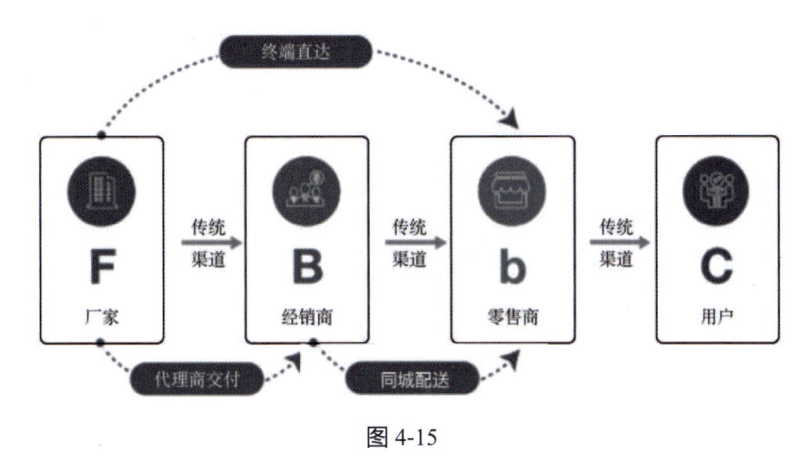

图 4-15

2. 2C 交付

在 F2B2b2C 模式中，F2C、B2C 的所有交易都与交付分离，b2C 的部分交易与交付分离，如图 4-16 所示。2C 交易势必涉及 2C 交付问题。F2C 交付既可以是品牌中心仓交付，也可以是区域仓交付或前置仓交付，视厂家的货物在渠道中流通的方便程度而定。B2C 交付既可以是区域仓交付，也可以是前置仓交付。无论是哪种交付方式，都不是多级交付，这样能大大减少货物在交付过程中的装卸次数，提高交付效率。

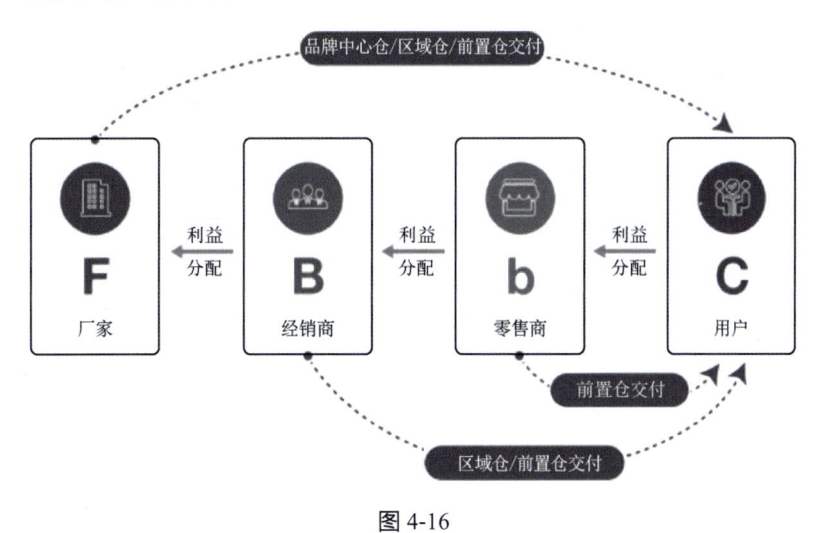

图 4-16

在 F2B2b2C 模式中，3 个运营主体同时运营 2C 业务，不但不会互相分流，反而可以提供下一

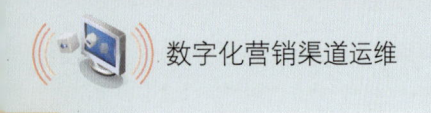

级渠道没有的 SKU，用户可以在 F2B2b2C 平台中向零售商下单。当然，用户眼里没有 F2C、B2C、b2C 之分，只有线上 b2C 和线下 b2C 之分，这是由"双私域"的流量来源特征决定的。F2C 交付和 B2C 交付可以参照电商模式。

与 F2C 交付、B2C 交付相比，b2C 交付更加复杂。"双场景"增加了零售店的交易机会，"双货架"增加了零售店的 SKU 数量和交易机会，预售、无货销售等交易方式提高了 b2C 交付的复杂程度。

b2C 交付大致有以下 4 种方式：（1）到店交付，即线下下单、现场交付，如传统零售；（2）到店自提，即线上下单、到店交付，如社区团购自提；（3）到户交付，即线上下单、入户交付，如顺丰速运、京东物流；（4）社区交付，即线上下单、社区集中交付，如菜鸟驿站。

b2C 线上交易虽然大大简化了交易过程，但是提高了交付难度，特别是对小型零售店而言。一方面，小型零售店往往只有一个人站柜台，顾得了柜台，顾不了交付；另一方面，用户对交付时间的要求通常很高，很多用户只有在下班回家后才能收货，而这段时间恰恰是零售店的客流量高峰期。

到店自提方式虽然可以在一定程度上破解小型零售店的上述难题，但是会给用户带来麻烦。在这种情况下，合理利用公共物流配送设施（如菜鸟驿站）对 b2C 交付很重要。虽然菜鸟驿站等公共物流配送设施也需要用户自提，但是这种自提是集中性的——一次性提一批货，所以习惯在线上下单的用户去菜鸟驿站提货的频率很高。

4.6.2　从分级配送到直达用户

有人认为渠道层级多会导致渠道效率低。其实，渠道层级多是"没有办法的办法"。我国幅员辽阔，要想实现渠道大密度覆盖，必须有足够多的渠道层级。如果渠道层级不够多，企业内部的管理层级就会增加。

渠道效率低的根源是物流配送方式落后。较多的渠道层级和分级配送造成了渠道效率低的问题。经销商的核心工作应该是渠道建设和产品推广，然而在实际工作中，物流配送占用了经销商的大部分时间，甚至有些经销商的所有工作都围绕物流配送展开。此外，在物流配送的过程中，经销商还需要处理其他问题。

虽然传统的物流配送正在被订单与配送分离的模式取代，但是分级配送仍然是降低渠道效率的主要因素。在渠道数字化的过程中，经销商的职能发生了变化。过去，经销商的主要职能是产品推广、订单管理、物流管理、融资，形成了"麻雀虽小，五脏俱全"的格局；未来，经销商的每一项职能都将由专业的服务商来执行，物流配送也将形成专业化仓配平台。

专业化仓配平台不再分级配送，而是直达用户。虽然形成这个格局需要一定的时间，但这是必然趋势。随着专业化仓配平台的普及，F2b 模式和 F2C 模式（见图 4-17）会成为主流的交付模式，从而倒逼经销商进行数字化转型，找到新的工作抓手。

图 4-17

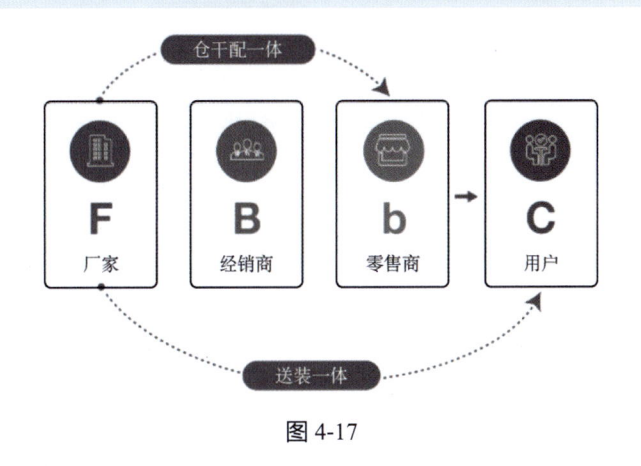

4.7 "双中台"："前方中台 + 后方中台"

在数字化中，中台就像用户画像一样，是一个绕不过的话题。用户画像是数字化的关键，中台是数字化的"心脏"。对于以下 3 类不同的中台，我们要仔细辨别，不能混淆。

（1）平台体系的中台，如淘宝、拼多多的中台。

（2）电商商家的中台，如面向 C 端的个体电商商家是直接 2C 的中台。

（3）品牌商的中台，如三只松鼠、统一的中台是 bC 一体化的中台，快消品的营销数字化中台也是这类中台。

前台是整个系统的前端平台，是整个系统与终端用户直接交互的平台。后台是整个系统的后端平台，在终端用户的感知范围之外，它的主要价值是存储和计算企业的核心数据。用户需求的变化决定了前台必须快速迭代，以满足不断变化的用户需求。前台的快速迭代需要后台提供支持，这对后台的灵活性和快速响应能力提出了较高的要求。

传统营销的前台、后台与电商平台的前台、中台、后台具有明显的差异。传统营销的前台、后台是基于地理视角划分的，电商平台的前台、中台、后台主要是基于企业在满足用户需求的过程中涉及的不同流程来划分的。

在传统的深度分销模式中，业务员通过周期性拜访、手机沟通、现场处理等方式解决用户的问题，这是一种滞后的响应机制。在电商领域，无论是 B 端用户还是 C 端用户，都需要实时的在线服务。这意味着前台无法独立解决所有问题，需要中台提供指导。

虽然中台处于前台的后方，但是它的作用至关重要。中台与前台是协同合作的关系，前台主要负责一线业务，中台通过数字化手段为一线业务提供指导。例如，精准营销的定向铺货策略和业务员每日行程的优化建议都体现了中台的指导作用。

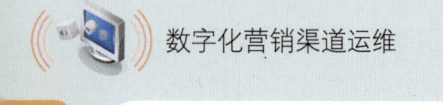

要想获取营销数字化的关键数据——bC关联数据，前台和中台需要紧密配合，这样才能真正实现bC一体化的战略目标。从这个角度来看，前台和中台都有独特的地位与价值。前台是连接B端和C端的桥梁，中台是支持所有在线业务的核心。两者相辅相成，缺一不可。

4.7.1　总部中台和区域中台

互联网与传统营销结合容易出现混淆概念的情况，因为其中既有传统营销的地理视角，也有电商平台的流程视角。数字化的前台在哪里？在触达用户、连接用户的场景中，即三大"超级触点"——人、货、店。从电商平台的角度来看，这是前台；从传统营销的角度来看，这是前方。同时，数字化也需要中台。数字化的中台在哪里？在前方还是在后方？

数字化的中台在前方还是在后方是有差别的。之所以有差别，主要有以下两个方面的原因。一是渠道数字化是多主体运营，包括F2C运营、B2C运营、b2C运营。对F2C运营而言，中台在厂家总部当然没问题；对B2C运营和b2C运营而言，中台在厂家总部就不太合适了。在F2B2b2C模式中，F2C运营是非常态化运营，B2C运营和b2C运营是常态化运营，所以经销商和零售商的运营更频繁，数字化运营的程度也更深。二是渠道数字化是线上、线下融合，不是纯粹的线上作业。例如，围绕单个店铺开展用户运营，既可能从线上向线下引流，也可能从线下向线上引流。这种线上、线下融合无法在电商平台中实现。

实践证明，"双中台"模式是最佳模式。"双中台"包括以下两个中台：一个是总部中台，负责为数字化的规划、技术系统和F2C运营提供服务；另一个是区域中台，负责B2C运营和b2C运营。

"双中台"模式与我国大型企业的市场部模式有相似之处。我国大型企业的营销体系包括销售部、市场部，销售部包括总部销售部、区域销售部，市场部包括总部市场部、区域市场部。不同市场的区域较大，差别也很大，企业在不同区域的发展可能不平衡。因此，区域市场部的作用非常重要。区域市场部受双重领导，既受总部市场部的领导，又受区域销售部的领导。

4.7.2　谁来充当中台的角色

在F2C模式中，一般由IT（信息技术）部门充当中台的角色。在F2B2b2C模式中，谁来充当中台的角色？是IT部门还是独立的中台？无论是IT部门还是独立的中台，都很难实现F2B2b2C模式的线上、线下融合与厂、商、店三方一体。在这种情况下，市场部转型数字化中台是比较好的方法。

如何运营中台是由企业实现营销数字化后如何定位前台和中台决定的。前台承担了建立2B关系和bC一体化的连接职能，2C的认知和交易几乎都交给了中台，前台的数字化分析也交给了中台。因此，中台不再是支援性、事务性部门，而是数字化运营的"神经中枢"。

企业实现营销数字化后的中台具有下列职能：2B和2C的在线运营，类似于在线客服；为B端用户和C端用户绘制用户画像，了解他们的特征和需求；及时响应C端用户，根据用户画像来建模，以快速满足用户需求；通过分析B端用户的数据来发现问题，并为前台提供指导；与前台协同制定销售方案，根据营销策略和销售策略，与前台开展合作；运营内容平台；等等。

在F2B2b2C模式中，销售部、经销商承担着触达用户、连接用户的职能，充当了数字化的前台。其中，销售部既是线下的部门，也是数字化的前台，扮演双重角色。同理，当市场部转型数字化中台后，它既承担着线下市场部的职能，又承担着线上中台的职能，还承担着线上、线下融合的职能。

有了中台以后，前台的决策权会减少、自由度会降低。例如，通过数据计算，中台可以提出业务员怎么纠正错误、怎么优化每日的行程等建议。虽然中台只是提出建议，但是只要决策者接受，建议就会变成工作指令。在这个过程中，中台就像前台的"参谋部"。

职业技能训练

一、判断题

（1）数字化的中台在前方还是在后方是有差别的。　　　　　　　　　　（　　）

（2）运营"双私域"意味着必须与用户建立深度连接。　　　　　　　　（　　）

（3）品牌商私域需要满足两个条件：一是深度连接，二是建立关系。　　（　　）

（4）私域让渡是单向的。　　　　　　　　　　　　　　　　　　　　　（　　）

（5）有了中台以后，前台的决策权会减少、自由度会降低。　　　　　　（　　）

二、单项选择题

（1）用户激活分为哪两个步骤？（　　）

①高频激活用户　②形成用户黏性

③高频触达用户　④保持用户弹性

　　A．①②　　　　　　B．①③　　　　　　C．②③　　　　　　D．③④

（2）企业应该如何抓住零售店的机遇，将零售店作为数字化转型的重要环节？（　　）

　　A．依赖零售店

　　B．利用"小IP"

　　C．以线上流量为次要流量

　　D．使零售店具备即时配送能力和第三方配送能力

（3）线上货架运营主要有3种方式，其中不包括（　　）。

A．零售店有现货的b2C运营方式　　　　B．品牌商有现货的b2C运营方式

C．经销商有现货的B2C运营方式　　　　D．厂家有现货的F2C运营方式

（4）设计数字化营销渠道"六双"运营体系需要遵循的3项原则不包括（　　）。

A．bC一体化　　　　　　　　　　　　B．线上、线下融合

C．厂、商、店三方一体　　　　　　　　D．bc一体化

（5）下列说法错误的是（　　）。

A．一物一码1.0：其商业模式是C2F模式

B．一物一码2.0：其商业模式是F2b模式、F2C模式

C．一物一码3.0：其商业模式是C2b模式

D．一物一码4.0：其商业模式是F2b2C模式、F2B2b2C模式

第五章
数字化营销渠道建设

【知识目标】

- 了解数字化营销渠道的主体；
- 了解经销商数字化的重要性；
- 理解渠道数字化的3个环节；
- 掌握数字化营销渠道建设方法。

【能力目标】

- 能结合企业实际选择合适的渠道数字化方法；
- 能利用渠道实现线上、线下融合；
- 能结合企业实际进行渠道数字化的试错、试对、模式化复制。

【素养目标】

- 培养学生爱岗敬业的职业态度；
- 培养学生的团队协作能力，引导其践行和谐、友善的价值观；
- 培养学生的数字化思维和能力；
- 培养学生认识自我、挖掘自身优势的能力。

【思维导图】

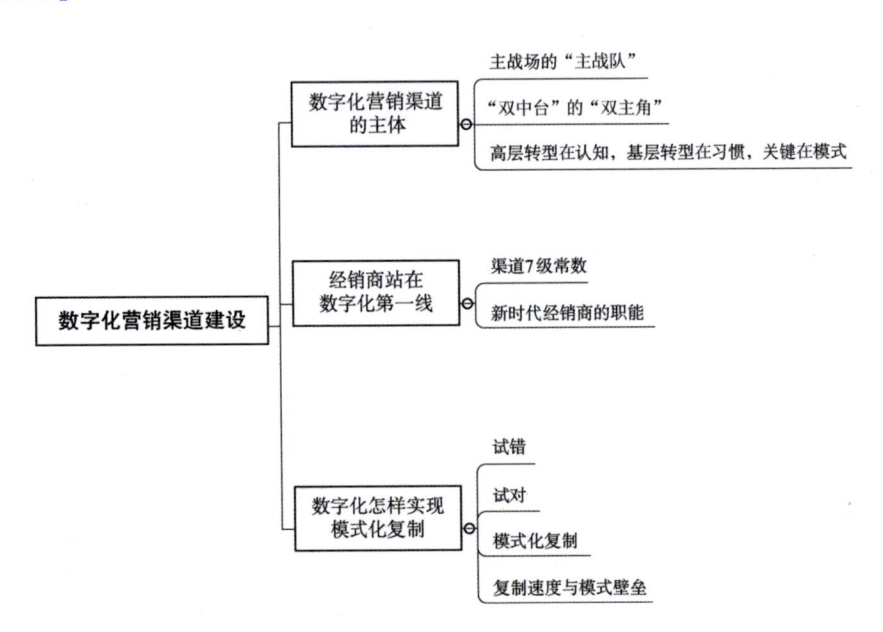

```
                                    ┌── 主战场的"主战队"
                    ┌─数字化营销渠道─┼── "双中台"的"双主角"
                    │    的主体      └── 高层转型在认知，基层转型在习惯，关键在模式
                    │
                    │  经销商站在    ┌── 渠道7级常数
数字化营销渠道建设──┼─数字化第一线 ─┤
                    │                └── 新时代经销商的职能
                    │
                    │                ┌── 试错
                    │  数字化怎样实现├── 试对
                    └─ 模式化复制   ─┼── 模式化复制
                                    └── 复制速度与模式壁垒
```

144

第五章 数字化营销渠道建设

【引导案例】

中式餐饮企业西贝莜面村从 2016 年开始数字化转型。在西贝莜面村转型成功的所有原因中，既有个性原因，也有共性原因。2014—2015 年，西贝莜面村创始人贾国龙多次带领团队参加张兴旺公司举办的社区商务课程培训，他非常认可张兴旺提出的小米社区商务的经营理念。张兴旺一直从事媒体行业，2016 年 8 月，他带领团队为西贝莜面村做咨询师。对于张兴旺团队想做的事情，贾国龙从一开始就表明了态度："我认可这个方向，你们做的事情我不懂，但我全力支持，你们要多少资源，公司就给多少资源。"

围绕经营顾客关系的问题，张兴旺带领团队成立了特别行动小组，迅速找到了工作的切入点，通过微信支付渠道连接了大量顾客，提高了零售店的收银效率，解决了排队付款、积分容易出错、积不了分等长期困扰零售店的运营问题。

2017 年春节前，西贝莜面村认识到了大规模在线连接顾客的重要性，通过微信连接了 300 多万名顾客，并与顾客进行了初步的互动。特别行动小组因此获得西贝莜面村 2016 年的"年度特别奖"。在与西贝莜面村合作的过程中，张兴旺看到了西贝莜面村广阔的发展前景，理解了西贝莜面村的使命、愿景和价值观。他说："西贝莜面村的事业与我的创业初衷很契合，我非常认同。两者的本质都是成就别人，给别人带来幸福和喜悦。"

在贾国龙的邀请下，张兴旺于 2017 年春节后正式入职西贝莜面村，分管新成立的会员部，并继续负责特别行动小组的工作。张兴旺自定战略、自搭班子、自带队伍，在西贝莜面村的平台上开始了新的创业之旅。张兴旺向董事会汇报了他在西贝莜面村的创业梦想："把全新的社区商务理念运用到西贝莜面村中，在大幅度提升运营效率和顾客体验的同时，革新西贝莜面村的商业模式，创造一个全新的未来，和西贝莜面村的伙伴一起打造全球一流的中式餐饮企业。"对于张兴旺的创业梦想，贾国龙全力支持。

从特别行动小组到会员部，再到新餐饮中心，短短一年多的时间，张兴旺就组建了一支以互联网人才为核心的 140 多人的数字化团队。一年多以来，数字化团队运用互联网数字技术，开展了众多创新业务，如移动支付、客访系统、在线点餐、外卖接单平台、"天罗地网"系统等，连接了 1000 多万名顾客。这不仅提高了零售店的运营效率，还给零售店带来了很大的客流量。同时，数字化团队策划了线上互动和线下的亲子莜面体验营、亲子私房菜、亲子生日会、西贝会员相亲大会等，开启了餐饮业的新玩法。大规模在线连接顾客和经营顾客关系等举措初步改变了西贝莜面村传统的经营模式。

2018 年 10 月，数字化团队上线了"西贝甄选"（现更名为"西贝商城"）小程序，采用"好市多+小米"的模式，进入更高级的社区商务阶段。会员可以在不同场景的零售店和线上平台享受一体化服务。不久，这种模式就初见成效，数字化团队发展了约 12 万名会员。张兴旺说："我们在推进业务的过程中始终保持创业的心态。首先，真正的创业是没有资源的，虽然公司给了我们足够的资源，但是我们为了降低成本，租的办公室租金很低；其次，成功的创业在现实中必须见利、见

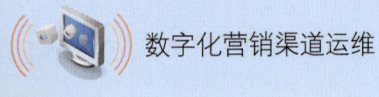

效,并且具有未来意义。因此,我们在推进业务时非常谨慎,只有在确认我们创造的价值被顾客接受了以后,我们才会招人,才会快速推进业务。创业成功的关键,一是顾客思维,让顾客参与进来;二是西贝莜面村独特的创业分部机制,它成就了我们的事业,我们先从理解我们的创业分部入手,形成示范效应,再逐步推行;三是西贝莜面村数十年建立起来的牢固的顾客基础。"

【案例分析】分析西贝莜面村的数字化转型案例,我们可以归纳出以下经验。第一,高层形成认知非常重要。认知不是指想明白了,而是指认识到重要性。只有认识到重要性,才敢下决心。第二,张兴旺的角色转变得很及时。他先后担任西贝莜面村的外部培训师、咨询师和内部特别行动小组领导、数字化团队负责人,带领西贝莜面村完成了数字化转型。在担任培训师时,张兴旺让西贝莜面村的高层形成了认知;在担任咨询师时,他开始把自己的创业理念和西贝莜面村结合起来;在担任特别行动小组领导时,他把专业的新团队和传统团队结合起来,不断地试错、试对;在担任数字化团队负责人时,他带领西贝莜面村完成了全面的数字化转型。张兴旺的4次角色转变,反映了数字化转型从高层形成认知到全面落地需要经历的4个阶段。

5.1　数字化营销渠道的主体

数字化的 3 种 2C 模式(F2C、B2C、b2C)各不相同。B2C 模式(电商模式)相对独立于传统营销,形成了一个小闭环;F2C 模式(新零售或私域流量模式)比较"尴尬"。在 F2C 模式中,用户触点最多的部门是营销部门,包括经销商。独立的 F2C 模式会和传统渠道抢流量,它和传统渠道是"内部对手"。传统渠道不愿意把线下流量引向线上,因为那样会影响线下销量。

从电商平台向私域引流面临着同样的难题,因为两者面向的是同一类用户,这些用户要么在"平台流量池"中,要么在"私域流量池"中。只要利用内部资源引流,就会面临资源再分配的难题。如果私域流量是独立的,没有来源于"内部对手"的流量,就只能在微信公众号等外部平台中共享资源。私域流量一方面依赖外部资源的引流,另一方面依赖种子用户的裂变。数字化面临"流量从何而来"的问题。电商流量从平台中来,私域流量缺乏体系化的流量来源,在 BC 一体化模式中,流量从传统渠道中来。

5.1.1　主战场的"主战队"

对快消品行业的龙头企业而言,电商平台不是主战场,渠道数字化才是。企业不可能像电商时期那样充当边缘角色甚至看客,而是要投入自己的"主战队"。渠道数字化可以通过线上、线下融合和厂、商、店三方一体来实现。要想实现渠道数字化,传统渠道必须成为主战场。

数字化营销渠道"六双"运营体系是为传统渠道团队量身定做的。其中,"双路径"指的是"长路径触达+短路径运营"。F2B2b2C 是传统渠道团队触达 C 端的长路径。短路径(F2C、B2C、b2C)的运营主体虽然在线上,但是对 B2C 和 b2C 而言,都是传统渠道团队先进行线下沟通,再进

行线上运营。"双私域"指的是品牌商私域和零售商私域相结合的策略。品牌商私域侧重线上运营，构建并维护着直接面向用户的数字化空间。虽然零售商私域在传统模式中侧重线下体验和服务，但是现代零售业强调线上、线下融合，因此零售商私域不再局限于没有线下配合的状态。

5.1.2 "双中台"的"双主角"

企业一般有以下两支营销队伍：一是市场部，二是销售部。跨国企业的这两支队伍职能分工明确、相对均衡，很难说谁是主角。在总部和区域，市场部和销售部的职能有很大的区别。总部市场部和总部销售部的职能相对均衡，区域市场部基本上以区域销售部为中心。

我国企业的普遍特征是把销售部放在更重要的位置上。在我国，不同的区域市场之间存在较大的差距，各个区域市场的发展不均衡。企业总部通常有统一的策略，但各个区域需要细化策略。例如，快消品行业龙头企业的大区多半设有市场部，形成"总部市场部＋区域市场部"体系。

在"双中台"模式中，数据中台在总部，营销中台既有总部中台，也有区域中台。营销中台相当于有数据支撑的市场部。市场部的职能本来就是影响用户认知，在转变为营销中台后，其负责的仍然是 C 端。

实际上，市场部的角色没变，只是"武器"变了。在数字化的 3 种运营方式中，F2C 运营由总部营销中台（总部市场部）负责，区域的 B2C 常态化运营和终端的 b2C 运营、B2b2C 运营由区域营销中台（区域市场部）负责。

渠道数字化对传统渠道团队提出了新的技能要求和专业要求。技能要求可以通过培训来满足，专业要求则比较难满足，因为传统渠道团队面临的不是转型的问题，而是重新招聘的问题。为了完成渠道数字化，企业需要以下两种具备双重技能的"两栖人才"（见图 5-1）：一是既懂传统渠道又懂互联网的线上、线下融合人才，二是既懂 2B 又懂 2C 的人才。

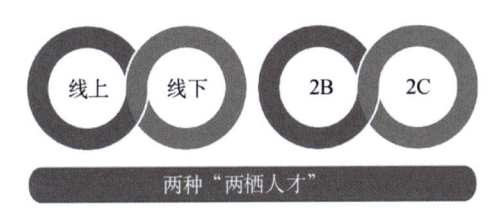

图 5-1

找到"两栖人才"很难，找到以上两种"两栖人才"就更难了。很多"两栖人才"是在实践中培养出来的。渠道数字化要求线上、线下融合，这要求相关人员具备双重技能：既要具备渠道技能，又要具备数字化技能。近年来，许多专注于传统渠道的企业和专注于数字化系统开发的企业面临着同样的困境，它们急需能够深刻理解业务特点和行业特点的人才，以便为用户提供更优质的服务。

专注于数字化系统开发的企业的痛点是，企业的人才虽然懂数字化，但是不懂传统渠道，因此

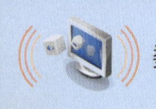

很难快速掌握渠道技能。因为掌握渠道技能靠的不是知识，而是经历。如果没有经过长期的历练，人们很难掌握渠道技能。

换个角度来看，从传统渠道团队中挖掘懂数字化的人才并不难。在我国的大学教育中，英语、计算机作为公共课程，是大多数大学生的必修课程。在B2B渠道推广中，传统渠道团队基本上能无障碍地理解渠道运作原理，高效地应对各种技能挑战，以确保推广活动顺利进行并对其持续优化。这种能力彰显了传统渠道团队的专业实力，有利于企业在市场竞争中赢得先机。

寻找既懂2B又懂2C的人才也是如此。有人认为，懂2B靠本事（专业），懂2C靠本能。一提到C端业务，很多人都有自己的见解，因为几乎每个人都是C端，只要能换位思考，就不难理解C端业务。对于B端业务，除了专业知识，经验也很重要。C端业务通常是批量处理的（如通过社群与C端沟通已经成为很多企业触达C端的基本方法），B端业务则需要一对一处理。

5.1.3　高层转型在认知，基层转型在习惯，关键在模式

企业要想转型，高层需要改变认知。只有认知到位，高层才有勇气投入资源，调整企业结构和KPI（关键绩效指标）。

知识和技能如果不能被转化为习惯，就只能沦为空谈。把规定动作变成基层的集体习惯是优秀企业的厉害之处。习惯一旦养成，就很难改变。例如，传统渠道曾经很难转型为深度分销，因为工作对象从B端变成了b端。

转型的第一关是高层转型（改变高层的认知），第二关是基层转型（改变基层的集体习惯）。高层转型需要解决认知的问题，这包括以下两个方面：一是通过讲道理来说服高层，即用逻辑和分析来说明；二是通过摆事实来征服高层，即用数据和案例来展示。说服高层的难点在于可能遇到各种意外情况。要想通过摆事实来征服高层，就要有试点和样板。不过，这也可能遇到问题，如试点和样板不具有普遍性。

要想让渠道数字化全面落地，必须从认知层面推进到模式层面。只有在模式层面制定可行的方案，企业才能进入大规模推广环节。

> **典型案例**
>
> 　　有一种观点是，数字化对传统企业的价值主要体现在以下两个方面：一是提高流程效率，即把数字化作为在原有流程的基础上提高效率的手段；二是提高决策效率，即实现数字化决策、可视化决策。上述观点虽然没错，但仍然是穿着数字化的"新鞋"走传统企业的"老路"。当然，"穿新鞋走老路"无可厚非。与"穿老鞋走老路"相比，"穿新鞋走老路"是一种进步。
>
> 　　美的通过数字化全面改造企业架构，抹去传统营销的痕迹，成为传统企业与互联网全面融合的标杆。
>
> 　　数字化对美的的价值在于改变了供应链和分销链体系，打造了全新的企业架构。用一句话来

概括，就是"数字化重构了美的"。

美的的战略主轴是"科技领先、数智驱动、用户直达、全球突破"。其中"科技领先"和"数智驱动"指的是两类科技，"科技领先"指的是产品（服务）科技，"数智驱动"指的是企业运营科技。

美的的战略主轴的逻辑是通过"数智驱动"，打造"用户直达"的新业务模式，实现"全球突破"的目标。零售数字化的目标是精准、精细；营销数字化的目标是营销成果突破，没有营销成果突破的数字化可能是一条"豪华的死路"。美的以"数智驱动"实现"全球突破"，这是数字化的"正解"。

美的的战略主轴有以下两个支持系统：一是数字化营销系统"美云智数"，二是数字化物流系统"安得智联"。这两个系统相辅相成、缺一不可。经过美的的实践验证，在打通客户模式后，这两个系统可以为3C领域、快消品领域提供第三方服务。

美的的产销模式和渠道模式如下。

1. 产销模式："T+3"模式

美的打造了数字化供应链，以T（Today，今天）为基准点、以3天为周期，分为订单集成、采购备料、智能制造、物流交付4个阶段，1个闭环周期是12天。

2. 渠道模式："1+3"模式

美的把线上渠道和线下渠道的库存融合为"1盘货"，促进库存的充分共享和快速周转。"3张网"分别为零担干线网（满足订单碎片化运营需求）、城市仓配网（仓干配一体化运营）、末端送装网（2C，直接入户服务）。

5.2 经销商站在数字化第一线

渠道数字化体系的两个方面（线上、线下融合和厂、商、店三方一体）凸显了经销商在数字化中的重要作用。因此，在渠道数字化体系中，经销商是站在第一线的。

我国的传统营销体系符合科特勒提出的"4P理论"，尤其是渠道的作用特别重要。《销售与市场》杂志称"中国有8000万名业务员"，科特勒在《营销管理》一书中说"美国有1000万名推销员"。两者的区别在于，业务员的工作对象是经销商（B端），推销员的工作对象是用户（C端）。

某知名教育者曾在《销售与市场》杂志上发表文章，指出我国的传统营销主要依靠品牌驱动和渠道驱动，其中渠道驱动被认为优于品牌驱动。渠道数字化不意味着传统的线下组织会被取代，而是意味着线上、线下融合。因此，经销商在数字化时代仍然扮演着至关重要的角色。

5.2.1 渠道7级常数

要想理解我国的渠道,必须了解形成渠道的背景。

(1)我国幅员辽阔。截至2022年年底,我国共有34个省级行政区划单位,333个地级行政区划单位,2843个县级行政区划单位,38 602个乡级行政区划单位。

(2)我国人口众多,渠道碎片化。我国有14亿多人口,部分地区人口分散,存在渠道、终端碎片化的情况。

(3)经销商起点低。我国的经销商多由做生意起家。在从生意人、管理者转变为企业家的过程中,他们中的大多数人始终跳不出生意人、管理者的思维定式,无法完成向企业家的转变,这是我国形成"以县为渠道的最小经营单元"格局的根本原因。

渠道的核心目标是触达用户,即使不能直接触达用户,也要尽可能地接近用户。我国经历了以下两次渠道变革:一是渠道下沉,即渠道扁平化;二是深度分销,即触达终端。很多人只知道渠道下沉和深度分销的好处,却不知道它们的代价。渠道下沉的代价是企业内部的销售体系层级化,每减少一级外部渠道,就会增加一级企业内部的销售体系。我国3个阶段的渠道下沉结果如图5-2所示。

1998年之前的渠道格局	1998—2000年的渠道格局	2000年之后的北方渠道主格局	2000年之后的南方渠道主格局①	2000年之后的南方渠道主格局②
厂家	厂家	厂家	厂家	厂家
销售总监	销售总监	销售总监	销售总监	销售总监
大区经理	大区经理	大区经理	大区经理	大区经理
业务代理	省区经理	省区经理	业务代理	省区经理
省级一批	业务代理	城市经理	省级一批	业务代理
市级二批	市级一批	业务代理	省级代理市级公司	市级一批
县级三批	县级二批	县级一批	省级代理县级公司	市级代理县级公司
零售店	零售店	零售店	零售店	零售店

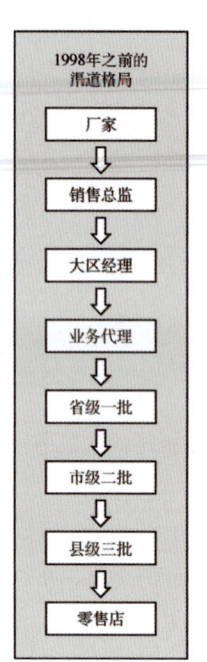

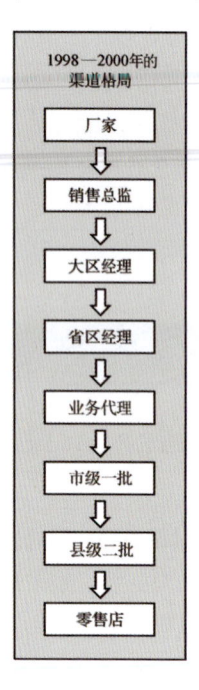

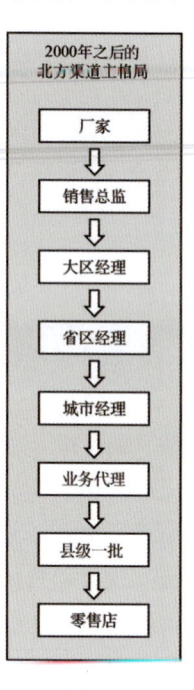

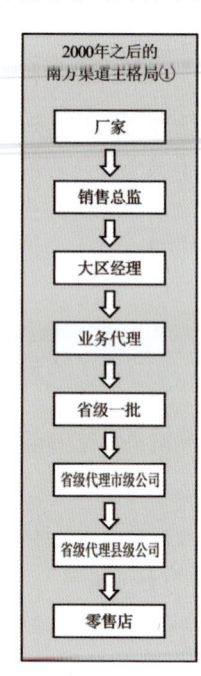

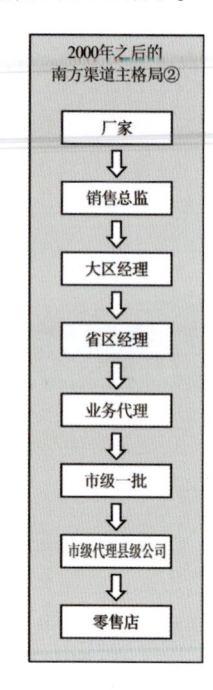

图5-2

1. 1998年之前

渠道格局:厂家→销售总监→大区经理→业务代理→省级一批→市级二批→县级三批→零

售店。

渠道结构：厂家内部 3 级，经销商内部 4 级，共 7 级。

2. 1998—2000 年

渠道格局：厂家→销售总监→大区经理→省区经理→业务代理→市级一批→县级二批→零售店。

渠道结构：厂家内部 4 级，经销商内部 3 级，共 7 级。

3. 2000 年之后

北方渠道主格局：厂家→销售总监→大区经理→省区经理→城市经理→业务代理→县级一批→零售店。

渠道结构：厂家内部 5 级，经销商内部 2 级，共 7 级。

南方渠道主格局①：厂家→销售总监→大区经理→业务代理→省级一批→省级代理市级公司→省级代理县级公司→零售店。

渠道结构：厂家内部 3 级，经销商内部 4 级，共 7 级。

南方渠道主格局②：厂家→销售总监→大区经理→省区经理→业务代理→市级一批→市级代理县级公司→零售店。

渠道结构：厂家内部 4 级，经销商内部 3 级，共 7 级。

渠道下沉的过程也是企业内部的销售体系层级化的过程。如果把外部渠道称为交易层级，企业内部的管理渠道就是管理层级。企业高层与终端之间的距离不仅受交易层级的影响，还受管理层级的影响。无论在哪个阶段或地区，管理层级与交易层级的和都是 7 级，这是一种很奇妙的现象。

在渠道下沉的过程中，要想实现渠道大密度覆盖，需要减少交易层级。但在实际工作中，每减少一级交易层级，就会增加一级企业内部的管理层级。这是管理幅度理论中的重要规律，这条规律已经被许多经典的管理理论证明过了。只要我国的人口结构和终端分布情况在短期内不发生太大的变化，这条规律就是有效的。

如果企业内部的管理层级达到 4 级，就会给团队管理带来非常大的挑战。我国业务员的工作状态主要分为以下两种。一是中小型企业业务员的"跑单帮"状态，以"单兵作战"为主，平均管理渗透率只有 1.5 级。二是大型企业业务员的"在地组织"状态，针对一个城市组建一个大型团队。因为"在地组织"具有现场管理的特点，业务员不再处于"跑单帮"状态，所以管理渗透率比较高，这是快消品行业龙头企业的渠道驱动力特别强的原因。

渠道数字化体系的线上、线下融合和厂、商、店三方一体既不意味着传统企业会消失，也不意味着会形成传统渠道和数字化渠道并行的"双渠道"，而是线上和线下在认知、关系、交易这 3 个层面交互。

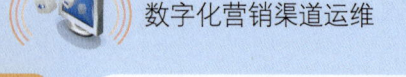

5.2.2 新时代经销商的职能

在新时代,经销商要完成向运营主体的转型,从以分销职能为主导转变为以运营职能为主导,这是经销商需要做出的重大改变。

1. 经销商要承担连接、激活、管理、运营用户的职能

在"双私域"模式中,零售商的角色非常重要。零售商除了要承担触达、连接、激活用户的职能,还要承担其他职能,如绘制用户画像、进行个性化推荐、提供售后服务等。因此,对零售商而言,优质的门店、良好的服务、强大的营销能力是非常重要的。此外,零售商不仅要承担线下职能,还要承担社群职能和线上职能。零售商要想强化数字化角色,必须让经销商承担连接、激活、管理、运营用户的职能。如果没有经销商,"双私域"模式就不可能真正实现。为了承担上述职能,经销商需要把重心从 2B 工作转向 2C 工作,适应市场趋势的变化,完成从深度分销向连接、激活、管理、运营用户的转型。这要求经销商进行人员再分配,重视数字化技能的培训和提高,顺应渠道数字化的发展趋势。经销商再分配的人员应该向 2C 工作倾斜。从另一个角度来看,重视 2C 工作也有助于实现深度分销。

2. 经销商要成为 B2C 常态化运营的主角

在渠道数字化运营中,F2C 运营是非常态化运营,B2C 运营是常态化运营。经销商要成为 B2C 常态化运营的主角。

为了完成从深度分销向连接、激活、管理、运营用户的转型,经销商需要与厂家的区域销售部、区域市场部密切协作。厂家的区域市场部需要转型为前方中台,与经销商共同经营 B2C 业务。除了 B2C 运营,经销商还要参与 b2C 运营和 B2b2C 运营。对于有独立运营系统的大型零售店,经销商要参与 b2C 运营;对于小型零售店,经销商要参与 B2b2C 运营。

过去,经销商主要承担 4 项职能,分别为产品推广、订单管理、物流管理、融资。在实现渠道数字化后,经销商承担的上述 4 项职能都面临着转型,不过产品推广仍然是经销商所有职能的重中之重。

在实现渠道数字化的背景下,用户运营借助渠道强大的拉动效应,促使订单显著地向线上平台汇聚。即使有一部分线下订单,也因为渠道数字化的深入实施而能够为订单管理提供强大的数据支撑,使渠道的"进销存"(进货、销售、库存)管理变得高度透明化,从而极大地简化订单管理的流程,降低其复杂度。这个过程不仅提高了订单管理的效率,还增强了整体运营的灵活性,加快了响应速度。

近年来,许多物流配送平台迅速发展,促使传统的分级配送逐渐向直达用户的方向发展。有些平台甚至可以不经过经销商,直接进行物流配送。未来,物流管理职能将从经销商的职能中分离出来。

对经销商而言,在实现渠道数字化后,融资会更加方便。过去,经销商的不动产较少,融资困难,而且季节性产品的资金需求不均衡,容易导致资金链紧张;未来,渠道数字化会产生"数字信

用"，融资将变得更容易。

总的来看，要想实现渠道数字化，厂、商、店三方缺一不可。

5.3 数字化怎样实现模式化复制

从萌生想法到成熟推广，数字化一般要经过 3 个环节，分别为试错、试对、模式化复制，如图 5-3 所示。

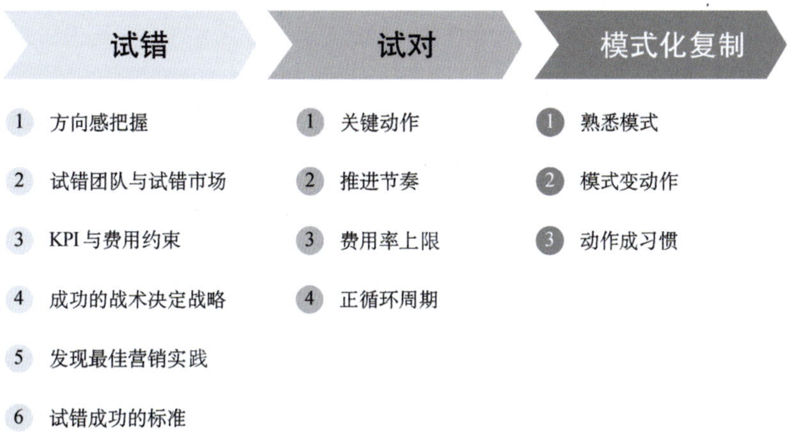

试错	试对	模式化复制
1 方向感把握	1 关键动作	1 熟悉模式
2 试错团队与试错市场	2 推进节奏	2 模式变动作
3 KPI 与费用约束	3 费用率上限	3 动作成习惯
4 成功的战术决定战略	4 正循环周期	
5 发现最佳营销实践		
6 试错成功的标准		

图 5-3

5.3.1 试错

创新事物需要经过认识论、方法论和方法的验证。认识论可以解决思想问题、观点问题、逻辑问题。对于数字化这个影响企业未来转型的新事物，认识论的作用主要体现在帮助企业高层下决心上。方法问题、技巧问题是基层需要解决的落地动作问题。方法论体现了高层与基层的结合。先从方法到方法论，再从方法论到方法，这是一个反复的过程，在逻辑上体现为归纳与演绎。方法是具体动作，方法论是规律。

试错需要关注以下 6 个问题：一是方向感把握，二是试错团队与试错市场，三是 KPI 与费用约束，四是成功的战术决定战略，五是发现最佳营销实践，六是试错成功的标准。

1. 方向感把握

企业在进行数字化转型时通常没有行业标杆，如果有行业标杆，就说明企业的转型已经落后了。对企业高层来说，以下两个问题很重要：一是转型的方向感，二是逻辑是否正确。

方向感不是方向，而是对方向的感觉。目前，大多数企业推崇 F2C 模式。"将军赶路，不追小

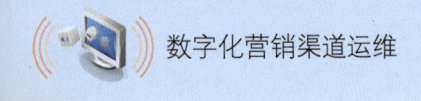

兔"，F2C 模式就是"小兔"。"将军赶路"的目的是"打胜仗"，F2C 模式是帮助"将军""打胜仗"的关键。

试错的意思不是明知相关方法是错误的也要尝试，而是先确保逻辑是正确的，然后尝试相关方法在现实中是否行得通。如果相关方法在现实中行不通，那么既可能说明逻辑是错误的，需要纠正；也可能说明逻辑是正确的，但方法有问题，需要换一种方法继续试错。

2. 试错团队与试错市场

如何选择试错团队与试错市场是战术层面的关键问题。试错团队的负责人责任重大，因为试错是"摸着石头过河"，稍有不慎就会"掉进河里"。因此，企业要选择"会摸石头"的人"过河"。"摸着石头过河"是一个需要反复试探和调整方向的过程，这不是普通基层员工和普通管理者能做到的事。

试错团队的负责人要符合以下 3 个要求。

（1）对转型有深刻的认识。多数人只能被事实征服，少数人可以被道理说服。试错团队的负责人属于后者，他们能够对转型"无师自通"。

（2）有强烈的参与愿望，而不是被迫接受任务。

（3）有想法、有办法，特别是应变能力强。

找到符合上述要求的负责人很难，如果能找到，试错就成功了一半。强人所难的转型很容易出现以下现象：企业让负责人试错，负责人便想方设法证明转型是错误的。试错应该是免责的，成功了有奖励，即使失败了，负责人也不用受过。

企业除了要选择试错团队的负责人，还要选择试错团队的成员。试错团队通常有以下 3 种形式：一是传统渠道团队，二是全新的团队，三是"传统渠道团队 + 新补充团队"。传统渠道团队的成员可能已经被固定在深度分销的体系中，只把转型作为"副业"，有精力就做，没精力就放弃。不过，也有个别传统渠道团队的成员非常愿意探索新事物，而且成功率很高。

"传统渠道团队 + 新补充团队"具有以下 3 个优势：一是传统渠道团队可以动员渠道资源；二是新成员没有思维定式，对他们来说不存在转型，而是一步到位；三是在未来进行模式化复制时，新成员是把模式传播到其他市场的"种子"。

在选择试错市场时，企业既可以选择"好市场"，也可以选择"差市场"，各有利弊。在"好市场"中试错的优点是标杆效应更明显；其缺点是即使试错成功，也会有人质疑相关方法是否具有普遍的推广意义。在"差市场"中试错的缺点是渠道动员力较弱；其优点是只要试错成功，就会对在"好市场"中推广相关方法起到很大的作用。试错市场是不是"好市场"不是关键，关键是用户的配合度要高。当然，企业不能指望所有用户的配合度都很高，不过在转型初期通常会有一些配合度较高的用户。用户的配合度不高的原因有很多，只要转型有效果，大多数用户的配合度就会提高。

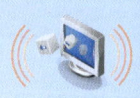

3. KPI 与费用约束

转型有以下两套 KPI：一是传统业务的 KPI，二是新业务的 KPI。如果试错成功，那么新业务的 KPI 通常会给传统业务的 KPI 加分；如果在确保传统业务的 KPI 达标上投入较多的精力，就会减少对试错的投入。在转型初期，新业务的 KPI 可能无法达标。企业一定要减轻试错团队的 KPI 压力，包括传统业务的 KPI 和新业务的 KPI。

转型需要费用，具体需要多少费用很难提前测算。由谁管理费用是一道难题：由高层管理费用，转型的落地动作可能慢半拍甚至慢一拍；由基层管理费用，容易出现乱花钱的问题，甚至导致费用严重超标。

4. 成功的战术决定战略

在战略形成阶段，战术决定战略；在战略执行阶段，战略决定战术。这是战略与战术的辩证关系。定位论的提出者特劳特和里斯在《营销革命》一书中提出了"成功的战术决定战略""战略是成功战术的一致化"等观点，这些观点特别适合处于转型阶段的企业。战略一定要落地，如果无法落地，就不能被称为战略。在转型阶段，试错就是能决定战略的战术。

特劳特和里斯在《营销革命》中强调，企业至少要让一名副总裁级的高层深入一线。原因有二：一是高层和普通员工的视角不同，高层往往从战略的视角思考；二是高层有能力调用资源、随时加大投入或及时调整试错的方向。试错既要以变应变，又要目标坚定，两者之间的平衡需要高层来把握。

5. 发现最佳营销实践

有时候，好方法是无意间发现的。在试错过程中，无论结果如何，往往会形成一些有价值的最佳营销实践。试错成功的结果是由一系列最佳营销实践促成的。要想发现最佳营销实践，需要具备一定的高度、视野和总结能力、归纳能力，把关注点从方法层面上升到方法论层面。

6. 试错成功的标准

试错以验证逻辑正确为主要目标，以掌握基本方法为进入试对环节的标准。为了尽快试错成功，企业可以在多个市场中试错。在试错环节的 KPI、费用、利润问题中，费用、利润问题是在试对环节解决的。企业不能试图在一个环节解决所有问题。

5.3.2 试对

试对是模式化复制前的关键环节。试错只能证明模式可以成功，不一定能证明模式可以大规模推广。例如，某企业用 20 年的时间扎根区域市场，这种模式是无法复制的，因为其他企业无法复制该企业在这 20 年间的经历。

试对的目的是找到一种可以在短期内用相同的方法在不同区域复制的模式。试对以试错为基础，在试对过程中，企业要关注以下 4 点：一是关键动作，二是推进节奏，三是费用率上限，四是

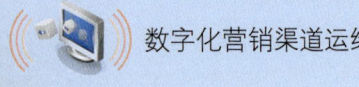

正循环周期。

1. 关键动作

试错成功，代表过程中出现过错误，走过弯路；试对成功，代表不再走弯路，一步到位。一步到位所需的关键动作是未来进行模式化复制时必不可少的规定动作，它们是模式化复制的基本条件。这些关键动作有一些"操作诀窍"，它们不一定有多高深，但一般人往往想不到。操作诀窍与技术诀窍一样，都是企业的无形资产。

2. 推进节奏

推进节奏是一个特别重要却往往不被人重视的问题，它包括以下两个方面：一是推进次序，即先做什么，后做什么；二是阶段划分，对一项重要工作进行阶段划分，有利于把握每个阶段的工作重点。把不同阶段衔接起来就形成了推进节奏，恰当的推进节奏就像优美的音乐一样令人感到舒服。

3. 费用率上限

市场推广忌讳"添油战术"，如果花不够费用，就要花时间，而时间是最宝贵的资源。所以，在大规模推广中，企业通常采用"以资源（如费用、人力等）换时间"的战术，这涉及费用率上限的问题。费用率上限是测试出来的，就和烧开水一样，刚开始不知道需要烧多长时间，为了保证把水烧开，只能把烧水的时间设定得长一些。测试的次数多了，企业就能准确地编制预算了。

4. 正循环周期

推广成功的标准是市场进入正循环，其标志是投入产出比逐渐接近 1∶1，此时的市场不再是"费用黑洞"。对于进入正循环的市场，企业如果费用充足，就可以加大投入；如果费用不充足，就可以减少投入或不投入。

5.3.3 模式化复制

模式化复制有以下两个前提：一是有模式，二是有复制方式。模式化复制需要经过以下 3 个过程：一是熟悉模式，二是模式变动作，三是动作成习惯。

1. 熟悉模式

熟悉模式的常用方法有培训、考试等。

2. 模式变动作

一些企业经常培训员工，培训效果却不尽如人意，这就是"知行不合一"造成的问题。要想把模式变成动作，比较好的方法是"孵化"模式。有的企业建立了"孵化基地"，"孵化基地"的管理者是"教练"，他们负责把模式变成动作，并将其固定下来，具体过程包括讲解、练习、纠正、重复。例如，"教练"先在上班班会时向员工讲解，再让员工在工作中练习，最后在下班班会时纠正员工的错误，并不断地重复这个过程。

3. 动作成习惯

人的行为在很大程度上是由习惯决定的，习惯是不假思索的行为。模式化复制需要把动作变成全体员工的集体习惯。集体习惯既有同化作用，也有排异作用，如果不被同化，就会被排异。习惯是由动作固化而成的。企业的培训应该持续到把动作变成全体员工的集体习惯为止。在把模式从书面文字变成全体员工的集体习惯的过程中，有一群人的作用很重要，如"孵化基地"的"教练"，他们起到了"种子"的作用。

在大规模推广数字化模式的过程中，"传统渠道团队＋新补充团队"的价值是使模式发生裂变。每个参与模式化复制的团队最好都有一名经历了整个过程的人员，因为有的细节、技巧只存在于相关人员的大脑中。所以，大规模推广一定要有人员的快速裂变过程，这要求企业在推广过程中专门安排一部分裂变人员。

5.3.4 复制速度与模式壁垒

模式化复制需要解决 3 个问题，分别为模式迭代、复制速度、模式壁垒。营销模式在技术上几乎没有壁垒，很难避免被模仿。营销模式的竞争力来源于比较竞争力。如果自己会的东西别人不会，就有比较竞争力；如果自己会的东西别人也会，就没有比较竞争力。

1. 模式迭代

最初，深度分销 1.0 模式没有技术壁垒；后来，深度分销经过了多次进化，每进化一次，就增加一层技术壁垒。例如，今麦郎的"四合一"模式是互联网工具与深度分销结合的模式，很难被模仿、复制，很多学习者甚至自嘲看不懂该模式。

2. 复制速度

渠道资源往往向位居前列的主体集中。例如，在数字化模式的早期推广过程中，厂家是主力，经销商是看客，这是正常的。只要模式推广成功，经销商看到了效果，就会变成经销商是主力，厂家是后台管理者。在确立了数字化模式后，早期的快速推广很重要。如果早期推广成功，渠道资源就会快速向厂家集中。

要想在早期快速推广数字化模式，企业需要组建以下两个团队：一是传统渠道团队；二是新补充团队，当"战斗"处于胶着状态时，新补充团队很可能改变战场局势。

在早期的推广过程中，传统渠道团队不但要完成日常工作，而且要接受 KPI 的考核。一方面，传统渠道团队几乎不可能全身心地投入推广工作；另一方面，即使其全身心地投入推广工作，也难以发挥太大的作用。新补充团队对数字化转型很熟悉，由该团队启动区域市场，一是可以起到传帮带的作用，二是可以快速形成内部势能，三是可以增强企业在区域市场中的影响力，因此企业一定要高效利用新补充团队。此外，企业不能局限于某个区域市场，而应"转战"多个区域市场，加快复制速度，轮番启动市场。

3. 模式壁垒

数字化模式的壁垒来自以下 3 个方面：一是早期的快速推广形成的资源集中效应；二是在推广过程中形成的操作诀窍和技术诀窍，这些诀窍在短时间内难以被模仿；三是大量的资源投入形成的壁垒。早期，企业有模式创新红利，模式本身具有一定的竞争优势；后期，企业有资源加持，所形成的壁垒虽然难以阻止头部品牌模仿企业的模式，但是对其他模仿者有阻止作用。

> **典型案例**
>
> 以用户为中心，打造全渠道营销模式，是企业数字化转型的主要方式。在渠道多元化、碎片化的时代，许多企业开始考虑全渠道、多触点布局，从侧重线下转变为线上、线下融合，构建全渠道的数字化营销矩阵，把用户从公域引向私域，并通过大数据分析来快速响应用户需求。以下是一些成功案例。
>
> **案例一**
>
> 建发汽车集团的数字化营销矩阵项目以建发汽车大数据管理平台为依托，以微信为阵地，打通了公众号、视频号、小程序、企业官网等链路，为用户构建了多元而统一的触点矩阵，通过前端各触点预留的流量入口，提升了品牌与用户交互的广度，并打通了"数据孤岛"，贯穿了用户用车全生命周期，基于行为留痕、用户标签等沉淀了线上用户数据。数字化营销矩阵实现了拓宽公域流量入口、汇聚用户、沉淀流量、为营销提效等目标，并完善了从公域引流到私域管理的闭环。
>
> **案例二**
>
> 雅斯特基于中台理念打造了"统一身份识别、统一数据、统一服务"服务体系，通过运营管理、移动电商、会员营销、供应链金融、业财融合、数字 HR 等板块中的 30 多个数字化应用系统，构建了全渠道一体化运营管理能力，对官方直销渠道、线下门店、第三方在线旅行社平台等多个渠道和多个触点的订单数据、库存数据、会员数据、财务数据进行集中处理。雅斯特通过经营分析、用户画像、营销督导、财务稽核等多维度数据分析，为核心业务系统赋能，助力数字化转型，强力支撑前台业务。
>
> **案例三**
>
> 杭州无忧传媒配合品牌 WOW COLOUR 代言人官宣，针对不同的受众，通过代言人的推广、"种草"，牢牢抢占美妆品类受众的心智，进行产品"种草"，并帮助受众填补产品认知的空白，从而刺激消费转化；为线下空间品牌注入活力，通过短期内在线上空间大量曝光，为线下空间引流；通过销售产品盲盒试水电商销售渠道，打造 DTC（直接面向消费者的）品牌，筛选符合品牌调性的达人群体，在增加品牌声量的同时提高品牌美誉度。
>
> **案例四**
>
> 早在 2016 年，宝岛眼镜就在线上、线下升级了全渠道战略。当越来越多的传统企业开始进

行数字化转型时，宝岛眼镜已经沉淀了一套独特的方法论——"两大动作，五大路径"，打通了"公域→私域→私域运营"的链路，建立了以会员运营为中心的全新组织架构，颠覆了从前的零售组织逻辑。在短短几个月的时间里，宝岛眼镜培养了大众点评、小红书、抖音等平台中的一大批"声量达人"，并让员工基于各种工具、内容、场景与用户进行双向交流，从而更加精细化地运营私域流量。

案例五

COSTA 咖世家通过建立新 CRM（客户关系管理）架构平台，实现了对全渠道会员的统一管理；通过对接美团、饿了么、大众点评等口碑及新型支付平台，以及社交媒体、小程序等平台，完善了会员全生命周期管理、忠诚度体系、多频次/自动化营销、动态标签等应用，满足了快速扩展业务的需求，实现了高效运营的业务目标。COSTA 咖世家充分利用不同平台（如外卖平台、天猫、支付宝、小程序等数字平台）的流量来降低零售成本，并在这些平台中积累了大量的用户资源。

案例六

海尔智家通过面向用户的全渠道触达、精准营销互动和交易转化、用户服务等，为用户提供了良好的体验，全面实现了全渠道营销数字化闭环应用。在全渠道营销数字化方面，海尔智家打造了线上智家商城端、线下直营店、线下传统渠道（直销员端），实现了线上、线下全渠道营销；灵活设定优惠券的使用范围，把优惠券与用户绑定在一起，实现线上领取、线下核销和线下领取、线上核销。

拓展阅读

1. 大型制造企业的数字化转型难在哪里

作为以工程机械研发和服务为核心业务的大型跨国企业集团，三一集团有限公司（以下简称三一集团）业务规模庞大、分支机构和员工众多、管理体系复杂。随着业务的不断发展，三一集团在企业管理和运营体系方面遇到了以下挑战。

（1）外包、供应商、合作伙伴等人员的研发和办公需要标准化环境。各团队的资源难以共享和统一管理，不仅影响研发和办公效率，还有一定的安全隐患。

（2）IT 设备分散在各个业务部门，资源难以协同共享。例如，三一集团在国内有 16 个产业园区（截至 2021 年），它们分布在全国各地，各产业园区的传统 IT 设备情况各异，部分 IT 设备的使用年限长达 6~8 年，运维成本极高。各产业园区的研发和办公急需从线下转向线上，以实现随时随地灵活接入。

（3）终端的安全防护能力弱。三一集团的研发人员在办公时使用传统的图形工作站，把数据分散保存在个人的图形工作站中，不但安全性较弱，而且不便进行集中管理，影响企业信息安全防护。

2. 三一集团如何破局

面对以上挑战，如何构建一个安全性强、集中度高、扩展性出色的现代办公运营体系，成为三一集团数字化转型的重中之重。

为了破局，三一集团选择与华为合作，基于华为FusionCube超融合平台的虚拟化能力，对计算资源、存储资源等硬件资源进行整合和优化，搭建协同研发办公平台。研发人员可以通过终端产品随时随地访问虚拟机上的研发和办公桌面，实现在线协同和远程办公。同时，三一集团通过统一运维，有效解决了信息安全管控难、IT设备分散、资源利用率低等问题，整体运营成本下降了30%。

这次合作给三一集团带来了很大的变化。以研发设计为例，如今，三一集团的研发人员可以在一个个逻辑独立的虚拟桌面上调用整个数据中心的硬件资源，为图形设计提供算力支撑，其读写性能是普通图形工作站的10倍。这不仅大幅提高了研发效率，还能确保数据不泄密，减少了数据安全隐患。

3. 从制造到"智造"的距离有多远

制造业是实体经济的中流砥柱和技术创新的主战场。我国制造业正在经历从制造到"智造"的转型，三一集团现代办公运营体系的构建离不开数据中心基础设施的助力。以三一集团为代表的制造企业正在整合5G、物联网、云计算、大数据、人工智能等新一代信息技术，以实现从制造到"智造"的新突破。

高性能、高能效、易管理、易扩展的数据中心基础设施犹如制造企业数字化转型的坚实底座，可以源源不断地为数字化转型提供动力。2021年，中华人民共和国工业和信息化部（以下简称工业和信息化部）在《新型数据中心发展三年行动计划（2021—2023年）》中提出，引导新型数据中心集约化、高密化、智能化建设，稳步提高数据中心单体规模、单机架功率；用3年时间，基本形成布局合理、技术先进、绿色低碳、算力规模与数字经济增长相适应的新型数据中心发展格局。

对制造企业而言，新型数据中心具有非常重要的价值和意义。以三一集团为代表的制造业龙头企业积极推动无人下料、自动化分拣、自动化成型、机器人焊接、自动化物流等先进技术的应用。要想实现生产过程全数字驱动，制造企业必须建立统一的生产数据模型，以打通生产、质检、物流、库存等环节。为了支撑该模型，制造企业必须拥有强大、安全、易管理的数据中心基础设施。

职业技能训练

一、判断题

（1）"双路径"指的是"长路径触达＋短路径运营"。　　　　　　　　　　　　　　　　（　　）

（2）KPI 的意思是关键绩效指标。　　　　　　　　　　　　　　　　　　（　　）

（3）在渠道数字化运营中，F2C 运营是常态化运营，B2C 运营是非常态化运营。（　　）

（4）模式化复制有两个前提：一是有模式，二是有复制方式。　　　　　　（　　）

（5）我国的传统营销主要依靠品牌驱动和渠道驱动。　　　　　　　　　　（　　）

二、单项选择题

（1）渠道数字化体系包括（　　）。

　　A．线上、线下融合，厂、商、店三方一体

　　B．市场、线上融合，厂、商双方一体

　　C．线上、线下融合，厂、商双方一体

　　D．市场、线上融合，厂、商、店三方一体

（2）经销商要承担（　　）的职能。

　　A．启动、激活、分配用户

　　B．连接、激活、管理、运营用户

　　C．启动、拓展、分配用户

　　D．连接、拓展、管理、运营用户

（3）在我国，形成渠道的背景包括（　　）。

　　A．我国幅员辽阔；我国人口众多，渠道碎片化；经销商起点低

　　B．我国幅员辽阔；我国素质教育普及率高，渠道碎片化；经销商起点低

　　C．我国幅员辽阔；我国人口众多，渠道碎片化；经销商起点高

　　D．我国幅员辽阔；我国人口众多，渠道多元化；经销商起点低

第六章
数字化营销渠道构建

【知识目标】

- 掌握数字化营销渠道构建方法；
- 了解产生有感增量的方法；
- 了解康师傅的"五维联动"策略。

【能力目标】

- 能理解最小经营单元管理；
- 能掌握触达、连接用户的4个关键步骤；
- 能掌握多种用户激活手段。

【素养目标】

- 培养学生的数字化思维和能力；
- 引导学生践行社会主义核心价值观；
- 培养学生的团队精神和职业道德。

【思维导图】

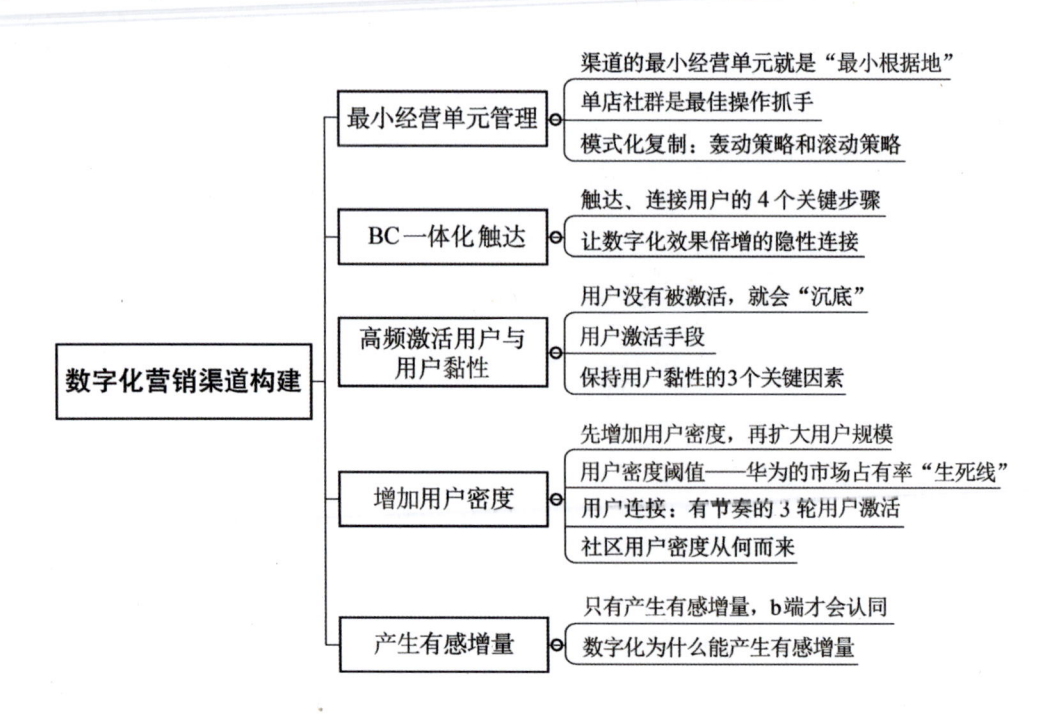

```
数字化营销渠道构建
├─ 最小经营单元管理
│   ├─ 渠道的最小经营单元就是"最小根据地"
│   ├─ 单店社群是最佳操作抓手
│   └─ 模式化复制：轰动策略和滚动策略
├─ BC一体化触达
│   ├─ 触达、连接用户的4个关键步骤
│   └─ 让数字化效果倍增的隐性连接
├─ 高频激活用户与用户黏性
│   ├─ 用户没有被激活，就会"沉底"
│   ├─ 用户激活手段
│   └─ 保持用户黏性的3个关键因素
├─ 增加用户密度
│   ├─ 先增加用户密度，再扩大用户规模
│   ├─ 用户密度阈值——华为的市场占有率"生死线"
│   ├─ 用户连接：有节奏的3轮用户激活
│   └─ 社区用户密度从何而来
└─ 产生有感增量
    ├─ 只有产生有感增量，b端才会认同
    └─ 数字化为什么能产生有感增量
```

第六章　数字化营销渠道构建

【引导案例】

康师傅的"五维联动"策略：深度重构与数字化转型

面对快消品领域日益激烈的市场竞争和多元化的消费者需求，康师傅实施了"五维联动"策略，旨在通过深度重构传统分销模式，结合数字化手段，实现对市场的高效渗透与精准营销。"五维联动"策略不仅解决了传统分销中的许多痛点，还为康师傅的持续发展注入了新的动力。

1. 传统分销模式的困境

在实施"五维联动"策略前，康师傅面临着与今麦郎类似的问题：人海战术导致人力成本高昂，费用使用不精准且监管难度大，经销商与二级批发商的稳定性差，市场响应速度慢，等等。这些问题严重制约了康师傅的市场扩张能力和盈利能力。

2. "五维联动"策略的核心内容

厂商深度融合：康师傅通过股权合作、管理输出等方式，与核心经销商建立了紧密的合作关系。双方共同组建销售团队，实现了营销与销售的深度融合。这一举措不仅降低了人力成本，还提高了市场响应速度和执行力。

数字化平台建设：康师傅投入巨资建设数字化平台，实现了对销售数据的实时采集与分析。通过智能终端设备，业务员可以实时上传拜访记录、销售数据、库存信息等，有助于确保数据的真实性和及时性。此外，数字化平台还具备智能分析功能，可以为管理层提供决策支持。

区域市场精细化运营：康师傅将市场细分为多个区域，每个区域市场由专人负责，通过区域市场承包制来激发业务员的积极性和责任心，同时加强对区域市场的监控和评估，确保市场策略得到有效执行。

社群营销与消费者互动：康师傅认识到，在数字化时代，消费者不仅是购买者，还是传播者。基于此，康师傅积极构建社群营销体系，通过建立与运营B端（经销商、线下门店）社群和C端社群，加强与消费者的互动和沟通；通过社群活动、优惠促销等方式，提高消费者对品牌的忠诚度，扩大市场份额。

线上、线下融合：康师傅注重线上、线下渠道的融合发展，一方面，通过优化线下门店布局和提高服务质量，提升消费者的购物体验；另一方面，利用电商平台和社交媒体等线上渠道，拓宽销售渠道，提高品牌曝光度。通过线上、线下的有机结合，康师傅实现了销量与品牌的双重提升。

3. "五维联动"策略的实施成效

"五维联动"策略自实施以来，取得了显著的成效。

人力成本得到有效控制，销售效率显著提高；

数字化平台使数据更加精准和透明，为管理层提供了有力的决策支持；

区域市场精细化运营提高了市场响应速度和执行力；

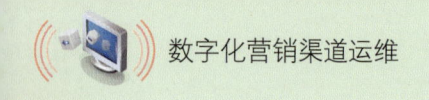

社群营销与消费者互动提高了消费者对品牌的忠诚度，扩大了市场份额；

线上、线下渠道的融合发展拓宽了销售渠道，提高了品牌曝光度。

4．未来展望

虽然"五维联动"策略取得了显著的成效，但是康师傅仍然需要不断地创新和升级，以适应市场的变化。未来，康师傅将继续深化数字化转型，加强对大数据和人工智能技术的应用，提升市场洞察力和营销精准度。此外，康师傅还将积极探索新的营销模式和渠道，以满足消费者日益多元化的需求。

6.1　最小经营单元管理

虽然"最小经营单元"不是营销常用语，但是在分析营销变化的脉络时，借助该概念，我们可以更容易地抓住关键点。

农业社会的最小经营单元是家庭，家庭既是生活单元，也是生产单元。我国农业社会之所以高度发达，在很大程度上是因为生活单元与生产单元一致、家庭生活秩序与农业生产管理秩序一致。

工业社会的最小经营单元是企业。企业是纯粹的生产单元，与生活单元分离。企业规模的扩大催生了现代管理。彼得·德鲁克敏锐地洞察到企业不仅是生产单元，还是不同于家庭的新社会单元。

电商的出现催生了"平台+最小经营单元"的模式，如韩都衣舍的"三人小组"。平台是公共的，其承担了过去由企业承担的很多公共职能，降低了经营的门槛。小型企业依靠平台和强大的供应链、制造业产能，能够快速崛起。

📖 素养提升

企业最重要的能力是实现战略目标的能力，以全面预算管理为核心的经营管理机制是保障战略落地的重要手段。华为从2006年开始构建承接战略的经营管理体系，使财务与业务互相配合，做厚做实最小经营单元的经营管理，实现了长期、有效增长。

人们经常用"去中心化"一词描述互联网时代的趋势，实际上，互联网时代的中心化现象比过去更加明显。这很好地解释了"谁能为最小经营单元提供平台，谁就能做成最大的事业"。

6.1.1　渠道的最小经营单元就是"最小根据地"

从厂家的角度来看，改革开放以来，渠道的最小经营单元（以下简称最小渠道单元）经历了以下5次变迁：1998年前，"省代"是一级批发商的最小渠道单元；1998—2000年，"市代"是一级批发商的最小渠道单元；2001—2002年，"县代"是一级批发商的最小渠道单元；2003年后，我国

第六章 数字化营销渠道构建

进入深度分销时代，零售店成为深度分销的最小渠道单元；2012年后，电商大规模兴起，C端成为电商的最小渠道单元。

从最小渠道单元的角度来看，2003年前，其在不同的B端（批发商、经销商）之间变化，2003年后变为b端（零售店），2012年后变为C端（用户）。"B端→b端→C端"是渠道变化的规律。最小渠道单元既是厂家开展营销工作的前线，也是一线人员开展工作的对象。渠道工作是否有效，主要取决于工作是否推进到最小渠道单元，以及一线人员是否围绕最小渠道单元开展工作。营销转型就是从旧的最小渠道单元变为新的最小渠道单元，以及最小渠道单元的变化所带来的相关工作的变化。

最小渠道单元的价值体现在以下4个方面。

1. 最小渠道单元是工作抓手

抓手是指进行某项工作的入手处或着力点。没有抓手就没有着力点，工作就难以开展。确定了最小渠道单元，企业就找到了工作抓手。如果找不到工作抓手，可能是因为企业选择的最小渠道单元有误。最小渠道单元并非越小越好，它应该与所处的社会环境相匹配。例如，最小渠道单元先从B端变为b端，再变为C端，是与我国营销的总体发展进程相匹配的。

F2B2b2C数字化是建立在深度分销基础上的数字化。深度分销已经"抓住"了b端，是否需要像电商一样直接"抓住"C端？渠道数字化的关键是bC一体化，也就是既要"抓住"b端，又要"抓住"C端，还要建立bC技术关联、形成bC技术绑定。这是F2B2b2C数字化落地需要完成的工作，这些工作的抓手是单店社群。

2. 最小渠道单元是小闭环

如果深度分销只是铺货，就无法形成闭环。只有实现"分销+动销"，才能形成深度分销的小闭环：先做b端工作，再把b端工作的成果转化为C端工作；C端工作有效，反过来会推动b端工作。这就是深度分销的小闭环。形成小闭环是为了进入正循环，实现良性运营，而不是把深度分销变成营销策略和费用的"无底洞"。

小闭环是链条比较短的闭环，复杂度低，便于操作。在早期的深度分销中，铺货即动销；后期动销困难，于是有了终端导购、终端拦截，这是面向C端的工作。有些深度分销做得比较好的企业通过3轮以上的动销来激活终端，把断开的深度分销小闭环重新连接起来。以单店社群为渠道数字化的最小经营单元本身就是一种bC一体化设计，这样一来，b端可以激活C端，C端也可以激活b端，更容易形成小闭环。

3. 最小渠道单元可以试错

在探索新模式的过程中，试错是必经环节。试错的过程往往是犯错的过程。试错单元越大，犯错的后果可能越严重，甚至成为企业"不能承受之重"。因此，企业在试错时要控制试错单元。试错需要投入资源，试错单元越大，进入正循环需要投入的资源越多，正循环周期也越长。例如，以一个省为试错单元，企业需要投入的时间和资源会非常多；以最小渠道单元为试错单元，企业可以

167

在尽可能短的时间内用较少的资源测试相关方法的效果，如果效果不佳，那么企业可以尽快调整相关方法。

4. 最小渠道单元可以复制

最小渠道单元是一个独立的系统，可以复制，多个最小渠道单元连成一片，可以变成一个大单元。换句话说，大单元可以被分解为多个最小渠道单元。试错、试对、模式化复制是探索新模式的必经环节，企业可以把在最小渠道单元**探索成功的模式推广**到全局。中小型企业若无法在短期内把模式推广到更大的市场，则可以把最小渠道单元作为"最小根据地"。企业的发展可以是"最小根据地"的滚动**复制**。中小型企业应该先建立"最小根据地"，再对其进行滚动复制，形成"战略根据地"，这是比较稳健的发展路径。

6.1.2　单店社群是最佳操作抓手

之所以把单店社群作为渠道数字化的最小经营单元，是由渠道数字化的 bC 一体化特征决定的。单店社群同时包括 b 端和 C 端，这是"双私域"的核心——在 F 端的技术平台上触达、连接 C 端。触达、连接 C 端的过程本身就是形成 bC 技术绑定、实现 bC 一体化的过程。所以，F2B2b2C 模式的最小经营单元和最佳操作抓手是单店社群。

要想理解单店社群，我们可以参考社区团购。社区团购的 b 端是"团长"，C 端在社群中。因此，社区团购的最小渠道单元也是单店社群。在单店社群中，b 端的价值在于连接线下渠道和 C 端，触达、连接、激活 C 端都需要 b 端的配合。渠道数字化的过程就是 b 端的关系变化过程，即把强关系变成深度连接的过程。

单店社群不是指单个 C 端，而是指社群中包含的一群 C 端，即一个小区域内的 C 端。单店指的是零售店，社群指的是围绕零售店聚集起来的一群有关联的用户。只要单店社群能实现 bC 一体化，最小渠道单元就可以启动了。最小渠道单元一旦进入正循环，就可以滚动发展，形成更大的经营单元，而且单元之间可以相互渗透、相互强化。

当企业将单店社群确定为最小渠道单元时，基层运营人员也就确定了，即原来负责传统深度分销和导购的人员。原来的传统深度分销工作是 2B，现在的数字化工作是 bC 一体化。只要在传统深度分销工作的基础上增加几个动作，基层运营人员就能完成数字化工作。基层运营人员的数字化工作包括以下两项：一是触达、连接、激活用户，这项工作不是一次性完成的，需要持续进行；二是日常的 bC 一体化运营。

深度分销人员是负责在一线触达、连接、激活用户的主要人员。为什么企业要把原来负责传统深度分销的人员作为基层运营人员呢？因为他们不仅与零售店（店主、店员）有强关系，还了解零售店与社群用户的客情状态。

导购是企业实施数字化转型的重要人员。过去，在交易结束后，导购的工作就结束了；现在，在交易结束后，连接用户的工作才刚刚开始。

在开展数字化转型的一线工作前,深度分销人员需要解决以下 4 个问题:第一,确定合适的零售店,特别是在早期试点阶段,零售店的配合程度非常重要;第二,在系统中注册零售店(技术性工作);第三,在零售店的线上店中上架 SKU(技术性工作),以及确定零售店无现货产品的利益分配方案;第四,确定触达、连接用户的方式,KA 店适合采用 bC 双码,小型零售店适合采用 bC 小程序。

6.1.3　模式化复制:轰动策略和滚动策略

单店社群是渠道数字化的最小经营单元。渠道数字化的目标是全面整合传统渠道,形成"百万终端、千万触点、亿级用户"。怎么从单店社群起步实现该目标呢?答案是采用单店社群滚动复制模式。在试错、试对成功后,进行模式化复制有以下两种策略:一是轰动策略,二是滚动策略。企业既可以先采用轰动策略,再采用滚动策略,也可以先采用滚动策略,再采用轰动策略。

轰动策略指的是全面展开、不分先后、全局推广。其优点是速度快、影响大,渠道资源可以在短期内快速向厂家集中。不过,过早采用轰动策略不但需要投入很多资源,而且大规模推广不成熟的模式可能遇到很大的困难。

滚动策略指的是在最小经营单元进入正循环后启动其周边的经营单元,形成更大的市场并滚动复制。根据 KA 店和小型零售店的区别,渠道数字化的滚动策略分为 KA 店的单店滚动策略和小型零售店的社区滚动策略。

企业应该先在一个 KA 店做出成绩,以此吸引其他 KA 店参与渠道数字化,再拓展更多的 KA 店。一个 KA 店可以覆盖多个社区,非常高效。当 KA 店达到一定的密度以后,企业就可以覆盖一个城市了。

虽然小型零售店也是最小经营单元,但是 C 端有社区性,而一个社区中往往有多个小型零售店。因此,在单个小型零售店推广成功以后,企业应该马上把数字化模式推广到社区中的其他零售店,把社区做透。把社区做透的作用是构筑"护城河"。借助小型零售店的社区滚动策略,企业同样可以在短期内覆盖一个城市。企业高层眼里的模式化复制可能是覆盖较大的区域,如以城市为经营单元、以省为经营单元。在一线人员眼里,模式化复制其实就是最小经营单元的滚动复制。

6.2　BC 一体化触达

在将单店社群确定为渠道数字化的最小经营单元以后,下一项工作是触达、连接用户。触达用户是手段,连接用户是目标。连接用户是指与用户建立技术连接。如果与用户建立技术连接的平台是小程序,连接工作就是让用户使用小程序。

6.2.1 触达、连接用户的 4 个关键步骤

触达、连接用户大致分为以下 4 个关键步骤，如图 6-1 所示。

```
1 选择有配合意愿的零售商
  标准：有配合意愿、社区客情关系好、动员力强
  目的：用示范零售店带动同社区中的其他零售店

2 厂家和经销商的移动团队"参战"
  特点："短平快"地连接用户
  目的：支援零售店，赢得零售商的好感

3 b端隐性触达、连接用户
  方式：bC双码、bC小程序、KA店直播
  目的：通过人、货、店三大"超级触点"连接用户

4 厂家私域赋能b端
  特点：增量是撬动零售店存量的杠杆
  目的：利用厂家私域赋能b端
```

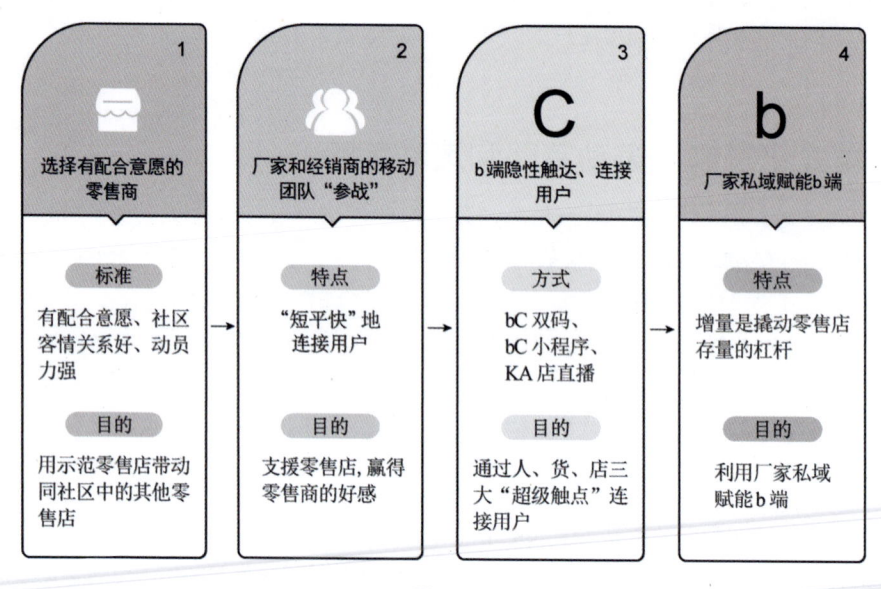

图 6-1

1. 选择有配合意愿的零售商

企业应选择有配合意愿的零售商。"有配合意愿"是指零售商对渠道数字化有深刻的认知，愿意配合工作。在数字化初期，零售商的意愿是认知和利益共同作用的结果；在数字化后期，零售商的意愿受示范零售店的影响。对企业而言，在数字化初期，零售商的选择特别重要，企业应尽力做到"旗开得胜"。判断零售商的数字化能力强弱的标准主要是社区客情关系的好坏和动员力的强弱。

在连接用户初期，重点是把零售商的强关系变成深度连接。零售商与社区用户的强关系包括线下关系、社群关系。在数字化初期，并非所有零售商都愿意配合，也不是所有零售商都有数字化能力，只要有少数零售商愿意配合即可。KA 店的动员手段比较多，影响力也比较大。一个 KA 店既可以影响多个社区，也可以影响其他零售店。小型零售店受到的影响主要来自同社区中的其他零售店，因为彼此的用户有交叉。只要一个零售店的运营效果好，就可能造成同社区中不同零售店的销量"此消彼长"，从而带动其他零售店参与数字化转型。

2. 厂家和经销商的移动团队"参战"

深度分销团队在开展深度分销工作时，既可能顺利开展连接用户的工作，也可能本职工作和深度分销工作都很难开展。连接用户是一项"短平快"的工作，不能分心，因此人员布局需要"加码"，如让厂家和经销商的移动团队"参战"。数字化转型的一线工作往往不难，但稍有不慎就可能造成灾难性后果，因为一线人员往往对数字化转型比较陌生，即使对其进行培训，也收效甚微。比

较好的解决办法是让一线人员跟着有经验的人员多做几遍。移动团队就是有经验的团队，能够起到带队的作用，是一股支援零售店的力量。移动团队"参战"的效果通常可以在短期内反映在销量上，这有助于赢得零售商的好感。此外，移动团队还是一支打"运动战"的队伍。"运动战"强调以空间换时间，集中优势兵力各个击破。移动团队可以一年"转战"多个市场，这样效率会更高。

3. b端隐性触达、连接用户

b端隐性触达、连接用户的方式主要有bC双码、bC小程序和KA店直播。其中，bC双码以产品为触点，bC小程序以人和场景为触点。企业如果把触达、连接用户视为一项独立的活动，那么用户可能产生反感；如果以利益为"诱饵"，用bC小程序连接用户，那么用户可能在获得利益后删除小程序。因此，企业不应把触达、连接用户视为一项独立的活动，而应将其与传统的终端推广活动（如促销活动）绑定。在此基础上，只要增加一两个连接动作，企业就能连接用户。用户购买产品后的扫码率很低，而且让用户扫码的代价很大。KA店几乎每周都有促销活动，如果把促销活动与扫码结合起来，配合导购的现场动员，把活动方案融入现场促销，促销活动就变成了连接动作。在促销活动中增加一两个连接动作即可连接用户。如果促销活动的效果不错，就可以增强b端的重要性。

除了bC双码和bC小程序，连接用户的方式还有KA店直播。厂家进行KA店直播，除了可以利用KA店的流量，还可以采用其他引流方式。KA店比较适合用直播的方式连接用户，而且直播本来就能与用户基于场景进行自然连接。

以人为触点连接用户的方式对KA店的导购和小型零售店的店主、店员特别有效。例如，社区团购就是一种用bC小程序连接用户的方式。平台和厂家都可以发起社区团购，这对新品推广、节假日礼品销售非常有效。小型零售店的促销活动比较少，只要开展促销活动，往往就会非常有效。此外，小型零售店的店主与社区用户的关系比大型零售店的店主与社区用户的关系更紧密，他们与社区用户的互动更频繁，社区用户对他们的信任度也更高。总的来看，b端隐性触达、连接用户的3种方式以人（如店主、导购）、货（产品）、店（场景）为触点，人、货、店是连接用户的三大"超级触点"。

4. 厂家私域赋能b端

连接用户不能让b端"唱独角戏"，否则厂家、经销商就没有了与b端博弈的筹码。如果b端占据优势地位，营销推广就会比较困难。厂家（尤其是有一定品牌影响力的厂家）有私域流量，这是一种潜在的优势，厂家可以通过LBS技术把私域流量引向特定的零售店。私域流量具有杠杆作用，在被引向特定的零售店后，私域流量可以产生增量。增量是撬动零售店存量的杠杆。

除了厂家的私域流量，另一种具有杠杆作用的流量是区域IP的流量，如本地网红的流量。这种流量可以在短时间内发挥杠杆作用，产生流量加持的效果。单店社群的前期运营方式主要是把零售商的强关系变成深度连接，从而激活C端；其后期运营方式主要是利用C端流量产生增量，从而激活零售店。

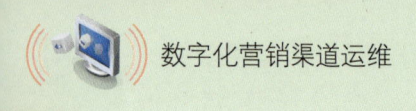

有人可能问:"b端和C端相互激活是不是'左手倒右手'?"b端和C端相互激活的关键是增量。增量从哪里来?一是厂家的私域流量;二是社交平台的流量(可以在短期内购买);三是区域IP的流量(可以在短期内购买);四是在厂家进行线下动员和社群动员时,社区用户交叉所带来的流量。如果没有增量,b端和C端就难以相互激活。

6.2.2　让数字化效果倍增的隐性连接

最理想的数字化是在用户不知不觉的情况下进行的,而且用户可以获得数字化的利益。企业应该把数字化工作融入日常工作(如日常推广活动、日常导购活动)中,或者把数字化工作设置成日常工作的环节之一,以减轻用户的负担。例如,西贝莜面村通过移动支付、客访系统、在线点餐、外卖接单平台、"天罗地网"系统实现了用户数字化,连接了1000多万名用户。

通过体验来连接用户是一种非常有效的方法。西贝莜面村的亲子活动就是一个典型的例子,该活动既深化了商家与用户的关系,又在商家与用户之间建立了数字化连接,还发展了约12万名会员。通过体验,用户可以形成对产品的认知和认同,商家可以与用户建立连接。

6.3　高频激活用户与用户黏性

在商家与用户建立技术连接后,如果用户不够活跃,商家就需要激活用户,与用户建立深度连接。

如图6-2所示,数字化用户运营的全套流程是"用户触达→用户连接→用户激活→用户留存(或再激活)→增强用户黏性→用户转化"。

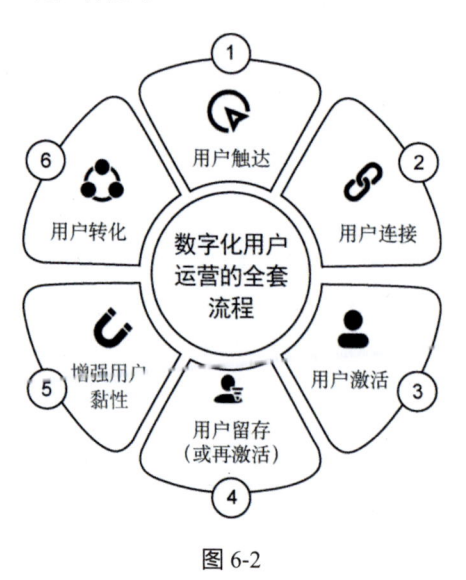

图6-2

在上述流程中，用户连接有特定的场景要求（因为用户有被动性），一旦离开连接场景，用户就可能把商家忘了，这是很正常的现象。用户激活是指让用户把登录、浏览、点赞、评论、下单等行为变成主动行为，甚至养成习惯。最初，习惯可能是在外力作用下养成的。少数用户可以主动完成激活，多数用户需要借助外力完成激活。

6.3.1 用户没有被激活，就会"沉底"

与用户激活截然相反的状态是用户"沉底"。

目前，连接用户主要有以下两种技术手段：一是 App，二是小程序。因为单一品牌运营 App 比较难，所以大部分企业主要依靠小程序连接用户。过去，有人提出过一个问题："如果所有企业都有小程序，会出现什么情况？"如今，现实已经给出了答案——在微信首页的下滑页面中只显示用户最近使用的 8 个小程序，其他小程序都"沉底"了。小程序的数量太多，占据最佳位置的难度很高。如果某个小程序没有占据最佳位置，用户就需要搜索或在众多小程序中寻找该小程序。虽然商家与用户建立了技术连接，但是用户看不见、想不起、找不到商家，这种连接实际上是无效的。用户激活与用户连接同等重要，只有被激活的用户才是有效用户。用户激活工作不是一次性的，对于某些品类或产品的用户，用户激活工作需要持续进行下去。

1. 用户激活的两个关键点

用户激活是指用户在一定的时间窗口内完成关键行为。判断用户是否被激活有以下两个关键点。

1）时间窗口

用户激活的时间窗口可以由平台设定，不同品类、行业的平台设定的时间窗口有较大的差别。

2）关键行为

用户激活的 3 种关键行为如下：(1) 登录行为，即用户在与商家建立连接后再次登录平台；(2) 交互行为，即用户在平台中点赞、留言等；(3) 交易行为，即下单。商家可以综合判断上述关键行为。例如，交互行为和交易行为是由用户主导的行为，做出这些行为的用户可以视为被激活的用户。又如，虽然用户没有做出交互行为或交易行为，但是只要用户做出登录行为的次数超过设定次数，就可以视为被激活的用户。

判断用户激活手段的有效性的标准是其是否有助于用户养成习惯，能否让用户看得见、想得起、找得到平台。

2. 用户留存（或再激活）

App 中涉及用户留存的问题；F2B2b2C 模式的技术手段主要是小程序，不涉及用户留存的问题，只涉及用户再激活的问题。用户再激活的关键点有以下两个：一是时间窗口，二是关键行为。用户再激活的时间窗口、关键行为可能与用户激活的时间窗口、关键行为不同。只要用户没有在时

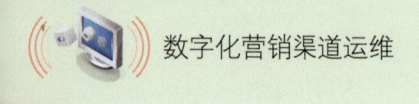

间窗口内完成关键行为，就需要进行用户再激活。在线上再激活用户的难度较高，在线下和社群再激活用户是主要方法。

3. 谁来激活用户

F2C 模式（或 B2C 模式）只有 1 个运营主体——厂家（或经销商），该运营主体只能采用线上激活的激活手段。F2B2b2C 模式有 3 个运营主体（又称激活主体）——厂家、经销商、零售商，这些运营主体可以采用多种激活手段。厂家和经销商只能采用线上激活的激活手段，而且需要提前确定怎么划分激活权限；零售商以线下激活、社群激活为主要的激活手段。相比之下，线上激活比较被动，线下激活、社群激活更积极主动，也更有效。

6.3.2 用户激活手段

F2C 模式和 B2C 模式的用户激活手段有限，只有线上激活。F2B2b2C 模式的用户激活手段非常多，大致包括线上激活、线下激活、社群激活、KOC 激活、用户相互激活、体验激活等，可以实现线上、线下融合。

1. 线上激活

对于线上激活用户，私域流量体系有比较完善的 MarTech（营销技术）工具，主要包括推送优惠券和推送提醒。在线激活是一种试探性的激活手段，根据用户画像来确定或调整试探措施。具体方法是先把用户状态和试探措施编制成特定的程序，再通过 MarTech 工具完成推送。在线激活具有营销自动化"千人千面"的优点；其缺点是只要用户不登录平台，商家就找不到用户，即使采取再多的试探措施也没用。

2. 线下激活

F2B2b2C 模式是线上、线下融合的模式，线下推广活动和店主、店员、导购的一对一互动有助于完成用户激活工作。线下激活的最佳结果是用户下单，以及用户在下单后多次登录平台。线下推广活动通过"货"和"店"来激活用户，一对一互动通过"人"来激活用户。在普通的线下推广活动中运用数字化技术，不但可以批量激活用户，而且可以形成示范效应。集中地激活用户往往比分散地激活用户更容易。

3. 社群激活

通过社群激活用户的方式与通过社群连接用户的方式相似，即通过强化用户登录平台后的交互行为、交易行为来培养用户习惯。社群已经成为商业的基本工具，具备商业价值的社群被称为价值群。价值群凝聚了小众用户，是用户裂变的阵地，因而私域流量体系很重视价值群。社区社群是大众用户的集中地，单店社群渐渐成为社区社群的社交主阵地。小型零售店店主的大众用户群和 KA 店店员（导购）的品类用户群对社区用户有较大的影响力，社区用户也可以通过社群进行相互激活。社群除了能连接用户，还能激活用户、推广活动，用户激活和活动推广相结合是一种很好的激活手段。

4. KOC 激活

只要有用户在线，用户中就会出现 KOC。KOC 通常是黏性很强的用户，其价值体现为可以在线下、社群、线上之间无缝转换。KOC 虽然是用户，但是他们的价值与 b 端类似，可以被视为"隐性 b 端"。在线下，KOC 与其他社区用户有强关系；在社群中，KOC 与其他社区用户有强互动。KOC 的商业影响力体现在他们可以把线下的强关系和社群中的强互动转化为线上的强影响力，如激活用户。

5. 用户相互激活

F2B2b2C 模式特别强调用户密度。当达到一定的用户密度以后，用户就可以在线下、社群相互渗透，进而实现用户相互激活。用户相互激活可以被设计成固定的模式，如团购就是一种用户相互激活的模式。

6. 体验激活

近几年，很多企业都意识到了体验的重要性。有些企业尝试改变零售场景，把零售场景变为体验场景。虽然这样做的难度比较高，但是有些企业已经在朝着这个方向努力了。例如，胖东来要求局部地区的销售人员只能做推荐体验动作，不能做推销动作。此外，还有不少企业自建体验店，这些体验店不以销售产品为直接目的，而是把用户体验放在首位。无论是工业社会的大众媒体传播，还是信息社会的自媒体传播，都是通过不断重复来强化用户认知的。若体验的认知强度足够高，则只需要一个体验动作，就可以把用户触达、用户连接、用户激活、用户转化甚至用户裂变等工作全部完成。

体验的缺点是效率低，积累用户的速度比较慢。因此，体验一般不面向普通用户，而是面向 KOL、KOC。在体验过程中，商家可以把线下传播、社群传播、线上传播结合起来。KOL、KOC 本身就在社群和线上有一定的影响力，通过体验活动，他们可以帮助商家实现用户激活、用户裂变。总之，体验激活是一种效果很好的用户激活手段。

6.3.3　保持用户黏性的 3 个关键因素

无论是私域流量模式还是渠道数字化模式，都曾受到质疑：单一品牌的用户黏性较弱，远不如电商平台的用户黏性强。没有黏性的用户终将"沉底"，一旦用户"沉底"，商家就要再激活用户。要想摆脱反复激活用户的困境，商家必须在激活用户后让用户形成黏性。电商平台的用户黏性源于近乎无限的全品类 SKU。尽管如此，电商平台的集中倾向仍然非常明显，小平台的生存环境非常艰难。

用户购买单一品牌的产品的频率通常不高。保持用户黏性的核心是交易频率。如果单一品牌的交易频率不高，其用户黏性就不会太强。用户的关键行为按照重要性从低到高的排序为"登录行为→交互行为→交易行为"。我们可以把这 3 种行为视为保持用户黏性的 3 个关键因素。

规模较大、用户黏性较强的平台主要有以下 4 类：（1）综合购物平台，如淘宝、拼多多、美团

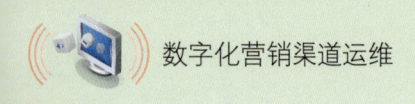

等，因为品类多、品牌多、SKU 多，所以用户黏性强；（2）社交平台，如微信，因为社交是用户的高频需求，所以用户有黏性；（3）内容平台，如今日头条，获取内容也是用户的高频需求；（4）在线操控平台，如使用小米电器的用户通常会使用米家 App。

品牌商的数字化平台不能只是具有购物功能的单一平台，而应该是能够满足用户多元化需求的、形成用户黏性的综合平台。要想打造这样的平台，品牌商需要做到以下 3 点。第一，丰富产品品类。除了提供自有产品，品牌商还可以提供非竞争品类的产品。SKU 增加了，交易频率就会提高，用户黏性也会增强。第二，强化平台的社交属性。社交是用户的高频需求，强互动容易形成较强的用户黏性。购买同类产品、同一品牌的产品的用户往往有很多共性，由此可以产生两类社交：一是社区用户的社交，二是有相同价值观的用户的社交。第三，强化品牌的习惯属性。品牌不仅代表一种消费方式，还代表一种生活方式。对用户而言，购物不一定高频（如购买耐用电器的频率通常比较低），但生活习惯是高频的。例如，米家 App 就是因为用户的生活习惯而被高频使用的典型代表。

交易高频、社交高频、习惯高频是形成用户黏性的关键。实现交易高频的难度最大，因为在短期内很难提高用户的交易频率；一旦实现基于品类属性的社交高频和习惯高频，用户黏性就会特别强。优质的数字化平台应该是基于用户的生活习惯的平台，而不仅是基于交易的平台。

6.4 增加用户密度

在物理学中，密度是对单位体积物体的质量的度量；在数字化中，密度被赋予了新的含义。电商平台中没有密度的概念，即使有，也是线下交付的密度，不是交易密度。B2B 模式与线下相关，其交付过程涉及用户密度。一定区域内的用户密度越大、交付设施越靠近用户，交付周期就越短，交付成本也就越低。

6.4.1 先增加用户密度，再扩大用户规模

在用户密度较小的情况下，用户规模越大，交付成本越高，企业的损失也就越大，这意味着企业在每个区域内都没有足够强的竞争力；在用户规模较小的情况下，即使用户密度再大，企业也无法形成供应链的规模效应。可见，用户密度和用户规模都很重要。在 B2B 模式日趋式微的背景下，全国性平台多半消失或转型了。有的平台虽然布局全国，但是其区域性用户密度不够大。很多区域性平台虽然没有消失或转型，但其用户规模不够大，和供应链谈判的筹码不足。同样是线上、线下融合的模式，社区团购也证明了用户密度的重要性。在经历了市场的洗牌后，生存下来的社区团购平台有以下两类：一是有一定用户密度的区域性平台；二是既有全国性用户规模，又有区域性用户密度的平台。我们可以发现，有些平台撤出了用户密度较小的区域，聚焦于有用户密度优势的区域。

线上、线下融合，最终的胜利者是既有用户规模，又有用户密度的企业。从全国的角度来看，企业要有用户规模；从区域的角度来看，企业要有用户密度。那么，企业应该先增加用户密度，还是先扩大用户规模呢？先扩大用户规模（大面积布局），再增加用户密度的前提是企业能够承受用户密度变大之前的亏损。电商平台的选择是前期不考虑用户密度，先扩大用户规模。有了资本的加持，越敢于承受亏损的企业，往往越被资本方看好。

传统企业的数字化和电商平台的数字化不一样。传统企业应该先找到增加用户密度的模式和示范区域，然后迅速扩大滚动复制的范围，将成功模式迅速推向全国。只要形成了示范效应，渠道资源就会向用户密度大的企业迅速倾斜，这相当于利用渠道资源增加用户密度。特别是快消品行业的龙头企业，其在全国范围内的渠道资源很丰富，只要有可复制的增加用户密度的模式，实现全国性快速复制就不需要消耗企业太多的资源。

用户密度隐含着密度边界的概念，如全国性用户密度、大区域用户密度、小区域用户密度等。用户密度是相对于封闭的环境而言的，我们也可以理解为用户密度是有边界的。在现代社会中，很多人的工作半径和生活半径距离较远，特别是在一线城市中，这种现象更加明显。从工作半径的角度来看，有些人的工作地点和居住地点相距很远，上下班需要花好几个小时；从生活半径的角度来看，人们在日常生活中的各种行为（包括购买行为）一般遵循就近原则。渠道数字化的最小经营单元是单店社群，单店是 b 端的最小单元，社群是 C 端的最小单元，社群用户密度就是 C 端最小单元的用户密度。一个社区中可以有多个小型零售店，一个 KA 店可以覆盖多个社区。也就是说，"单店"与"社区"并非一对一的关系。连接、激活用户要从单店社群入手，增加用户密度只能从社区入手。企业不仅要布局 KA 店，还要布局小型零售店，这样才能实现"多店成片"。"多店成片"的抓手仍然是单店社群，它是渠道数字化的最小经营单元，其重要性不可忽视。

6.4.2　用户密度阈值——华为的市场占有率"生死线"

2021 年，在华为推广鸿蒙操作系统时，该操作系统的开发负责人定下了"16%"这一市场占有率"生死线"。在商业领域中，"16%"是一个非常重要的用户密度阈值。阈值也被称为临界值，指的是产生特定效应的最低值或最高值。理解阈值需要抓住两个关键点：一是"产生特定效应"，如从量变到质变；二是"最低值或最高值"。例如，在标准大气压下，纯水烧到 100℃变成开水，即纯水变成开水是产生特定效应，100℃是产生该特定效应的最低值。理解用户密度同样要抓住两个关键点：一是用户密度能够产生什么特定效应，二是用户密度的最低值或最高值是多少。当用户密度达到某个阈值时，用户之间会相互影响，从而产生特定效应。华为的市场占有率"生死线"是营销学领域中一个非常重要的阈值。例如，对于新品推广，达到 16% 的普及率是非常重要的。

个体可以影响群体，但如果个体的数量太少，其对群体的影响就会非常小。当有某种观点或行为的个体的数量达到某个阈值时，其观点或行为对群体的影响会迅速扩大。很多理论描述了这种现象，如杰弗里·摩尔在《跨越鸿沟》一书中指出，要想让人们接受新技术或新产品，需要跨越一道"鸿沟"，当很多人跨越了这道"鸿沟"后，新技术或新产品的普及就会加速。又如，"飞机起飞曲线"理论也描述了这种现象。在起飞过程中，受跑道长度的限制，发动机必须在较短的距离和时间内把飞机向前的速度提高到指定值，因此发动机必须开足马力加速工作，这个过程的耗油量极大。在平飞过程中，空气动力可以对抗一部分重力，发动机不需要全力工作，只需要输出 50% 左右的动力。此外，飞行高度越高，空气密度越小，飞行阻力也就越小，因此平飞过程的耗油量比起飞过程的耗油量小得多。营销的初期阶段是说服个体的过程，速度很慢。当被说服的个体的数量达到某个阈值时，就可以产生群体效应。

在营销的初期阶段，企业可以把用户密度阈值定得高一点。特别是以单店社群为渠道数字化的最小经营单元的企业，其边界范围不大，投入的资源不多。关于渠道数字化的试错、试对、模式化复制，有人认为试错的目标之一是确定费用率上限和正循环周期。费用率上限与用户密度有关，用户密度越大，费用率上限越高。正循环周期就是产生群体效应的周期。

6.4.3　用户连接：有节奏的 3 轮用户激活

在数字化初期，用户以个体形式存在，用户积累是"做加法"。在达到一定的用户规模后，不仅用户之间会相互影响，用户与零售店之间也会相互影响，甚至会影响社区周边的用户和零售店。此时，用户积累不再是"做加法"。数字化初期的用户连接主要由 b 端推动；在达到一定的用户密度后，用户之间的相互影响可能成为主流。在深度分销初期，新品牌很难在零售店中铺货。当铺货率达到 1/3 时，有些零售店就会从铺货转变为点名进货。此外，较大的用户密度还能产生排他效应。

有用户密度优势的社区通常具有以下特征：高密度、高黏性、竞品"沉底"、竞品低密度。

有节奏的 3 轮用户激活如图 6-3 所示。

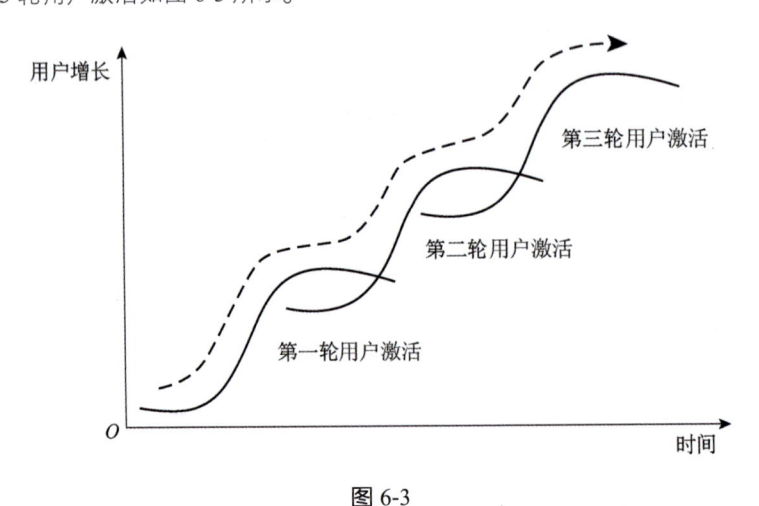

图 6-3

图 6-3 中有以下两个关键因素。一是节奏。推广力度要足够大，但不能一次性用完所有资源，

对资源的使用应该在试错、试对过程中逐步趋向合理。二是 3 轮用户激活。企业也可以根据实际情况进行 2 轮、4 轮用户激活。1 轮用户激活的效果有限，每轮用户激活的效果都要上一个新台阶。以上两个关键因素的结合是很重要的。推广新事物很难一次性达到用户密度阈值，一个推广大周期可以分成多个小周期，每个小周期内都有小高潮。用户的接受过程是反复的，这个过程既受个体认知的影响，也受群体认知的影响。用户数字化中同样存在这种现象：新用户被激活了，老用户又"沉底"了。当达到一定的用户密度时，被激活的用户超过"沉底"的用户，就意味着用户数字化进入正循环。如果竞品也在同社区中进行用户数字化，就可能爆发关于用户连接和用户激活的"拉锯战"。

6.4.4 社区用户密度从何而来

零售商数字化是把强关系变成深度连接，品牌商数字化是把强认知变成深度连接。根据"邓巴数"定律，一个人与他人维持稳定关系的上限是 148 人。也就是说，通过 b 端连接用户的数量是有限的，不足以形成社区用户密度。

社区用户密度从何而来？主要有以下 3 个来源：一是用户多主体来源，我们需要区分主要来源和辅助来源；二是多轮推广；三是多个零售店形成社区交叉覆盖。只有兼顾上述 3 个来源，才能形成较大的社区用户密度。

1. 用户多主体来源

对单店社群而言，在 F2B2b2C 模式中，零售店是连接、激活用户的主要力量。如果缺乏这股力量，社区用户密度就无法形成。特别是在早期的试点市场中，品牌商一定要选择有能力、客情好的零售店，这一点非常关键。单个零售店形成社区用户密度同样有困难，需要借助另外两股力量：一是品牌商的流量，二是公域流量。品牌商的流量主要包括品牌商的私域流量。公域流量既包括全国性流量（如社交平台的流量），也包括区域性流量（如区域 IP 的流量）。近年来，LBS 技术得到了广泛应用，定向投放全国性流量几乎不存在技术障碍。多种流量的叠加有利于形成较大的社区用户密度。

2. 多轮推广

美国学者埃弗里特·罗杰斯提出了"创新扩散模型"，他把创新事物的采用者分为创新者、早期采用者、早期追随者、晚期追随者、落后者。在创新事物扩散的早期，采用者很少，扩散速度也很慢；当采用者的占比提高到 10%~25% 时，扩散速度突然加快并保持这个趋势，即进入"起飞期"；当采用者接近饱和时，扩散速度放缓。整个过程类似于一条 S 形的曲线。用户接受新产品的规律决定了形成社区用户密度不能只靠一轮推广，而是需要多轮推广，即使用户连接工作有效，也需要反复推广。这是形成用户认知的必然要求。用户认知需要强化，如重复播放广告。每一轮推广都是一次对用户认知的强化。第一轮推广可能比想象中难，3 轮推广过后，可能就会感觉比想象中容易。

3. 多个零售店形成社区交叉覆盖

在社区中，零售店与用户并非一对一的关系，而是交叉覆盖的关系。一个用户可能去多个零售店购物，一个零售店可能覆盖多个用户，从而形成社区交叉覆盖，如图6-4所示。

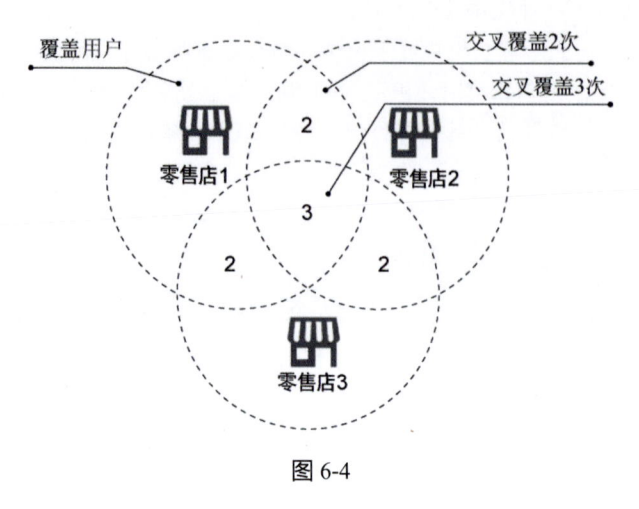

图 6-4

单个零售店连接、激活用户的数量是有限的，所形成的社区用户密度不够大。要想达到一定的社区用户密度，可以利用多个零售店在社区中形成交叉覆盖。社区交叉覆盖不但能解决社区用户密度不够大的问题，而且能强化用户认知。单个零售店做连接动作，用户可能有所怀疑；多个零售店同时做连接动作，用户认知可能发生转变。

6.5 产生有感增量

在数字化初期，包括经销商和零售商在内的渠道系统并不相信数字化可以起到其所认为的赋能作用，即产生增量。数字化如果既麻烦，又无法产生增量，就很难持续下去。通过"打胜仗"（激活单店社群）来增强信心，以产生增量为赋能的结果，这是在数字化中需要特别注意的细节。关于数字化对b端的赋能，有一个新概念——有感增量。有感增量的关键是"有感"。KA店有数据系统、财务系统，而大多数小型零售店没有这些系统，因此对于是否产生了增量，小型零售店的店主往往只能凭直觉回答。

6.5.1 只有产生有感增量，b端才会认同

"有感"是指对差别有比较明显的感觉。有时候，零售店虽然产生了增量，但是终端推广人员对增量无感，或者不把增量视为数字化的贡献。例如，终端推广人员经常说："没有完不成的销量任务，只有完不成销量任务的促销策略。"以传统渠道大单品为推广产品，即使产生了增量，终端

推广人员也不一定认为这是数字化的贡献，他们会认为用传统方法也能产生增量。把产生增量归功于数字化是数字化推广的要点。数字化推广早期的有感增量特别重要，它们是数字化有意义的证据。因此，在数字化推广早期，厂家需要聚集所有资源，开展能够产生巨大增量的推广活动。只要方法得当，推广活动就能产生巨大的增量。例如，通过推广活动，一个品牌一天的销量就能达到一个品类半个月的销量。又如，一个新品牌先在一个零售店中达到足够大的销量，再在一周内迅速影响一个乡镇中的所有零售店。

在一个社区中，流量是相对固定的。如果某个零售店产生增量，其他零售店的存量就可能减少，因此用一个零售店的增量激活同社区中的其他零售店也是一种激活方式。

在传统零售的线下流量整体呈下降趋势的情况下，增量弥足珍贵。厂家过去的推广活动是在零售店既定的份额中瓜分存量，是对内部份额的再分配。如果厂家能给零售店带来增量，零售店就会把存量分给厂家；如果厂家只想瓜分零售店的存量，零售店就会提高使用存量的门槛，如设置更高的堆头费。过去，厂家与零售店在零售店有增量的情况下合作；现在，双方在零售店的存量减少的情况下合作。厂家给零售店带来增量，零售店用存量交换，增量成了撬动零售店存量的杠杆。存量在店内，增量在店外。通过数字化，b端不但能连接店外用户，而且能在三度空间中与用户建立关系，可以具备一定的引流能力。从某个角度来看，数字化运营就是创造增量。在"双私域"模式中，厂家的增量等于零售店的增量。

6.5.2 数字化为什么能产生有感增量

传统零售店产生增量的方式有限，只能频繁使用促销手段。当多个零售店反复使用促销手段时，很难产生增量，只能改变增量在一定时间内的再分配情况。数字化为什么能产生有感增量？因为数字化带来了新用户、新产品、新场景，以及更高的用户下单频率和多元主体引流方式。

1. 新用户

在传统零售中，小型零售店没有太多的引流手段，其用户相对固定；KA店虽然有直邮广告等引流手段，但是很难入户推广。借助LBS技术，数字化不但可以向特定b端定向引流，而且支持多元主体引流。

2. 新产品

对于销售新产品和低频产品的b端，数字化相当于为其提供了更多的SKU，每个SKU都可能产生增量。需要注意的是，对F端和b端而言，新产品的含义不同：对F端而言，新产品是刚上市的产品；对b端而言，新产品是未上架的产品。

新产品和低频产品容易产生有感增量。通过传统渠道推广新产品，厂家往往没有抓手。以数字化为抓手推广新产品，只要产品合适，推广速度就可能远远超过传统渠道。通过传统渠道推广新产品的难点是"渠道的层层否决"，渠道中的每个环节都对新产品有否决权，因此经常出现用户还没有看到新产品，新产品就在某个环节被否决的情况。实现数字化后，在F2C模式或B2C模式下，用户可以直接看到新产品,并决定新产品好不好。除了推广新产品,另一种产生有感增量的方法是线上推广低频产品。小型零售店一般不敢销售低频产品。其实,低频产品毛利高,可以采用 F2C 模式或 B2C 模式进行线上推广。之所以新产品和低频产品能产生有感增量,是因为它们能创造独立的、不影响线下存量的增量。

3. 新场景

线下存量是旧场景,线上增量是新场景。线上店是"永不关门的商店",用户可以随时下单。线上增量来源于对电商的分流,以及用户因为觉得方便而产生的高频下单行为。在数字化初期,用户对线上下单不够熟练,甚至有抵触心理。在这种情况下,线上动员、社群动员、线下交易可能是更有效的方法。

F2B2b2C 模式是线上、线下融合的模式,无论是线上增量还是线下增量,都是增量,只不过产生线上增量需要使用数字化工具。线上货架的利益分配原则是根据流量入口分配利益,这令零售店对增量的感觉特别明显。

4. 更高的用户下单频率

在形成用户黏性后,用户与平台交互的频率会提高,其下单的频率也会提高。在产品更丰富的情况下,用户更容易产生需求。数字化带来了新场景,用户可以在新场景中看到更丰富的产品,用户的需求变得更多、更强烈,因此下单的频率更高。

5. 多元主体引流方式

存量在店内,增量在店外。已经进店的用户购买产品,这是存量;未进店的用户进店,这是增量。传统的动销动作基本上是存量动销动作(如堆头、导购、促销等),往往局限于"最后一米",只有把用户引流到终端,这些动销动作才有效。数字化的重要作用之一是引流,特别是从线上向线下引流。传统零售的模式是众多厂家瓜分零售店的流量,在实现数字化后,多元主体可以为零售店引流,如图 6-5 所示。

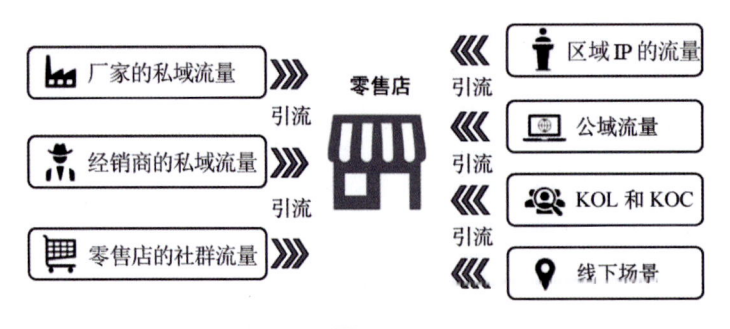

图 6-5

(1)厂家的私域流量。借助 LBS 技术,厂家的私域流量可以为零售店引流。品牌知名度越高的厂家,其引流能力越强。

（2）经销商的私域流量。有些经销商有自己的私域平台系统，有些经销商进行多品类经营。不同于厂家的私域流量，经销商的私域流量可以借助 LBS 技术实现定向引流。

（3）零售店的社群流量。许多小型零售店的店主（店员）、大型零售店的店员（导购）与用户建立了社群，而社群动员是数字化的。线下强关系、社群强互动、小程序便利下单是对线下、社群、线上的职能界定。与线上动员相比，社群动员的互动性更强，群成员之间能够相互影响。只要群主的"人设"好，其动员能力就强。

（4）区域 IP 的流量。区域 IP 的流量是纯粹的增量。在厂家眼里，网红等区域 IP 的流量已经成为公域流量，把这些流量引向特定的零售店可以产生较大的增量。例如，有的企业采用邀请网红探店的方式，引流效果很好。

（5）公域流量。腾讯、今日头条等平台的公域流量很大，企业可以用商业化的方式把公域流量引向特定的零售店。例如，某企业与腾讯合作，采用"小程序（通过其构建线上网络）+LBS（定向引流）+腾讯优码（一物一码）"的方式，把公域流量引向特定的零售店。

（6）KOL 和 KOC。KOL 和 KOC 主要活跃于线下、社群，他们可以为零售店引流，从而产生增量。

（7）线下场景。重视增量不能放弃存量，否则增量就无从谈起。越想产生增量，越不能忽视存量动作，存量动作与增量动作相结合会更有效。存量动作主要在线下场景完成，这需要消耗大量的人力。如果能让更多的线下人员参与线下动员，就可以产生更好的效果。

典型案例

"增肌"的李宁与中国品牌成长的逻辑

我国的商业领域中有以下两条规模化成长的路径：一是成为大企业，二是成为大品牌。前者对应外生力，通过资本扩张实现体量上的快速膨胀；后者对应内生力，自力更生，不仅需要规模效应，还需要持续盈利能力。

"我一直希望做一个中国的运动品牌，"李宁在某采访节目中说，"以我过去的经验来看，做一家能赚钱的公司不是很难，但做成一个品牌真的很难。新生代成长起来了，他们愿意支持国货，给国货品牌发展的空间。"

对品牌而言，在商业世界中，除了规模，还有一些有价值的东西。品牌需要找到适合自身的复利曲线和模式，找准自身的价值定位。

成立 30 多年的李宁经历了以下 4 个阶段的竞争，最终回归品牌的价值定位，确立了品牌的复利增长模式。

品牌初创阶段：1990—2003 年，李宁以品牌化形象填补市场空白，在与由 OEM（定牌生产）起家的"晋江系"品牌的竞争中快速崛起。

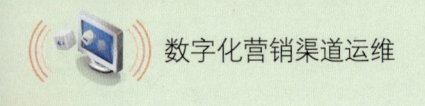

品牌发展阶段：2004—2008 年，以在港交所上市为新起点，李宁在专业化、国际化的道路上高速发展，赞助中国奥运代表团出征雅典奥运会，签约 NBA 知名球星，成为 NBA 官方市场合作伙伴，并逐步建立李宁运动科学研究中心，增强品牌的专业科技实力。

品牌转型阶段：2009—2013 年，在行业周期波动的大背景下，李宁开始进行渠道变革，由批发模式向零售模式转型，经历了低谷阵痛期。

品牌焕新阶段：2014 年至今，李宁不断升级"李宁式体验价值"，通过"三大聚焦、六大效率"，打造"肌肉型企业体质"，带动品牌重回增长高位。

在较短的时间周期内，品牌的成长或许可以归功于外部的红利。只有把时间轴拉长，我们才能明白商业世界的客观规律。它告诉我们，品牌从发展到成熟，必须克服路径依赖，并迭代出全新的形象。

在不断涌现的、借着时代和资本的红利崛起的新品牌中，只有真正相信和尊重商业世界的客观规律、敢于直面现实的品牌，才能蜕变成真正的大品牌。

拓展阅读

许多人为用户拉新而头疼，其实比用户拉新更难的是用户激活，因为只有把用户激活了，拉新才有价值和意义，后续的成交、用户裂变才有可能实现。然而，许多社群、平台的用户成了一次性用户。

在激活用户时，以下 5 种激活手段比较常见。

1. 福利激活

福利激活又称优惠激活，是很常见、有效的激活手段。无论是在线下实体店还是在线上店中，当商家推出折扣、买赠等活动时，用户很可能被吸引，进而产生消费欲望。例如，一些外卖平台推出"天天神券"等活动。这些活动主要有以下两种作用：一是提醒用户用优惠券消费；二是用户一旦对此形成依赖，就会养成习惯，持续使用优惠券。

2. 荣誉激活

从小到大，我们的成长环境中不乏荣誉激励，如学校中的奖状、职场中的评优等。此外，荣誉激励在游戏中也特别常见，如不同的身份、等级、徽章等。在代理运营中，聘请代理（用户的一种形式）担任讲师，为代理制作相关的工牌、证书、荣誉墙和有意义的纪念品，能够激发用户的荣誉感，从而激活用户。

3. 稀缺激活

越是大多数用户都能得到的产品，价值越低，也越难激活用户。电商平台中的秒杀频道、试用活动等就属于稀缺激活，这种激活手段强调限时、限量抢购，先到先得。在用户拉新活动中，如果前三名可以获得某种稀缺奖励,活动对用户的吸引力就会更强。

4．排行激活

有时候,只给用户利益是不够的,还要有比较。

个人排行:无论是用户拉新活动还是游戏,都可以展示个人排行。在看到自己的排行后,只要奖励有吸引力,一些用户就会产生自驱力,想要超越他人。

团队排行:在"双11"期间,淘宝会推出组建战队抢红包福利的活动。许多用户很喜欢这种"抱团"的活动,他们会产生更强的荣誉感。只要发现自己所在的战队落后了,一些用户就会努力赶超其他战队。

总之,这种激活手段可以激发用户的胜负欲。

5．养成激活

除了提供优惠的产品,养成激活也是一种提高用户活跃度的有效手段,如在平台中推出种树、养鸡、钓鱼、喂牛、储蓄等养成类活动。这种激活手段有以下两种作用:一是让用户在参与活动的过程中产生目标感,如兑换一箱奶、免费获得10斤鸡蛋等;二是提高用户的放弃成本,当用户看到自己与目标之间的距离越来越近时,只要激励措施合理,用户留存在平台中的时间就会更长。

职业技能训练

一、判断题

(1) 单店指的是零售店,社群指的是围绕零售店聚集起来的一群有关联的用户。 ( )

(2) 有用户密度优势的社区通常具有以下特征:高密度、高黏性、竞品"沉底"、竞品低密度。 ( )

(3) 数字化用户运营的全套流程是"用户触达→用户连接→用户激活→用户留存(或再激活)→增强用户黏性→用户转化"。 ( )

(4) 交易高频、社交高频、习惯高频是形成用户黏性的关键。 ( )

(5) 零售商数字化是把强认知变成深度连接,品牌商数字化是把强关系变成深度连接。( )

二、单项选择题

(1) 判断用户是否被激活的两个关键点是什么?(   )

　　　　A．时间窗口、关键行为　　　　　　B．时间窗口、渠道数据

　　　　C．产品激活、渠道数据　　　　　　D．浏览量、关键行为

（2）用户的关键行为按照重要性从低到高的排序为（　　）。

　　　　A．登录行为→交易行为→售后行为　　B．交互行为→交易行为→售后行为

　　　　C．登录行为→交互行为→交易行为　　D．登录行为→交易行为→分享行为

（3）渠道数字化的最小经营单元是什么？（　　）

　　　　A．单元社区　　　B．社群　　　C．单店社群　　　D．社区

07

第七章
绘制数字化全景图

数字化营销渠道运维

【知识目标】

- 了解数字经济的内涵；
- 掌握信息化与数字化的基础要素；
- 了解企业数字化转型行进路线；
- 掌握绘制数字化全景图的方法。

【能力目标】

- 能结合企业实际选择合适的数字化闭环；
- 能掌握构建数字化闭环的方法。

【素养目标】

- 培养学生的数字化思维和能力；
- 引导学生践行社会主义核心价值观；
- 培养学生的团队精神和职业道德。

【思维导图】

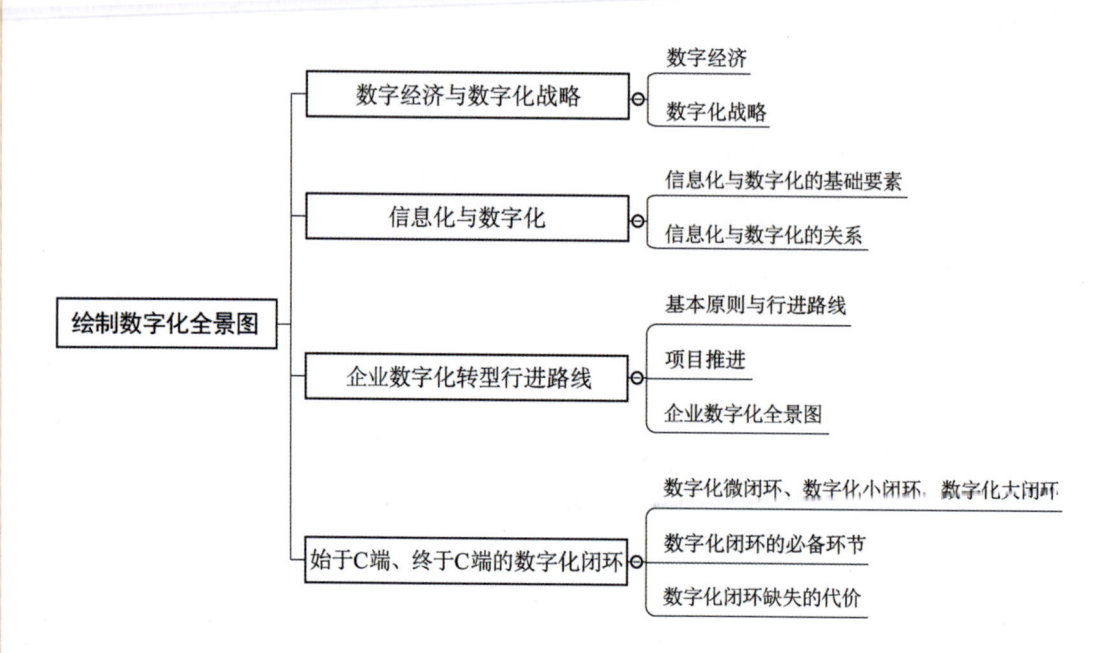

```
                           ┌─ 数字经济
         ┌─ 数字经济与数字化战略 ─┤
         │                 └─ 数字化战略
         │
         │                 ┌─ 信息化与数字化的基础要素
         ├─ 信息化与数字化 ───┤
         │                 └─ 信息化与数字化的关系
绘制数字化全景图 ─┤
         │                       ┌─ 基本原则与行进路线
         ├─ 企业数字化转型行进路线 ─┤─ 项目推进
         │                       └─ 企业数字化全景图
         │
         │                              ┌─ 数字化微闭环、数字化小闭环、数字化大闭环
         └─ 始于C端、终于C端的数字化闭环 ─┤─ 数字化闭环的必备环节
                                        └─ 数字化闭环缺失的代价
```

第七章 绘制数字化全景图

【引导案例】

1. 林氏家居的"快时尚"

作为家居领域的领军品牌，林氏家居以用户数据为依托，形成了家居领域的"快时尚"模式。通过数字化手段，林氏家居在获得用户需求后，最快仅需30天即可完成产品上线，这在行业内堪称神速。2023年，林氏家居月均开发225件全新产品，刷新了家居产品的更迭速度，充分展现了其在家居领域的实力和创新能力。

"快时尚"概念起源于20世纪的欧洲，以低价、款多、量少、快速为特点，旨在为用户提供当下流行的款式和元素。"快时尚"的核心不在于低价、款多、量少、快速这4个关键词，而在于围绕这4个关键词构建的运营体系。

一些"快时尚"品牌通过派出大量设计师捕捉流行的设计元素，做到了"款多"这一点，然而这种方式往往涉及仿款、专利诉讼等问题。林氏家居依托用户数据，根据用户需求快速开发产品，既做到了"款多"，又解除了后顾之忧。同时，在已经推出的产品成为"爆款"后，林氏家居能够迅速推出新品，以保持持续的竞争力。

2. 韩都衣舍的"三人小组"

在数字化过程中，韩都衣舍独创了一种"以产品小组为核心的单品全程运营体系"的运作模式，又称"三人小组制"。"三人小组"一般由设计师、页面制作员、库存管理员组成，拥有款式设计、宣传展示页面制作、定价、库存等方面的重要决策权，其绩效由产品销售额、成本、毛利率、库存周转率等指标决定。这种运作模式在早期数字化不完善时比较有效，其优点是闭环小团队的工作效率非常高，能够快速响应用户需求，而且实现了全员参与经营，闭环小团队的积极性很高。

"三人小组"是一个闭环小团队，其运作需要借助大量的公共平台，如新版产品可能需要从设计师平台或其他渠道购买，生产需要依靠OEM系统，销售需要借助电商平台等公共平台。韩都衣舍的"三人小组"证明，借助各类公共平台形成闭环，可能比借助没有实现数字化的内部职能部门来响应用户需求的速度更快。

3. 三只松鼠的"人店合一"

三只松鼠是典型的"淘品牌"，其自2019年起加快布局线下市场，并制订了在2025年前开设1000家大型直营店铺"投食店"和10 000家小型加盟店铺"联盟小店"的发展计划。与传统零售店相比，三只松鼠的"联盟小店"在销售策略方面具有独到之处。在传统零售业中，店铺的销量主要取决于3个因素，分别为店铺的地理位置、营业面积和店主的经营管理能力。"联盟小店"更注重品牌影响力、产品品质、消费者的互动体验。通过提供优质的产品和服务，"联盟小店"吸引了许多目标消费者，并打造了独特的品牌形象。

"联盟小店"的营业面积较小、产品种类有限，传统的销售方式对其销量有一定的限制。为了突破这种限制，"联盟小店"采用了"双IP"策略。在该策略中，"三只松鼠"是"大IP"，"联盟小店"

的店主被打造成"小IP"。"双IP"具有强大的影响力,"联盟小店"的商业范围得以扩大。

借助在线上形成的全国性品牌势能,三只松鼠能够很好地帮助"联盟小店"的店主解决店铺的客流量问题和消费者的消费认知问题。店主可以通过个人服务(如良好的服务态度、有趣的沟通话术等)与消费者互动,这种互动是非标准化的,倾向于感性的深度连接(强关系)。一方面,店主把三只松鼠视为与消费者建立深度连接的媒介,进而构建"本地生活圈",把消费者纳入自身的"流量池";另一方面,店主自带一定的社交流量,这些流量有助于提高三只松鼠的产品销量。在这个过程中,三只松鼠和店主共享"流量池"内的流量,最终形成商业闭环。

"人店合一"是三只松鼠打造的数字化微闭环,它意味着店主不仅要经营零售店,还要经营社群、组织团购。店主是"小IP",可以通过社群、微信小程序、团购等渠道发挥其影响力。

【案例分析】 数字化微闭环有两种模式,分别为电商模式(B2C模式)和私域流量模式(F2C模式)。这两种模式都属于DTC模式,其涉及的环节比较少,大多数环节需要借助公共平台来实现。上述3个案例都涉及数字化微闭环。

7.1 数字经济与数字化战略

7.1.1 数字经济

数据已成为关键的生产要素,数字经济也因此成为未来的发展方向。从宏观层面来看,数字经济是继农业经济、工业经济之后的主要经济形态,是高质量发展的助推引擎。数字经济是以数据资源为关键要素,以现代信息网络为主要载体,以信息通信技术融合应用、全要素数字化转型为重要推动力,促进公平与效率更加统一的新经济形态。

党的十八大以来,党中央高度重视发展数字经济,将其上升为国家战略,数字经济已经成为把握新一轮科技革命和产业变革新机遇的战略选择。数字经济发展速度之快、辐射范围之广、影响程度之深前所未有,正在成为重组全球要素资源、重塑全球经济结构、改变全球竞争格局的关键力量。数字经济正在深刻地推动生产方式、生活方式和治理方式的变革。

2024年,中国数字经济创新发展大会上发布的《中国数字经济发展指数报告(2024)》显示,2023年,我国数字经济规模达到53.9万亿元,数字经济占GDP比重达到42.8%,数字经济增长对GDP增长的贡献率达66.45%。

对企业而言,厘清宏观政策、认清发展趋势可以为制定、调整、优化企业战略提供科学依据和政策支撑。数字化战略是大中型企业战略的重要组成部分,同时,数字化转型也是大中型企业面临的重要课题之一。

7.1.2 数字化战略

企业战略的制定及修正要基于宏观政策、行业环境、业务方向和企业内部需求等多方面的因素。数字化战略是指企业综合利用信息和数字化技术等手段，实现对业务经营活动全生命周期的影响，包括辅助和支撑业务、驱动和引领业务的发展等。通过制定和实施数字化战略，企业可以实现业务正向作用最大化，进而打造持续、稳定、健康的盈利模型。

如图 7-1 所示，企业的数字化战略和业务战略的逻辑关系如下：数字化战略和业务战略都是在企业的整体战略框架下制定的，数字化战略的制定略晚于业务战略的制定，一是因为企业要基于业务战略制定数字化战略，二是因为数字化战略要超前于业务战略。数字化战略应该是可落地、可执行的方向性指引和结果性导向，必须从根本上确保信息化建设、数字化转型的顺利推进和企业的稳健、有序运转。企业数字化战略、企业数字化规划、企业数字化计划的区别如下：企业数字化战略指的是通过企业数字化，显著降低企业的经营成本，提高企业的盈利能力，实现健康、优质、持续发展；企业数字化规划指的是 1 年夯实信息化成果、3 年实现数字化转型、5 年完成从数字化向数智化的转变；企业数字化计划主要包括确定项目范围、制订项目计划、跟踪项目实施等内容。

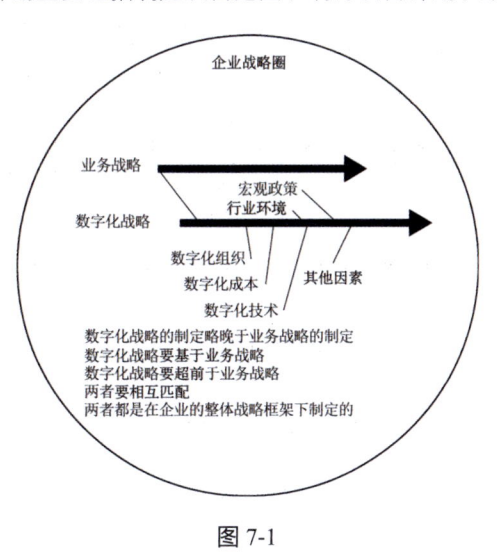

图 7-1

制定数字化战略的前提是参透数字化的本质。数字化的本质是实现从数据资源化向数据资产化、数据资本化的转变，从而完成从数据到价值的转化。

告别信息时代的成本中心，深度转化数据生产力，实现向利润中心迈进的关键因素是数据。数字化是信息化的延续和升级，并非断层式跨越。制定数字化战略包括以下步骤：企业内部开展业务调研、技术调研等，结合行业分析和环境分析，确定企业数字化转型的需求和目标，根据不同需求的优先级和目标分解结果，确定实施路径，设置里程碑和反馈机制，确保企业数字化转型全程透明、可控。

如图 7-2 所示，企业数字化战略包括以下内容：两个方面同时进行，一是对企业的信息化建设现状进行全面梳理，二是对行业和环境进行综合分析；根据梳理和分析结果，进行问题分析和需求挖掘，确定企业数字化目标；以该目标为导向，结合企业的信息化建设现状，反推实施路径和行进路线，同时在战略执行层面进行实时反馈，确保战略落地过程始终贯彻目标、不忘初心。围绕数据，完成数据的资源化梳理、资产化管理和资本化应用，是企业数字化战略的全部内容。数据来源于企业经营的全过程，除了包括数据库中的数据，还包括应用系统、流程及标准、架构、软件、硬件、组织及考核、会议纪要、多媒体资料等内容。数字化的目的是应用数据，如果不能有效盘活数据，数字化就是空中楼阁、水中捞月。企业实施数字化战略的重要任务之一是明确数字化目标，并通过该目标说服企业全员共同参与，从而确保数字化转型的顺利推进。

图 7-2

为了顺利推进数字化转型，企业需要完善相应的组织保障、人财支持、制度体系和技术体系等，确保按期实现既定目标。数字化的支撑体系如图 7-3 所示。

数字化的支撑体系是数字化战略落地实施的重要保障。外部环境因素的影响和企业内部的需求可以起到驱动作用；数字化战略可以确保目标方向的准确性和唯一性；组织保障、人财支持、制度体系和技术体系可以为数字化参与者提供后勤保障，确保他们能够始终保持最佳状态，充分调动他们参与数字化全周期的积极性。企业数字化战略可以概括为"五定"：定目标、定组织、定考核、定预算、定文化。

图 7-3

7.2 信息化与数字化

7.2.1 信息化与数字化的基础要素

如图 7-4 所示，企业信息化建设和数字化转型的全过程围绕 5 个基础要素展开，分别为业务、应用、数据、流程、资源，它们相互联系、相互支撑。

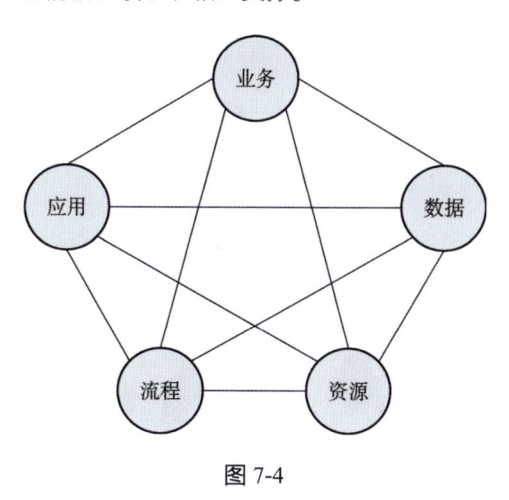

图 7-4

在上述基础要素中，业务是数字化的核心和目的；应用和数据是业务的数字化呈现，同时驱动和引领业务发展；流程、资源是应用和数据的支撑载体，流程是业务在应用系统中的具象呈现，资源承载应用和数据。这 5 个基础要素共同组成企业信息化建设和数字化转型的主体内容。

7.2.2 信息化与数字化的关系

从企业经营发展的全过程来看，利润是企业持续追求、从未改变的唯一目标。持续、稳定、健康的盈利模型是企业战略的核心和企业经营活动的动力源泉。信息化与数字化是企业经营活动中不可或缺的重要环节，为了实现目标，企业必须紧密围绕企业战略的核心来开展具体活动。在企业经营发展的过程中，信息化往往被视为成本中心，其价值没有得到准确量化，也没有给企业的经营发展带来质的飞跃。如何最大限度地挖掘信息化的价值，将其由成本中心转变为利润中心，是贯穿企业数字化转型和智能化落地的重要课题。从本质上来看，信息化与数字化并不冲突，两者的目标是一致、统一的。基于此，我们可以更好地理解信息化与数字化的关系。

如图 7-5 所示，企业的经营发展大致可以分为信息化、数字化、智能化 3 个阶段。在信息化阶段早期，企业主要通过信息系统辅助生产、提高生产效率，在完成系统建设的同时，保留了大量的企业数据。在信息化阶段末期（即现在），大数据、云计算、人工智能、物联网等新技术快速发展，早期信息化发展的局限性和瓶颈愈加明显，加之企业追求质量更高、速度更快的发展，这对信息化建设提出了更高的要求，企业数字化转型迫在眉睫。数字化是企业建立在信息化基础上的重大升级和自我革命，是指在优化信息系统的同时，最大限度地提高数据与业务的契合度，深度挖掘数据的价值，实现从数据辅助生产到数据指引生产的质变，同时准确量化信息化的价值，逐渐褪去其成本中心的"外衣"，显露其利润中心的内核。在数据与业务相互呼应的数字化阶段，企业实现数据引领业务发展，能够快速、科学、精准决策，最大限度地发挥信息系统和数据的价值。在数字化阶段后期，数据与业务互相渗透，信息系统借助新技术实现革命性升级，系统、数据、业务的科学组合支持自动化、智能化高效作业，解放劳动力，实现生产力质的飞跃，企业经营成本降低、利润持续增长，企业迈入智能化阶段。

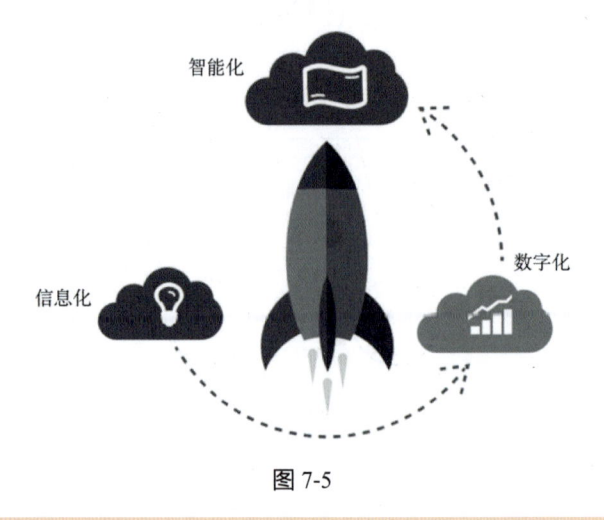

图 7-5

企业（尤其是大部分传统企业）在进行信息化建设的时候，往往面临很多制约因素，我们称之为信息化痛点。企业信息化是为企业高效经营服务的，或提高效率，或增加营收，或降低成本。多数企业的信息化建设整体滞后于业务发展，其信息化建设的速度难以匹配业务发展的速度；少数企业（向互联网化转型的大中型传统企业是这类企业的典型代表）的信息化建设速度过快，远远超过业务发展的速度。信息化设备的使用周期一般是 5 年，过度超前的信息化建设不仅会造成投资浪费，还会造成信息化资源的浪费，进而导致企业的经营成本提高，这与企业信息化建设的初衷是相违背的。对企业而言，信息化建设的关键是不能脱离业务或滞后于业务发展，既要有一定的前瞻性，又不能过度超前，企业需要对业务、技术、投资等多个方面进行综合考虑。总的来看，信息化建设和业务发展都要在企业的整体战略框架下进行，信息化建设要基于并适当超前于业务发展，为企业业务的快速发展提供助力和支持，避免超前规划和滞后发展。

数字化转型是指企业在信息化建设的基础上进行升级、创新、革命，通过对信息化资源进行深度整合、利用，建立 "1 个平台 +4 个中台"，共同支撑企业能力共享中心的运营管理，真正实现科技赋能、数字赋能。混合多云平台对基础资源进行全面整合、优化，为企业数字化转型、智能化落地提供安全、稳定、高效的基础保障平台；数据中台、业务中台是企业数字化转型的核心，通过业务数字化和数字业务化，实现数据与业务双向驱动，为企业系统升级、数字应用、工业互联网、智能制造等新场景提供切实可行的解决方案；技术中台为企业数字化转型提供技术支持，服务中台为企业数字化转型提供便捷、高效的服务支持，它们与混合多云平台一起为企业数字化转型提供能力支撑。企业数字化转型重点围绕数字发力，通过数据、算法、模型，以及它们与业务的有机结合，建立可量化实际价值的能力共享中心，引领、助力企业快速、健康、高效发展，实现持续盈利的目标。

7.3 企业数字化转型行进路线

7.3.1 基本原则与行进路线

企业数字化转型成功与否的关键在于驱动因素和导向指引。虽然很多企业开展过数字化转型，还有不少数字化转型方案供应商帮助企业制定数字化转型方案，但是能够真正发挥数字化的巨大效益转型的成功案例并不多。在开展数字化转型时，企业一定要坚持利益驱动、价值导向、目标导向的基本原则，如图 7-6 所示。

基于上述基本原则，我们可以把企业数字化转型行进路线（见图 7-7）概括为 "Go → Aim ← Go"，即两侧同时向中间（目标）推进。清晰的目标和明确的期待价值可以充分调动企业开展数字化转型的积极性、主动性。

图 7-6

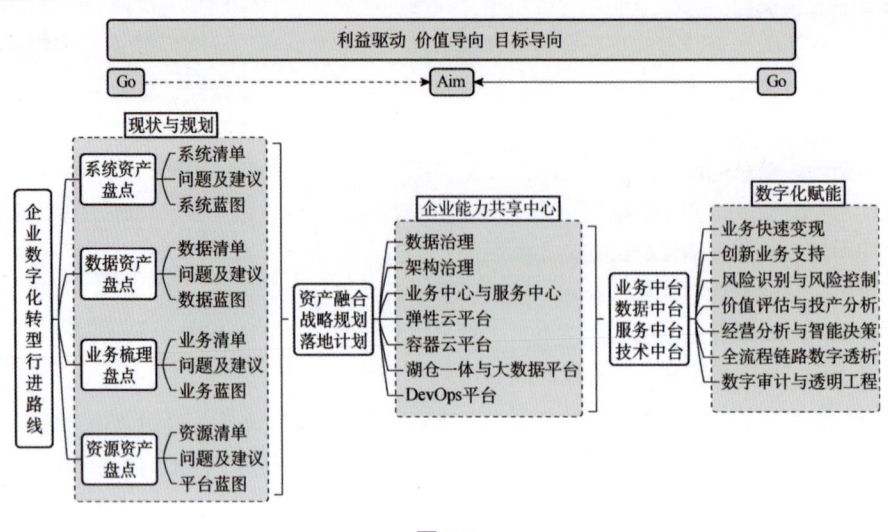

图 7-7

要想开展数字化转型，企业需要对自身的现状与规划有清晰、深刻的认识，包括对系统资产、数据资产、业务板块及业务线、资源资产等方面进行盘点、梳理，并通过深入的调研和沟通，输出各种清单、问题及建议、需求，进而绘制数字化蓝图。同时，企业要通过调研和沟通，明确数字化转型的主要内容和需要解决的业务问题：通过建立业务中台、数据中台、服务中台、技术中台，实现业务快速变现、创新业务支持、风险识别与风险控制、价值评估与投产分析、经营分析与智能决策、全流程链路数字透析、数字审计与透明工程等。建立中台除了可以辅助和引领企业的经营发展，更重要的是有助于建立企业能力共享中心。企业能力共享中心包括数据治理、架构治理、业务中心与服务中心、弹性云平台、容器云平台、湖仓一体与大数据平台、DevOps［Development（开发）和 Operations（运营）的复合词］平台等，它是企业数字化转型的重要成果，可以实现数字对业务的持续性赋能，进而驱动和引领企业持续、稳健发展。

7.3.2 项目推进

企业数字化转型是关乎整个企业的大事，企业应采用自上而下的方式来推进，可以成立专门的数字化委员会或制定周例会/月例会制度，从组织保障的角度确保数字化转型的顺利推进。从项目管理的角度来看，企业数字化转型分为调研、规划、设计、实施、运维/运营 5 个阶段，如图 7-8 所示。以项目制的方式进行，以结果、目标为导向，明确范围、边界、时间分配，可以有效提高企业数字化转型的成功率。上述 5 个阶段的时间分配大致为调研占 10%、规划占 15%、设计占 30%、实施占 45%；运维/运营工作需要在数字化转型项目结束后持续推进，企业可以通过 PDCA［Plan（计划）、Do（执行）、Check（检查）、Act（处理）］循环和绩效考核来确保运维/运营工作的质量。

第七章　绘制数字化全景图

调研 10%	规划 15%	设计 30%	实施 45%	运维/运营
现状	数字化战略规划	数字化整体方案设计	项目管控	执行运维/运营方案
环境	数字化目标及方向	数据中台设计 大数据及数仓设计 数据治理方案 架构治理方案 云基座设计	实施建设	
政策	落地执行计划及里程碑		领域治理	
需求	组织保障		数据治理 架构治理 流程治理 文化建设	
业务领域 产品线 应用清单 资源清单 技术架构 系统规模	人财支持	实施计划		
	制度体系	运维/运营方案		
	技术体系			

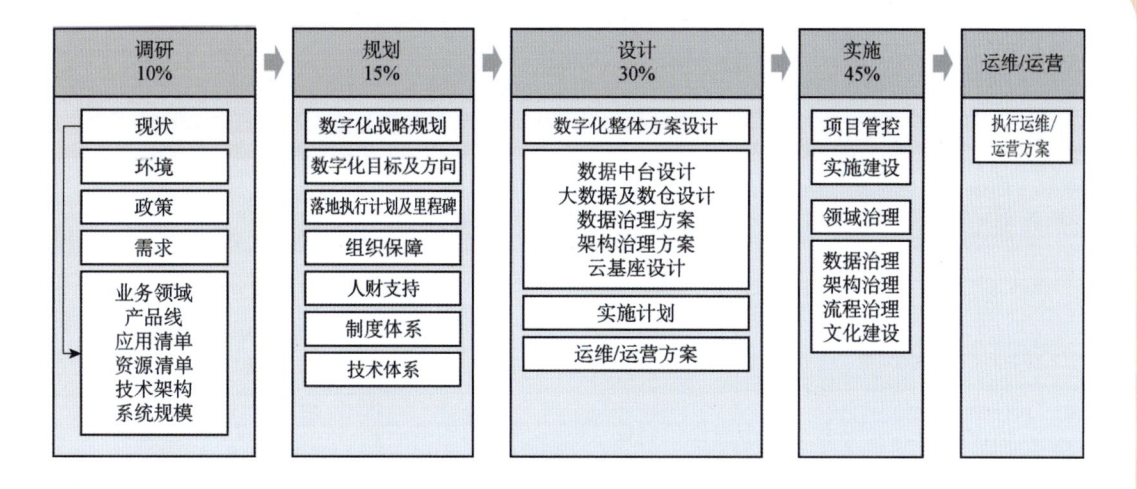

图 7-8

1. 调研阶段

在调研阶段，企业需要对内部、外部的现状进行深入调研，综合分析所在行业和区域的环境、政策，深度挖掘潜在需求，借助波特五力模型、SWOT［Strength（优势）、Weakness（弱势）、Opportunity（机会）、Threat（威胁）］分析模型等工具，明确自身的定位和竞争优劣势，在输出专业调研报告的同时，输出业务领域、产品线、应用清单、资源清单、技术架构、系统规模等具体内容。调研既是企业数字化转型的第一步，也是数字化工作的决策依据和顺利开展后续工作的有力支持。

2. 规划阶段

在规划阶段，企业需要根据调研结果和基于数字化目标制定的决策来开展数字化规划工作，包括数字化战略规划、数字化目标及方向、落地执行计划及里程碑，以及数字化组织保障、人财支持、制度体系、技术体系等后勤保障，为企业数字化转型的执行扫清障碍。

3. 设计阶段

设计阶段和实施阶段属于企业数字化转型的执行过程。在设计阶段，企业需要结合自身的需求和规划，开展数字化整体方案设计，并设计相应的实施计划和运维/运营方案。比较完整的数字化整体方案包括数据中台设计、大数据及数仓设计、数据治理方案、架构治理方案、云基座设计等内容。实际上，设计阶段可以囊括数字化转型项目的全生命周期，包括启动、规划、执行、监控、收尾。数字化转型项目是规模很大的多项目集成工程，通过专业的项目管理，企业可以少走很多弯路，从而按期实现既定目标。

项目管理的五大过程、十大领域如表 7-1 所示。

表 7-1 项目管理的五大过程、十大领域

十大领域	五大过程				
	启动	规划	执行	监控	收尾
整合	制定项目章程	制订项目管理计划	指导与管理项目工作、管理项目知识	监控项目工作、实施整体变更控制	结束项目或阶段
范围		规划范围管理、收集需求、定义范围、创建工作分解结构		确认范围、控制范围	
进度		规划进度管理、定义活动、排列活动顺序、估算活动持续时间、制订进度计划		控制进度	
成本		规划成本管理、估算成本、编制预算		控制成本	
质量		规划质量管理	管理质量	控制质量	
资源		规划资源管理、估算活动资源	获取资源、组建团队、管理团队	控制资源	
沟通		规划沟通管理	管理沟通	监督沟通	
风险		规划风险管理、识别风险、实施定性风险分析、实施定量风险分析、规划风险应对	应对风险	控制风险	
采购		规划采购管理	实施采购	监督采购	
相关方	识别相关方	规划相关方的参与	管理相关方的参与	监督相关方的参与	

4. 实施阶段

在实施阶段，企业需要按照数字化整体方案设计和项目设计，采用项目管控的方式，推动数字化转型项目实施，在领域治理方面开展数据治理、架构治理、流程治理、文化建设等工作。

5. 运维/运营阶段

数字化转型是阶段性的项目，运维/运营则是持续性的改进提升工作。在数字化转型项目结束后，企业应根据既定方案进入运维/运营阶段。在运维/运营阶段，企业需要通过规范化、流程化

的支撑体系来夯实数字化转型的成果，并持续推进、完善数字化转型。

7.3.3 企业数字化全景图

如图 7-9 所示，企业数字化全景图能够清晰地呈现企业数字化转型的全部内容。企业应围绕"数"这一核心要素，建立数字化中台（业务中台、数据中台）和服务支撑中台（技术中台、服务中台），同时以混合多云平台为基座，优化业务架构、数据架构、系统架构、基础架构的设计，建立企业能力共享中心，实现对业务的赋能，更好地支持业务创新，进而实现数字化过程中从能力到价值的转化。

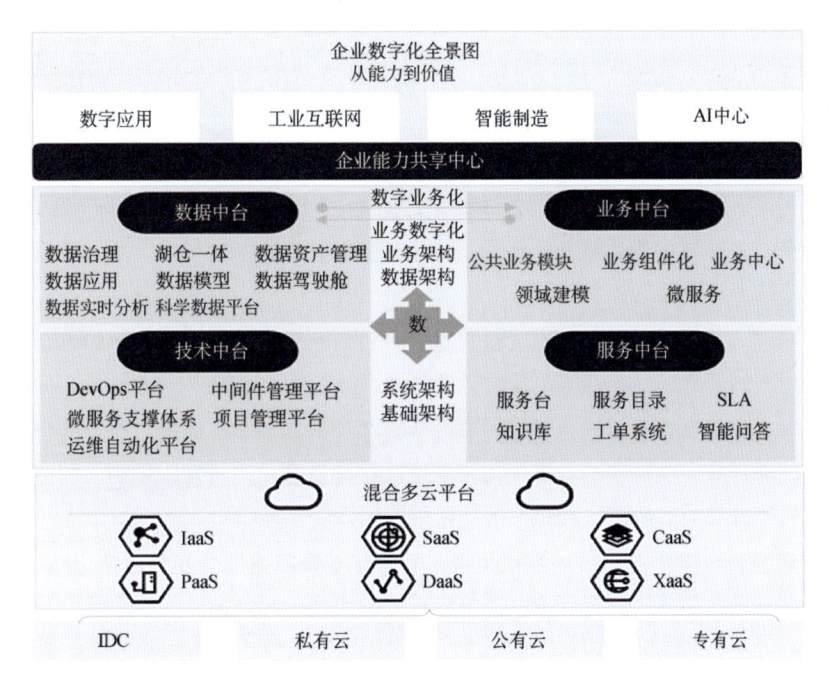

图 7-9

IDC（互联网数据中心）、私有云、公有云、专有云形成有弹性的混合多云平台，提供 IaaS（基础设施即服务）、PaaS（平台即服务）、SaaS、DaaS（数据库即服务）、CaaS（通信即服务）、XaaS（一切即服务）等多类别服务，为建立中台提供资源支持。技术中台围绕技术，建立 DevOps 平台、中间件管理平台、微服务支撑体系、项目管理平台、运维自动化平台，与混合多云平台一起为数字化中台提供支撑保障服务。服务中台以服务为核心，整合多个平台，提供服务台、服务目录、SLA（服务等级协定）、知识库、工单系统、智能问答等内容，将混合多云平台和技术中台的服务具象化，降低操作成本，助力数字化中台的建立。建立中台的目的是建立企业能力共享中心。技术中台、服务中台和混合多云平台提供后端支撑；业务中台和数据中台作为数字化中台的"双翼"，相互配合、相互联系，以业务数字化和数字业务化为宗旨，助力实现企业数字化转型，为企业提供切

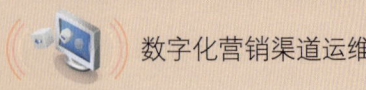

实有效的赋能机制。其中，数据中台围绕数据和业务，实现业务的数字化展示和数据的业务化应用，包括数据治理、湖仓一体、数据资产管理、数据应用、数据模型、数据驾驶舱、数据实时分析、科学数据平台等内容；业务中台围绕业务中心建立公共业务模块，降低重复开发成本，实现业务组件化，进而为业务提供效率更高的服务。同时，业务的数字化展示有助于增强业务创新的实时性、准确性，减少不必要的投入，进而实现业务收益最大化。

建立"1个平台+4个中台"的目的是建立企业能力共享中心，对企业能力进行数字化、业务化整合。只有完成企业能力的整合，才能有效避免重复建设和低效运行，从而更好地支持创新实践，确保企业实现数字化目标。

7.4 始于C端、终于C端的数字化闭环

数字化闭环是一个严密的数据流动系统，其核心是把用户数据作为起点和终点，利用数字化工具，使企业经营的各个环节紧密相连。数字化闭环始于C端，企业利用数字化工具收集用户数据，并据此优化各个经营环节，最终服务于用户，让用户受益。在这个过程中，所有环节缺一不可，必须环环相扣，才能形成完整的数字化闭环。

如果无法形成闭环，那么数字化充其量只是一种针对用户的促销工具。例如，企业如果无视线上用户和线下用户的差异，一味在线上低价销售线下产品，就只是把数字化当成了促销工具。

真正的数字化闭环是企业以用户营销为导向的数字化转型的高级体现。企业通过实时获取和分析用户数据，精准理解、快速响应并满足用户需求。这涉及产品的研发、采购、制造、营销等各个经营环节。只有所有环节形成一个完整的闭环，数字化转型才算成功。

数字化闭环强调数字化各环节的逻辑关系，数字化全景图强调企业的数字化结构和层次关系。两者都源于企业的两大链条（见图7-10）：供应链（价值链）和分销链。供应链涉及企业经营的四大环节：研发、采购、制造、营销。分销链涉及营销的四大主体：厂家、经销商、零售商、用户。

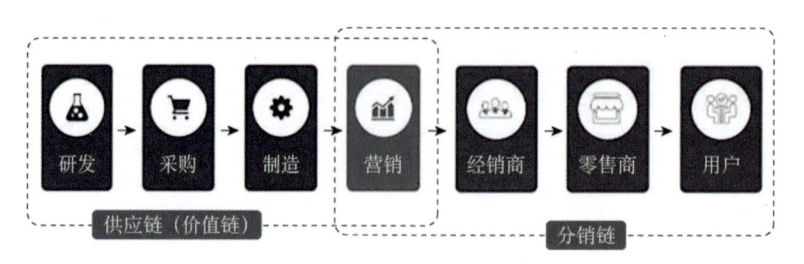

图7-10

在闭环上任取一个点，这个点既是闭环的起点，也是闭环的终点。数字化闭环的起点和终点都是C端。

第七章 绘制数字化全景图

供应链始于 C 端、终于 C 端,用数字化手段把供应链涉及的企业经营四大环节连接起来形成的闭环是供应链数字化闭环。因为该闭环贯穿企业经营的所有环节,所以又被称为数字化大闭环,如图 7-11 所示。

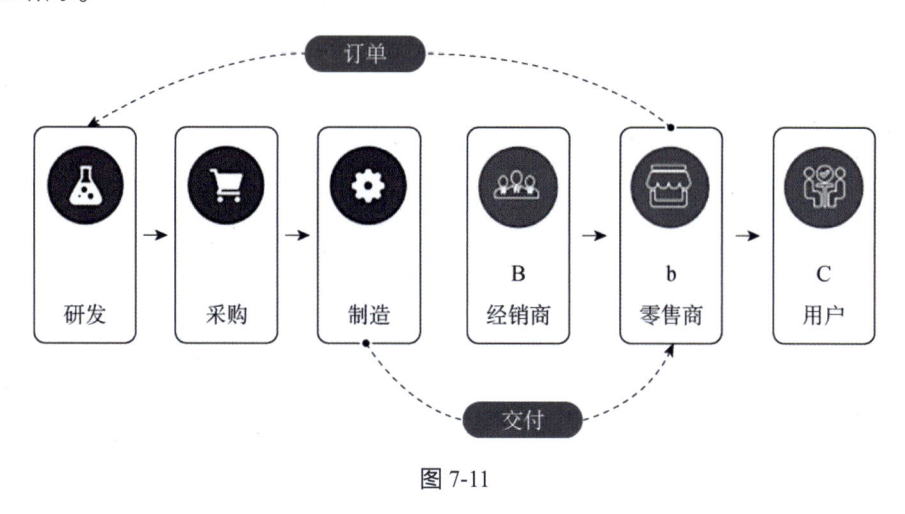

图 7-11

分销链始于 C 端、终于 C 端,用数字化手段把分销链涉及的营销四大主体连接起来形成的闭环是分销链数字化闭环。因为该闭环贯穿分销的所有环节,所以又被称为数字化小闭环,如图 7-12 所示。

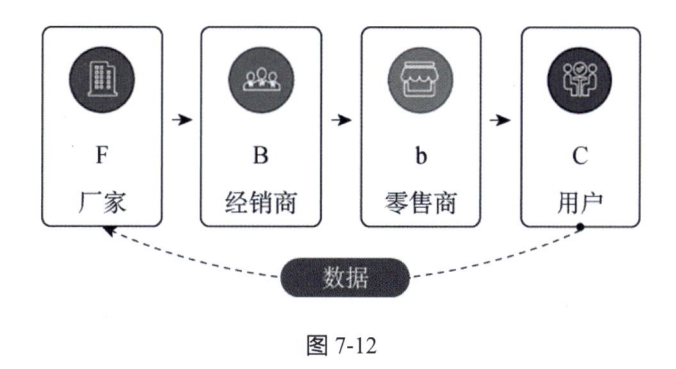

图 7-12

电商系统采用 B2C 模式,不涉及分销,因此没有数字化小闭环。同时,由于电商系统一开始采用 C2C(用户—用户)模式,后来升级为 B2C 模式,因此早期的"淘品牌"和现在的新消费品牌没有独立的经营系统,而是依靠大量的公共平台。设计研发依靠第三方授权,生产制造依靠 OEM 系统,交付依靠第三方物流,这是早期数字化系统的典型特点。部分企业自主经营系统和大量的公共平台共同形成了数字化微闭环,如图 7-13 所示。

总的来看,数字化小闭环只能以平面的形式展示营销数字化的逻辑,而数字化大闭环能够以立体的形式展示数字化全景图的全貌。数字化大闭环遵循经营逻辑,只有深入推演每一个数字化独立环节，才能形成数字化大闭环。数字化小闭环与数字化大闭环的立体架构形成了数字化全景图的全貌，如图7-14所示。

数字化全景图中的大图属于供应链数字化闭环，它所涉及的每一个环节都有中图和小图。图7-14中展示的中图是营销数字化的分解图，小图是渠道数字化的分解图。研发数字化、采购数字化、制造数字化也可以按照大图、中图、小图的层次来展开。数字化闭环的逻辑性更强，数字化全景图更适合指导实操。

设计研发（第三方授权）→ 生产制造（OEM系统）→ 交付（第三方物流）→ 用户

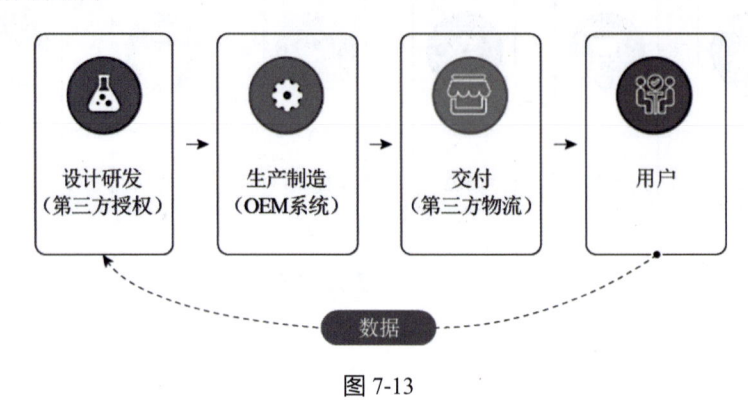

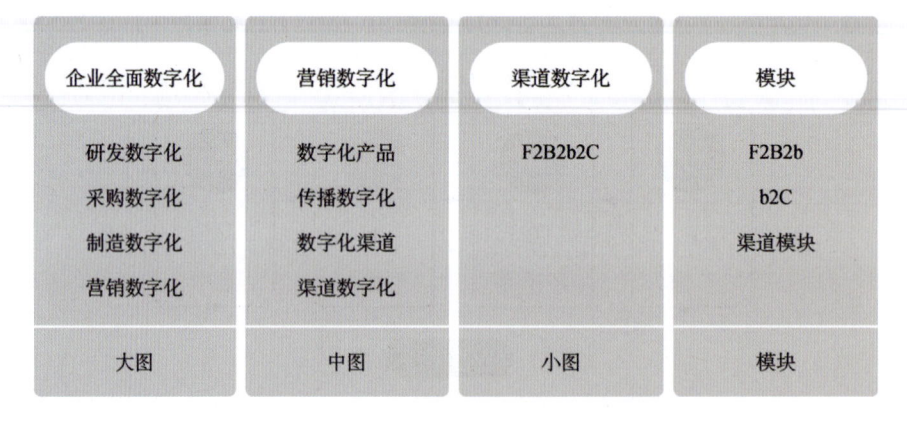

数据

图 7-13

企业全面数字化	营销数字化	渠道数字化	模块
研发数字化	数字化产品	F2B2b2C	F2B2b
采购数字化	传播数字化		b2C
制造数字化	数字化渠道		渠道模块
营销数字化	渠道数字化		
大图	中图	小图	模块

图 7-14

7.4.1 数字化微闭环、数字化小闭环、数字化大闭环

数字化闭环始于C端，这是数字化的基本立场。根据形成闭环的复杂程度，以用户为起点的数字化闭环分为数字化微闭环、数字化小闭环、数字化大闭环。

数字化微闭环：用户数据→产品研发→生产制造（或贴牌）→物流配送（第三方交付）→用户运营→用户受益。

数字化小闭环：用户数据→产品研发→渠道数字化→用户运营→用户受益。

数字化大闭环：用户数据→研发数字化→采购数字化→制造数字化→营销数字化→物流仓配数字化→用户运营→用户受益。

电商系统涉及的环节较少，因此以数字化微闭环为主。在电商方面做得比较好的互联网品牌会借助用户数据开发产品，快速响应并满足用户需求，如韩都衣舍的"三人小组"和林氏家居的"快时尚"等。因为形成数字化微闭环的企业往往把生产制造交给贴牌商，把产品交付交给第三方平台，所以这类企业对公共平台的依赖性比较强。需要说明的是，并非所有电商系统都属于数字化微闭环。例如，低价销售传统渠道大单品不属于数字化闭环，而是单纯的促销（用户运营）。一些企业之所以无法形成数字化微闭环，通常是因为缺失产品研发环节。

渠道数字化是数字化小闭环，它是在营销系统内形成的闭环。想形成数字化小闭环的企业必须具备线下渠道管理能力，和经销商、零售商加强合作，采用互利共赢的渠道营销战略。想实现去中间化的企业无法形成数字化小闭环。

如图 7-15 所示，数字化大闭环指的是企业全面数字化，包括企业的供应链和分销链，以及从用户数据到用户受益的各个环节。数字化大闭环的各个环节都有相应的数字化应用系统和理论支持：支持收集用户数据的有 CDP（客户数据平台），支持研发数字化的有 C2F 理论，支持采购数字化的有 SCM（供应链管理）系统，支持制造数字化的有 OEM 系统，支持营销数字化的有 bC 一体化理论，支持物流仓配数字化的有一物一码 4.0，支持用户运营和用户受益的有 CEM（客户体验管理）系统、微信小程序、App。

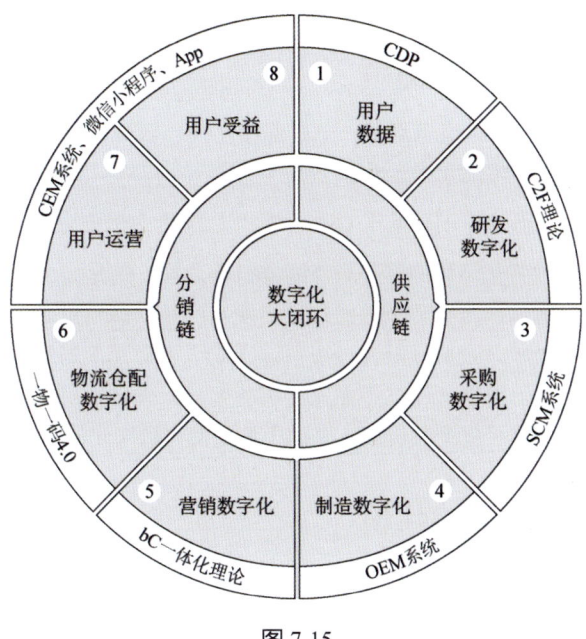

图 7-15

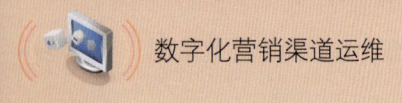

数字化微闭环、数字化小闭环、数字化大闭环包括的经营要素是有差别的。数字化微闭环是在电商系统内形成的闭环，数字化小闭环是在营销系统内形成的闭环，数字化大闭环是在企业整体经营系统内形成的闭环。形成数字化闭环的正确顺序是先形成数字化微闭环，再形成数字化小闭环，最后形成数字化大闭环。形成了数字化大闭环，意味着企业实现了全面数字化。

企业实现全面数字化需要以下两个外部接口：一是采购接口（狭义的供应链），二是销售接口（与下游的采购接口对接）。当整个行业形成数字化闭环时，以上两个接口都是数字化的，这样就能实现产业链数字化。例如，美的能够通过其供应链随时了解采购需求，并提前做准备。有些数字化子系统不在企业内部形成闭环，如数字化传播系统可以独立于数字化闭环而存在，企业即使不做电商，也可以采用数字化传播手段。此外，还有一些数字化子系统是在形成数字化闭环的过程中衍生的系统，如数字化管理系统，数字化的推进往往伴随着数字化管理的推进。

3个数字化闭环之间存在包含关系：数字化大闭环包含数字化小闭环，数字化小闭环包含数字化微闭环。在形成数字化闭环时，企业可以按照先易后难的顺序，逐渐增加数字化环节。这样，企业不但能在内部实现全面数字化，而且能连接外部产业链的数字化接口，最终实现产业链数字化。

从连接用户的工具和能够达到的用户规模来看，3个数字化闭环的差别很大。数字化微闭环主要通过电商系统（B2C 模式）或私域流量模式（F2C 模式）连接用户，厂家连接用户的数量有限，能够达到的用户规模是千万级。数字化小闭环通过渠道（F2B2b2C 模式）连接用户，能够达到的用户规模是亿级。数字化大闭环与数字化小闭环有相同的连接用户的工具和能够达到的用户规模，两者的差别在于参与数字化的范围不同，前者是全面参与，后者是局部参与。

7.4.2　数字化闭环的必备环节

3个数字化闭环都有以下3个必备环节：一是连接用户，获取用户数据；二是基于用户数据进行数字化产品研发；三是数字化的用户运营。

连接用户和用户运营是数字化闭环始于 C 端、终于 C 端的必然要求。

数字化产品研发成为数字化闭环的必备环节同样符合逻辑。这是因为，企业对用户需求的响应主要体现在产品上，用户运营、服务环节只能让用户使用产品的体验更好，很难弥补产品本身的缺陷。在没有数字化工具的时候，企业只能通过线下调研或线下交互来洞察用户，企业理解用户需求的逻辑、方法的体系性不强。数字化虽然不能完全解决如何正确理解用户需求的问题，但是至少比传统方法进步了很多。加强数字化产品研发，有助于真正发挥数字化的效用。

7.4.3　数字化闭环缺失的代价

数字化闭环缺失的代价是 B2B 平台不成功，B2B 平台不成功的原因是它不是数字化闭环，我们可以从以下4个方面来分析。

1. B2B 平台缺少用户数据和用户分析能力

B2B 平台的系统是信息化系统，不是数字化系统。前些年，B2B 平台的热度一度高涨。随着时间的推移，其热度逐渐下降。从数字化闭环的逻辑来看，B2B 平台的数字化闭环包括以下两个主体：一是有需求的经销商，二是有竞争力的供应链。然而，B2B 平台的不足之处恰恰与以上两个主体有关：一是只有 B 端的需求，没有 C 端的需求；二是虽然试图实现供应链去中间化，但是仍然以传统的供应链形式为主。B2B 平台的系统缺失 C 端环节，意味着其无法触达用户；缺少源头用户数据，意味着其无法根据用户需求形成数字化闭环。

2. B2B 平台没有独立供应链

B2B 平台没有独立供应链，无法形成数字化闭环。B2B 平台往往由当地经销商供货，平台成为供应链去中间化后增加的环节，打着"去中间化"的名义成了中间商。从本质上来看，如果企业自营的 B2B 平台的系统没有独立供应链，就无法形成数字化闭环，只能通过区域性的成熟产品进行低价引流，这样的系统是不可持续的。

3. B2B 平台缺失产品研发环节

由于产品研发能力不足，B2B 平台的业务在形成供应链数字化闭环方面面临较大的挑战。在社区团购的发展过程中，未能有效利用社区资源引流的平台逐渐沦为第二梯队的电商平台，多多买菜和美团优选就是这类平台的代表。构建新型供应链是一个浩大的工程，而且在传统营销中，当地经销商往往占据主导地位，因此形成数字化闭环的难度较高。不过，只要尚未形成完整的数字化闭环，价格战就会持续下去。为了增强竞争力并避免陷入无休止的价格战，B2B 平台必须寻求业务突破，增强产品研发能力，并与当地经销商合作，共同推进供应链的数字化转型。

4. B2B 平台常用低价促销策略

社区团购既是 B2B 平台的升级，也是形成数字化大闭环之前比较有效的营销策略。为什么社区团购是 B2B 平台的升级？因为 B2B 平台难以触达 C 端，而社区团购能够做到这一点，后者的逻辑是 B2b2C 模式或 F2b2C 模式。为什么社区团购是形成数字化大闭环之前比较有效的营销策略？因为社区团购能够把营销转化为渠道促销工具，并通过低价促销策略发挥效用。这种策略能够迅速吸引用户、增加销售额，因此被广泛采用。从数字化闭环的逻辑来看，社区团购是依赖低价促销策略的典型代表。在社区团购发展早期，业界就特别强调"团长"的引流能力和构建供应链，这既是社区团购逻辑的两个重点，也是决定社区团购这种商业模式能否成功的关键。"团长"引流应以用户需求为基础，构建供应链也不只是完成采购，而是根据用户需求实现先研发、后采购。

职业技能训练

一、判断题

（1）用数字化手段把分销链涉及的营销四大主体连接起来形成的闭环是分销链数字化闭环。
（　　）
（2）数字化小闭环能够以立体的形式展示数字化全景图的全貌。（　　）
（3）数字化微闭环、数字化小闭环、数字化大闭环包括的经营要素是有差别的。（　　）
（4）用数字化手段把供应链涉及的企业经营四大环节连接起来形成的闭环是供应链数字化闭环。（　　）
（5）数字化闭环的逻辑性更强，数字化全景图更适合指导实操。（　　）

二、单项选择题

（1）供应链涉及的企业经营四大环节不包括（　　）。
　　A．研发　　　　　B．采购　　　　　C．制造　　　　　D．销售
（2）分销链涉及的营销四大主体不包括（　　）。
　　A．商家　　　　　B．经销商　　　　C．零售商　　　　D．用户
（3）数字化小闭环中各环节的正确顺序是（　　）。
①用户数据　②产品研发　③渠道数字化　④用户运营　⑤用户受益
　　A．①②③④⑤　　B．①②④⑤③　　C．③②①⑤④　　D．⑤④③②①
（4）营销数字化不包括（　　）。
　　A．数字化产品　　B．传播数字化　　C．研发数字化　　D．渠道数字化
（5）数字化大闭环的分销链不包括（　　）。
　　A．用户运营　　　B．物流仓配数字化　C．营销数字化　　D．制造数字化

08

第八章
数字化营销渠道闭环构建

数字化营销渠道运维

【知识目标】

- 掌握数字化微闭环的3个特点；
- 了解产品画像与用户画像的数字化匹配。

【能力目标】

- 能结合企业实际选择合适的数字化方向；
- 能理解短路径运营。

【素养目标】

- 培养学生的数字化思维和能力；
- 引导学生践行社会主义核心价值观；
- 培养学生的团队精神和职业道德。

【思维导图】

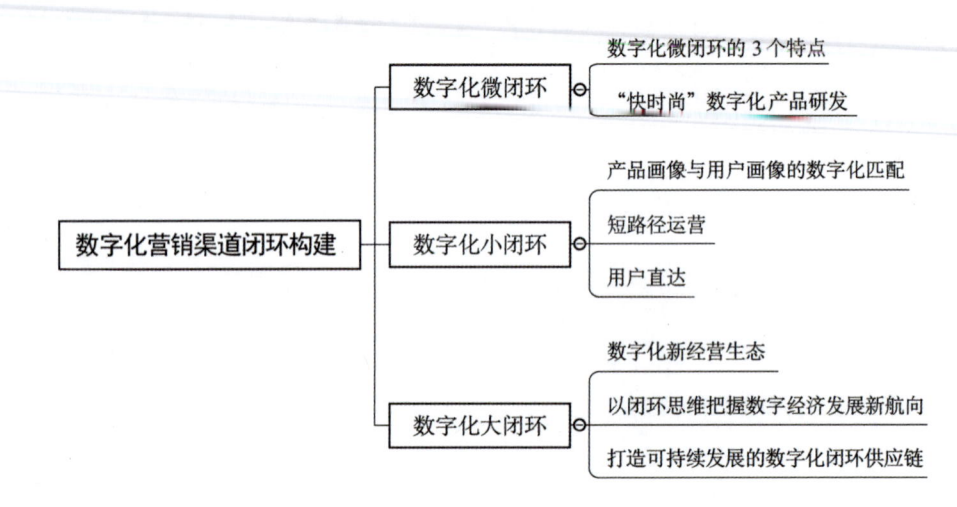

```
                            ┌─ 数字化微闭环 ─┬─ 数字化微闭环的3个特点
                            │                └─ "快时尚"数字化产品研发
                            │
                            │                ┌─ 产品画像与用户画像的数字化匹配
数字化营销渠道闭环构建 ─────┼─ 数字化小闭环 ─┼─ 短路径运营
                            │                └─ 用户直达
                            │
                            │                ┌─ 数字化新经营生态
                            └─ 数字化大闭环 ─┼─ 以闭环思维把握数字经济发展新航向
                                             └─ 打造可持续发展的数字化闭环供应链
```

【引导案例】

美的："T+3"模式和"1+3"模式

美的的战略主轴是"科技领先、数智驱动、用户直达、全球突破"。

"科技领先"与"数智驱动"代表两类科技，"科技领先"代表产品（服务）科技，"数智驱动"

代表企业运营科技。美的的战略主轴的逻辑是通过"数智驱动",打造"用户直达"的新业务模式,实现"全球突破"的目标。支持美的战略主轴的数字化系统有以下两个:一是数字化营销系统"美云智数",形成了"T+3"模式;二是数字化物流系统"安得智联",形成了"1+3"模式。两个系统相辅相成,共同形成了数字化大闭环。

"T+3"模式是数字化供应链,以 T 为基准点、以 3 天为周期,分为订单集成、采购备料、智能制造、物流交付 4 个阶段,一个闭环周期是 12 天。"T+3"模式除了涉及研发数字化环节和营销数字化环节,还涉及企业的常规经营环节,形成了一个闭环。该闭环的起点是用户(包括 b 端用户和 C 端用户)订单,终点是用户直达(交付)。

订单集成:美的实行严格的订单制,如果没有订单,就不生产。不同于其他企业的月计划、旬计划、周计划,美的通过数字化把计划周期缩短为 3 天。在集成订单的过程中,美的的零担率大大提高。快速响应用户的结果是美的的个性化产品增加、"爆款"减少。

研发数字化:截至 2024 年 6 月,美的数字化平台"美的美居"App 的注册用户累计超过 5800 万个,美的能够基于该平台随时获取用户数据。在获取用户数据后,该平台的大数据企划模块可以显示用户在使用产品的过程中产生的大量数据、用户对服务的反馈和利用爬虫技术从网上收集的用户评论等。美的根据该平台上报的与产品功能相关的脱敏数据,确定需要生产什么产品或产品趋势是什么。

采购数字化(数字化供应链):碎片化的订单是对采购极大的考验,只靠经验、计划很难解决所有问题。美的设计了 APS(高级计划与排程)系统,先将订单集约化,然后进行订单排查,在排查出问题后,借助供应链的云端协作解决问题。美的不仅实现了内部协作,还把核心供应商全部纳入了 APS 系统,把供应链上产品的生产情况、品质情况、物流情况在美的数字化平台上用数字化手段展现出来,使之透明化,方便供应商了解美的的订单的情况。美的的送货指令下达得非常及时。例如,对于供应商的入厂物流,从供应商发车开始,美的就能掌握物流轨迹,包括车在途中等红绿灯的情况。在 3 公里的范围以内,美的数字化平台自动帮供应商预约车位。车到了工厂后,美的数字化平台自动识别卸货地点并指引卸货,卸完货后车可以直接开走。卸货地点在下一条生产线的位置,不需要经过入库、出库环节。

数字化柔性制造:美的通过数字化平台管理大量的工艺参数,把 MES(制造执行系统)、SCADA(监控与数据采集)系统和机台连接起来。数字化柔性制造的效果在于,无论是制造 1 个产品还是 100 个产品,机台、生产线都能灵活应对。借助系统的指引和自动防错功能,工人几乎不会出错。此外,美的还利用 AI 技术进行质检和工艺判断。

基于数字化平台,美的完成了很多预测性工作。当发生异常时,工厂怎么应对?美的的解决办法是用模型来预测。无论发生何种异常,SCADA 系统都可以通过数据找人,一层一层地自动找到班长、组长。例如,手表响一下,班长、组长需要先在两分钟内找到发生异常的地方并进行处理,然后找到生产部长。柔性的供应链加快了美的对市场的反应速度,提升了产品的品质,这种确定性的能力使美的能够应对市场的不确定性。

数字化渠道：美的的数字化渠道模式被称为"1+3"模式。

简单来说，全面数字化对美的各经营环节的改变主要体现在对供应链的改造上。

用户连接：低成本直接触达用户，提高用户对服务的满意度。

设计研发：以用户的使用场景为核心，实现软件、硬件平台化，借助数据提高产品企划命中率。

生产制造：借助数字化柔性制造和供应链协同，快速响应并满足市场需求。

销售渠道：借助"1盘货"提高渠道效率。

美的传统渠道与美的新渠道的对比如图8-1所示。

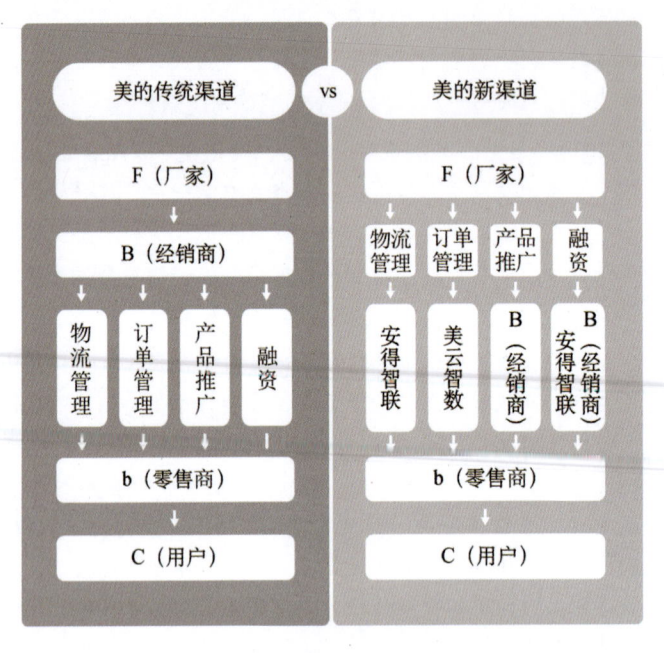

图8-1

美的董事长认为，全面数字化对供应链的改造体现在以下4个方面。(1)它极大地改变了与美的有关联的人员（包括合作伙伴、上下游相关人员等）的工作方式，促使他们采用符合时代趋势的工作方式。用户可以在手机上预约安装产品，供应商可以在手机上完成供货手续，很多流程都发生了变化。(2)它极大地提高了企业的运作效率，缩短了现金周期，提高了周转效率，加快了企业对市场的响应速度，缩短了产品开发周期，增强了企业的盈利能力。(3)它改善了美的做生意的方法，也可以称之为业务方法。通俗地说，做生意就是生产、开发产品，并把产品卖给零售商、用户。在实现全面数字化后，这些过程变得更加扁平化、高效。(4)美的正在进行商业模式创新，未来的创新速度会更快。商业模式创新包括根据市场需求前瞻性地开发产品、柔性地制造产品。在将来的某一天，随着供应链的高度数字化，所有的流程、工作方法和业务模式都将改变，加之智能化的推

动，美的可能成为一家互联网企业。

美的的"T+3"模式和"1+3"模式是非常经典的数字化大闭环案例，除了完成自身的数字化，美的还对产业链和其他行业的数字化做出了以下两方面的贡献。第一，美的的数字化对产业互联网有两种重要作用。一是促进供应链协同，把供应链上产品的生产情况、品质情况、物流情况在美的数字化平台上用数字化手段展现出来，使之透明化，使上游供应商的情况清晰可见。这不仅提高了供应商的效率，还促进了供应链的数字化改造。二是提供用户接口。除了有家庭用户，美的还有企业用户，数字化为美的提供了面向企业用户的接口。产业互联网是产业链、供应链上所有企业互联互通的网络，企业可以通过两个外部接口实现上游与供应商联通、下游与用户联通。第二，美的向外部输出其成熟的数字化系统。"美云智数"是数字化营销系统，美的以定制的方式向其他行业输出该系统。"安得智联"是数字化物流系统，其作为用户直达第三方平台，为众多行业、渠道提供平台化服务，对我国渠道物流仓配效率的提高起到了很大作用。特别是在推动经销商数字化转型方面，过去与第三方平台的合作往往由厂家主导，当厂家把渠道物流仓配全部交给第三方平台时，经销商围绕仓配开展工作的传统方式就不复存在了。

8.1 数字化微闭环

电商系统没有渠道分销环节，不存在分销链，其数字化闭环只能是数字化微闭环。当采购、生产制造、物流仓配环节没有实现数字化时，企业可以利用第三方平台的数字化系统、物流系统等，在销售体系内形成独立的数字化微闭环。数字化微闭环的特点是参与数字化的环节很少，因此高效率的数字化微闭环往往需要能够高效配合的外部衔接。例如，在生产制造方面，企业可以采用OEM模式，OEM可以利用公共平台，物流仓配可以利用第三方平台。

8.1.1 数字化微闭环的3个特点

数字化微闭环是"用户数据→产品研发→生产制造（或贴牌）→物流配送（第三方交付）→用户运营→用户受益"。数字化微闭环的本质是始于C端、终于C端，这样才能形成良性的数字化闭环。数字化微闭环涉及4个环节：产品研发、生产制造（或贴牌）、物流配送（第三方交付）、用户运营。

从数字化微闭环涉及的4个环节来看，该闭环具有以下3个特点。

1. **数字化产品研发是核心**

上文介绍过，数字化产品研发是数字化闭环的必备环节。如果没有数字化产品研发能力，企业就只有以下两种选择：一是模仿、跟风，二是在线上低价销售线下大单品。

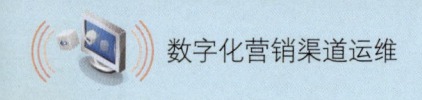

2. 各环节大量利用公共平台

这样做的优点是门槛低；其缺点是产品同质化现象严重，产品没有竞争优势。电商平台是所有企业的公共平台，企业运营逐渐同质化，运营方式逐渐工具化，有些企业甚至把用户运营直接交给了公共平台。电商企业本来就缺乏生产制造能力，即使是有生产制造能力的传统企业，实现生产制造数字化的难度也非常高。好在很多企业已经具备了快速生产制造的能力。早期，如何在电商平台中支付是一个难题。后来出现的公共平台、在线支付、第三方物流解决了这个难题。

3. 产品与用户双向匹配

企业可以对产品与用户进行双向匹配，既可以根据用户需求精准开发产品，也可以根据产品精准寻找用户。MarTech 工具可以实现产品画像与用户画像（见图 8-2）的数字化匹配，其本质是根据产品画像匹配用户画像，是一种精准引流工具。数字化产品研发既是实现产品与用户双向匹配的重要环节，也是数字化微闭环的必备环节。

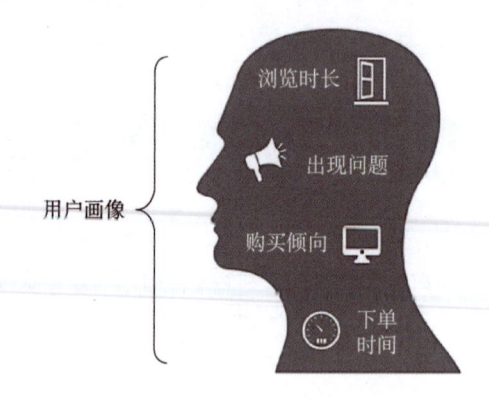

图 8-2

8.1.2 "快时尚"数字化产品研发

之所以一些企业的数字化成效显著，重视数字化产品研发是关键原因。在电商竞争中，产品的销售周期短，款多、量少已经成为电商产品的基本特点。电商竞争促使很多企业构建"快时尚"产品研发体系。"快时尚"既是产品研发体系，也是运营体系。

"快时尚"包括以下 5 个环节：（1）形成满足海量个性化需求的"快时尚"理念；（2）洞察海量个性化需求，形成订单；（3）形成满足海量个性化需求的模块化设计理念；（4）设计满足海量个性化需求的供应链和柔性制造系统；（5）设计满足海量个性化需求的快速交付系统。前 3 个环节与产品设计相关，后 2 个环节既可以通过柔性制造来实现，也可通过贴牌来实现。在快速交付方面，2C 交付已经有了完善的第三方交付模式，2B 第三方交付平台正在逐步形成。

下面重点介绍前 3 个环节。

1. 形成满足海量个性化需求的"快时尚"理念

"快时尚"有 4 个关键词，分别为款多、量少、快速、低价，其中款多、量少、快速是核心。线下货架有限，SKU 数量有限；线上货架无限，SKU 数量在理论上是无限的。我们可以理解为在线下是"人找货"，在线上是"货找人"。对于"人找货"，企业需要寻找共性最强的用户需求；对于"货找人"，企业需要对产品与用户进行精准匹配，即实现产品画像与用户画像的数字化匹配。用户画像来源于用户数据。在精准匹配的过程中，匹配度越高，意味着细分度越高，画像相同的用户数量就越少。细分度高对应"快时尚"关键词中的"款多"。在细分度高的前提下，画像相同的用户数量少，这对应"快时尚"关键词中的"量少"。以上是电商产品趋向款多、量少的原因。用户需求的变化速度很快，要想避免同款产品的过度竞争，企业需要快速研发产品，这对应"快时尚"关键词中的"快速"。与销售周期长的线下大单品相比，电商产品的研发理念更接近"快时尚"理念。当然，由于不同品类的差异，"款多""量少""快速"的表现形态在不同品类中具有很大的差异。

2. 洞察海量个性化需求，形成订单

虽然有些新消费品牌专注于独特的小众品类并形成了一定的规模，但是大多数电商企业仍然通过覆盖海量小众用户来形成较大的销量规模。传统的产品研发部门已经形成了与销售周期长的线下大单品相适应的产品研发流程和节奏，"快时尚"则是一种新流程、新节奏。电商企业需要从用户数据中发现用户需求和创意灵感。无论以什么方式实现数字化，用户数据都是企业的重要资产。只要用户在线，就会留下行为轨迹，如浏览时长、点赞、评价、下单时间等。基于大数据分析用户的行为轨迹、预测用户需求已经成为一项专业技术。企业的用户数据和公共平台的用户数据都是数字化产品研发的数据源。

3. 形成满足海量个性化需求的模块化设计理念

从传统角度来看，"快时尚"关键词中的"量少"与"低价"是相互矛盾的，可能导致企业亏损或盈利能力减弱。这个矛盾很好解决，具体方法是模块化设计、集成采购、柔性制造。模块化设计不是每个 SKU 使用不同的组件，而是每个系列的产品使用大量相同的组件和少量不同的组件。也就是说，从用户的角度来看，产品是个性化的；从设计的角度来看，产品大同小异。集成采购不是分别采购每个 SKU 的不同组件，而是集中采购不同 SKU 的相同组件。"量少"意味着有个性，模块化设计意味着批量采购，批量采购意味着低价。换句话说，即使企业需要满足用户的个性化需求，也能批量采购。不同的个性化产品有相同的组件，大量的个性化产品催生了批量采购相同组件的需求。

8.2 数字化小闭环

数字化小闭环是"用户数据→产品研发→渠道数字化→用户运营→用户受益"。数字化小闭环

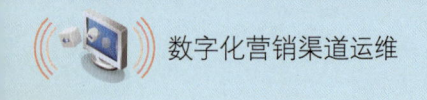

有以下 3 个重点：一是产品画像与用户画像的数字化匹配，二是短路径运营，三是用户直达。

数字化小闭环是在营销系统内形成的闭环，它始于 C 端，经过厂家、经销商、零售商，终于 C 端。如果没有贯穿营销四大主体的营销系统，就无法形成数字化小闭环。虽然从参与环节的角度来看，经销商、零售商必不可少，但是数字化带给渠道的变化不是多级交易、多级交付，而是用户直达。因此，虽然数字化渠道稍微复杂了一些，但是渠道效率大大提高了。

8.2.1　产品画像与用户画像的数字化匹配

数字化系统可以在产品画像与用户画像之间实现精准匹配，这是 MarTech 工具的基本功能。现在，很多数据中台的主要功能就是绘制用户画像。电商运营和私域流量运营都是在线上进行的，产品研发需要借助用户画像精准研发产品，用户运营需要借助产品画像精准匹配用户。

bC 一体化是线上、线下融合，要想实现产品画像与用户画像的数字化匹配，企业需要解决以下两个问题。

（1）区域性产品线上匹配：不同区域的用户可能有很大差异，企业需要确定是否存在区域性用户画像。

（2）线下产品匹配：不同零售店的产品可能有很大差异，在确定怎样为用户提供线下购物建议时，企业需要依靠数字化系统。

8.2.2　短路径运营

传统渠道是"F2B+B2b+b2C"三级交易。在实现数字化连接用户后，厂、商、店三方一体，共享用户资源，因此可以把用户运营简化为短路径运营（F2C 模式、B2C 模式、b2C 模式），厂家、经销商、零售商都可以是短路径运营的运营主体。短路径运营对提高运营效率很重要。3 种运营模式怎么划分运营范围？上文介绍过，在新品推广、节假日活动、集中性大型推广活动的全网、全区域统一运营方面，F2C 模式是非常态化运营，它和电商模式、私域流量模式不同。在小型零售店的线上运营方面，B2C 模式是常态化运营，因为小型零售店的线下 SKU 数量少，必须通过 B2C 模式增加线上 SKU 数量。在 KA 店运营方面，b2C 模式是常态化运营，因为 KA 店有相对独立的流量和用户动员能力，SKU 数量也比较多。

8.2.3　用户直达

传统渠道是多级交易、多级交付，渠道环节多、占用资金多、占用一线人员的时间多。短路径运营是跨环节运营，其中的交付同样可以跨环节进行，即用户直达。用户直达有以下两种方式：

（1）F2b 直达，即交付不再经过经销商环节，目前，我国的 2B 第三方交付平台处于快速发展阶段；

（2）F2C 直达，电商采用的就是这种用户直达方式，我国的 2C 第三方交付平台已经非常成熟。

8.3 数字化大闭环

数字化大闭环是"用户数据→研发数字化→采购数字化→制造数字化→营销数字化→物流仓配数字化→用户运营→用户受益"。数字化大闭环相当于企业全面数字化，是一项浩大的工程。和数字化微闭环、数字化小闭环相比，数字化大闭环的起点和终点也是 C 端，只是中间环节有所不同。因为数字化大闭环包括企业经营的所有环节，所以也被称为供应链数字化闭环或价值链数字化闭环。

8.3.1 数字化新经营生态

在连接用户后，数字化新经营生态对用户需求的响应更快、更精准，这是用户数字化的作用。因为对用户需求的响应更快、更精准，产品与用户的匹配度更高，所以数字化新经营生态可以形成完全不同于传统的产品研发体系，其比传统的产品研发体系更有优势。过去，传统渠道像一个漏斗，厂家的 SKU 很多，经销商先从中选择一批 SKU，零售商再从经销商那里选择一批 SKU，就像漏斗一样，每个环节都会"漏掉"一批 SKU，用户可以选择的 SKU 非常有限，从而形成了"大单品现象"。数字化大闭环使企业能够快速响应用户的个性化需求，实现批量、定制化生产和 C2F 产业化，快速迭代的"爆款"将成为主流。

美的的数字化营销系统"美云智数"在全链路数字化方面取得了一定的成绩，它有以下两套关键体系：一是"美云销"，二是 bC 一体化。在没有改变渠道结构的情况下，以上两套体系通过线上跨渠道订单直达和物流直达，实现了用户直达，解决了用户需求响应、交易总量和市场覆盖范围的问题，如图 8-3 所示。

"美云销" b2F、C2F 订单直达 用户直达 物流直达 二段到店、送装一体

图 8-3

8.3.2 以闭环思维把握数字经济发展新航向

闭环思维要求企业将数字经济发展视为一个系统，通过各个环节之间形成的紧密连接和相互作用，实现信息、资源和价值的循环流动。这种思维对把握数字经济发展新航向具有重要意义。以闭环思维把握数字经济发展新航向，企业可以更好地适应快速变化的市场环境和技术环境，形成可持续的竞争优势。闭环思维是一种综合性、系统性思维，强调整体性和循环性，注重信息流动和价值共享，有助于企业在数字经济时代取得成功。

以闭环思维把握数字经济发展新航向包括以下 4 个关键方面。

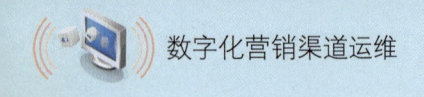

1. 数据闭环

在数字经济中，数据是核心资源。闭环思维要求企业在收集、处理、分析和应用数据的过程中形成一个闭合的循环。这意味着企业不仅要确保数据的完整性和准确性，还要通过数据的交互和共享，实现数据价值最大化。通过数据闭环，企业可以更好地理解用户需求、优化产品和服务，从而推动创新和增长。

2. 用户闭环

用户是数字经济的重要参与者和价值创造者。闭环思维要求企业形成一个与用户紧密互动的闭合的循环，从用户的反馈和需求中获取洞察，为用户提供个性化的产品和服务，并不断地改进、优化其产品和服务。通过用户闭环，企业可以增强用户黏性、提高用户忠诚度，实现用户价值最大化。

3. 生态闭环

数字经济的发展是生态系统的建设和运营过程。闭环思维要求企业在数字经济生态系统中形成一个闭合的循环，通过合作与共赢，实现资源的优化配置和价值的共同创造。企业需要建立开放的平台和生态合作伙伴关系，促进各方协同和互利共赢。

4. 创新闭环

闭环思维要求企业将创新作为数字经济发展的关键驱动力，通过在创新的全过程中形成一个闭合的循环（包括创新成果的发现、孵化、落地和反馈），实现持续创新。企业需要形成创新的文化和机制，鼓励员工的创新思维和实践，同时保持与市场、用户的紧密连接。

21世纪10年代，零售业正式开启数字化转型，获得了丰厚的收益和资本回报。与此同时，互联网巨头百度、阿里巴巴、腾讯强势崛起。从互联网产业和融合产业的角度来看，流量经济、增量经济对我国的数字经济产生了巨大的影响。我国的数字经济最早可以追溯到20世纪90年代，之后以10年为周期进行换代发展。

进入移动互联网时代，共享经济、网红经济等新模式、新业态不断涌现，今日头条、美团、滴滴异军突起，引起了数字经济供给结构和消费结构的革命性变化。

随着时间的推移，产业互联网逐渐从互联网巨头的业务模式探索正式上升到宏观政策的高度。产业互联网被赋予了促进传统产业和中小型企业数字化转型升级的战略使命，成为推动数字经济发展的重要引擎。

在我国数字经济的发展过程中，数字经济闭环体系在换代发展中逐步构建。技术、产业、商业在一次次的试错中逐步形成自成一体的小闭环，相互交织并支持着数字经济的发展。同时，在相对宽松的制度环境下，各种数据也逐渐形成了与我国数字经济发展相适应的数据闭环。从技术层面来看，我国在5G、云计算、区块链、电子支付等领域达到了国际一流水平。

数字技术为我国数字经济的创新发展提供了系统的技术保障能力。以边缘层、IaaS层等基础设施层的特定技术优势为依托，以 PaaS、SaaS 等平台层和应用层的技术集成创新为手段，我国实现了数字经济的创新发展。

国内一些相对完整的产业链、供应链为数字技术提供了广阔的试验场所和应用空间。通过个性化定制、柔性化生产等模式，数字技术助力将数字经济产业链上下游打造成完整的价值链闭环生态。这种发展模式为数字技术的应用和发展提供了有力的支持。

在走过了消费互联网的红利期后，我国的数字经济迎来了产业互联网的新时代。以闭环思维把握数字经济发展新航向，意味着产业链上下游需要进行紧密的协同和互动，推动数字经济向更高的层次和更广的领域发展。

产业互联网有多大的价值，取决于制度优势和市场优势能够发挥多大的作用。我国要形成产业链的完整闭环，推动数字经济蓬勃发展，打造由我国主导的数字经济发展闭环。

具体而言，逐步健全数字经济的内生动力机制可以从以下 3 个方面入手：一是完善我国数字经济闭环主体结构，二是推进闭环薄弱环节建设，三是提高闭环的韧性和弹性。

首先，完善我国数字经济闭环主体结构，意味着要在整个数字经济生态系统中建立有效的闭环机制。这可以通过促进数字技术与传统产业深度融合，推动数字经济主体多元化发展来实现。有关部门需要出台相关政策，鼓励企业加强技术创新，培育数字经济领域的新兴企业和创业企业，同时提供支持和引导，以推动数字经济主体结构的优化和升级。

其次，推进闭环薄弱环节建设，意味着要加强数字经济发展中的关键环节和基础设施建设。这包括提高网络基础设施的质量和扩大网络基础设施的覆盖范围，健全数据安全保护机制和隐私保护机制，以及加大人才培养和技术研发投入等。加强闭环薄弱环节可以提高数字经济的整体运行效率和安全性，为数字经济的健康发展提供有力支撑。

最后，提高闭环的韧性和弹性，意味着要增强数字经济应对外部冲击和风险的能力。这可以通过建立灵活的政策机制，加强跨部门、跨地区协同合作，增强数字经济闭环体系的抗风险能力和应变能力来实现。同时，加强数字经济领域的国际交流与合作，提升我国数字经济在全球市场中的竞争力，也是提高闭环的韧性和弹性的重要手段。

以上措施可以有效健全数字经济的内生动力机制，推动数字经济的换代发展，实现经济的可持续增长和社会的全面进步，构建数字经济协同治理体系，完善我国数字经济闭环主体结构。

进一步加强政策协同，提高闭环的韧性和弹性，是通过高效运用政策工具包来实现的。从长远来看，我国应该坚持包容审慎和大胆创新的原则，在数字货币、数字税等领域进行全面规划，做好政策储备，致力于构建全球数字经济闭环体系。

我国可以采取综合运用各种长期政策和短期政策的策略，通过制订长期战略规划，明确数字经济发展的目标和路径，包括确定数字经济发展的整体框架、政策纲领和重点领域，以及推动数字技术研发和创新的支持措施。

8.3.3 打造可持续发展的数字化闭环供应链

闭环供应链是指企业从采购到最终销售的完整供应链循环，包括产品回收与生命周期支持的逆向物流。其目的是对物料的流动进行封闭处理，减少污染排放和剩余废物，同时以较低的成本为用户提供服务。闭环供应链除了包括传统供应链的内容，还对可持续发展具有重要意义。随着"智慧+"时代的到来，供应链管理面临新的机遇和挑战。未来，如何利用数字化持续赋能供应链将成为制造业必须直面的时代命题。下面介绍如何从原材料创新研发、智能制造、智慧仓储、大数据、"灯塔工厂"等维度出发，打造可持续发展的数字化闭环供应链。

1. 原材料创新研发

原材料创新研发在过去的十几年内发生了巨大的变化，各大国际原材料供应商与终端品牌开展了紧密的合作。其实，原材料市场离用户很远，用户几乎不关心一双鞋用的是巴斯夫、科思创还是杜邦的原材料。现在，原材料供应商通过与终端品牌开展紧密的合作，以更加贴近用户需求为导向，不断地对自身产品进行更新、迭代和创新。对终端品牌而言，因为采用了原材料供应商的某种核心技术，其产品力、产品价值和品牌价值大大提升。原材料供应商和终端品牌"抱团"的过程，正是全供应链互相赋能的过程。数字化和自动化的研发与生产、ABB 机器人[①]的大量布局进一步加快了原材料供应商以终端品牌需求为导向的产品研发速度；针对原材料智能制造阶段的可追溯、可循环的溯源系统以区块链等技术为底层支撑，其数据在云端存储和共享，实现了原材料生产全流程的数字化、可视化和碳排放数据的透明、公开。原材料创新研发正在重构供应链，以实现原材料供应商与终端品牌紧密合作、彼此拉近、互相促进迭代。

2. 智能制造

智能制造的核心逻辑是精益生产指导思想（也被称为丰田模式），即减少或避免没必要的、没有价值的动作，把所有生产环节打造成一条流畅、有韧性、有柔性的生产链。有了自动化系统的加持，企业可以快速实现经济化生产的目标。

通过各类数字化应用，企业可以增强生产流程的连续性、模块化生产的灵活性、生产环节的可控性、库存动态管理的实时性，以及废水、废气、固体废物回收处理的精确性。同时，数字化闭环供应链生产流程中的每个环节都可以实现成本的透明、公开和数字化云端可视。

3. 智慧仓储

智慧仓储是指在仓储管理业务流程再造基础上，利用信息化技术和先进的管理方法，实现入库、出库、盘库、移库管理的信息自动抓取、自动识别、自动预警和智能管理，以降低仓储成本、提高仓储效率、提升仓储智慧管理能力。在全球各地的工厂中，已经有不少应用无人仓库的案例，它们通过"ERP 终端平台 +MES+5G 大数据"的集合，实现了高效入库、出库和数字化定位、精准存放，以及全流程数字化、可视化呈现和数据库云端同步。

---

① ABB 机器人：由瑞士公司 ABB 开发的工业机器人，该公司是全球领先的工业机器人制造商之一。

4. 大数据

产业运作过程中产生了大量数据。过去，这些数据处于"沉睡"状态，其价值没有得到充分开发。数据是制造业的血液和第一生产力。在工厂生产环节，几乎所有数据都是通过传感器或智能计量仪器从生产一线实时读取的，这些数据的可信度和价值非常高。通过 MES 实时读取、集合在生产流程全链路中产生的大量数据，并将其导入 ERP 终端平台，有助于企业进行很多有用的分析，从而建立各种优化方案模型，为后续不断进行精益化提升夯实基础。此外，大数据既可以引导、帮助智慧工厂持续提高整体运行效率和综合运行效能，也可以有效连接供应链制程中各个场景的硬件设备，有助于初步实现供应链局部的自动化、数字化。

5. "灯塔工厂"

"灯塔工厂"的显著特点是智能化、数字化、自动化等技术的集成与综合运用。其评价标准主要是是否大量采用第四次工业革命的新技术（如自动化、工业互联网、云计算、大数据、5G 等），并综合运用这些新技术实现商业模式、产品研发模式、生产模式、质量管理模式、消费者服务模式等全方位变革，促进效率提高、节能减排和经营优化。

"灯塔工厂"是智能制造和数字化转型的重要发展方向，是科技含量高、创新性强、劳动生产率高、经济效益好和绿色低碳发展的典范。

在"灯塔工厂"中，智能制造技术得到了广泛应用。通过引入先进的自动化系统、机器人技术和人工智能，生产过程变得更加高效、准确、灵活。这种智能化的制造方式不仅提高了生产效率，还减少了人为失误和废品，在很大程度上提高了产品质量。

数字化转型是"灯塔工厂"的另一个重要组成部分。通过将传感器、物联网、大数据分析等技术应用于生产环节，企业能够实时监控和优化生产过程。这种数据驱动的运营模式使企业能够提前发现和解决潜在问题，做出更精确的决策，从而降低成本、提高效率。

"灯塔工厂"不仅关注技术和数字化，还关注环境的可持续发展。通过使用清洁能源、循环利用和减少废物排放等措施，企业能够实现绿色低碳生产，减少对环境的负面影响。这既有助于提升企业形象，也符合社会对可持续发展的要求。

作为智能制造和数字化转型的代名词，"灯塔工厂"代表了工厂未来的发展方向。通过综合运用智能化、数字化、自动化等技术，"灯塔工厂"提高了生产效率和产品质量，实现了经济效益最大化。此外，"灯塔工厂"还实现了绿色低碳生产，为可持续发展做出了积极贡献。

典型案例

安踏：打造数字化消费者全链路营销模型闭环

在数字化时代，安踏以其卓越的表现成功打造了数字化消费者全链路营销模型闭环。

1. 品牌建设与传播

1）线上品牌塑造

安踏通过官方网站、社交媒体、电商平台，积极传播品牌的运动精神和创新理念。安踏的官方网站以时尚的设计和丰富的内容，展示了各类产品和品牌故事，吸引消费者深入了解安踏的品牌文化。

在社交媒体上，安踏通过发布名人代言的广告、运动员训练和比赛的精彩瞬间、消费者的运动故事，激发人们对运动的热爱和对安踏的认同感。例如，安踏邀请知名运动员为品牌代言，并在社交媒体上分享他们的训练心得和比赛经历，吸引了大量粉丝的关注和互动。

2）线下品牌体验

安踏在全国范围内开设了许多线下门店，为消费者提供了优质的购物体验。线下门店充满现代感和运动氛围，展示了安踏的最新产品和科技成果。

安踏经常在线下门店举办各类运动体验活动（如跑步俱乐部、篮球训练营等），方便消费者感受安踏产品的性能和品质，以加强品牌与消费者之间的互动和联系。

2. 产品研发与创新

1）大数据驱动产品研发

安踏利用大数据分析消费者的运动需求和偏好，为产品研发提供有力的支持，通过收集消费者在电商平台中的购物数据、在社交媒体上的反馈和在线下门店的试穿数据，了解消费者对产品的功能、款式、颜色等方面的需求，从而有针对性地研发和改进产品。

例如，安踏基于大数据发现消费者对跑鞋的减震性能和舒适性有较高的要求，便加大了对这方面的研发投入，推出了多款减震效果出色和脚感舒适的跑鞋。

2）持续创新

安踏坚持创新，不断推出具有创新性的产品和技术。例如，安踏研发的 A-FlashFoam 中底具有出色的减震性能和回弹性能，可以为消费者提供更好的运动体验。

此外，安踏还积极与国内外的科研机构、高校合作，共同开展运动科技方面的研发工作，不断提升产品的技术含量和竞争力。

3. 销售与服务

1）全渠道销售

安踏采用线上、线下融合的全渠道销售模式：线上渠道包括安踏的官方商城、电商平台旗舰店、社交媒体购物平台等，消费者可以随时随地购买安踏的产品；线下渠道包括安踏的专卖店、商场专柜、运动超市等，可以为消费者提供更加直观的购物体验和优质的服务。

安踏通过线上、线下融合实现了库存共享、订单同步等功能，提高了销售效率和服务质量。

2）个性化服务

安踏通过大数据分析和人工智能技术，为消费者提供个性化的推荐和服务，如根据消费者的购买历史和浏览记录，向消费者推荐合适的产品和搭配方案。

安踏提供定制服务，消费者可以根据自己的需求和喜好，定制专属的运动装备。此外，安踏还为消费者提供优质的售后服务（如免费维修、退换货等），以增强消费者的购买信心，提高消费者的满意度。

4. 消费者关系管理

1）会员制度

安踏建立了完善的会员制度，为会员提供积分、优惠、专属活动等福利。会员可以通过消费、签到、参与活动等方式积累积分，积分可用于兑换产品或优惠券。

安踏定期向会员发送新品推荐、促销活动等信息，以提高会员对品牌的关注度和忠诚度。同时，安踏通过分析会员数据，了解会员的需求和偏好，为会员提供更加个性化的服务和体验。

2）消费者反馈与沟通

安踏重视消费者反馈，通过官方网站、电商平台、社交媒体等渠道收集消费者的意见和建议。消费者可以通过在线客服、投诉热线、邮件等与安踏沟通，安踏会及时回复消费者的问题和建议，并根据消费者反馈进行产品改进和服务优化。

此外，安踏还通过举办消费者调研活动、座谈会等方式，与消费者进行面对面的沟通和交流，深入了解消费者的需求和期望，从而为品牌的发展提供有力的支持。

总之，安踏通过品牌建设与传播、产品研发与创新、销售与服务、消费者关系管理等方面的努力，成功打造了数字化消费者全链路营销模型闭环。未来，安踏将不断创新和优化营销策略，为消费者提供更加优质的产品和服务，并推动我国体育产业的发展。

拓展阅读

在演变过程中，数字零售和电商从最初的1.0模式逐步发展为目前的3.0模式。

1.0模式：在起步阶段，数字零售和电商侧重在线销售与交易。1.0模式的关键特点是线上店出现，用户可以通过网站浏览和购买产品。1.0模式注重电商平台的搭建和在线支付的实现，通过线上购物实现线上交易。

2.0模式：在1.0模式的基础上，数字零售和电商逐渐向多渠道发展，整合线上渠道和线下渠道。2.0模式的关键特点是实体零售商开始进入电商领域、建立线上销售渠道，以及跨境电商和移动电商的兴起。用户可以通过多种渠道购物，包括网站、移动应用和实体店。

3.0模式：主要基于数据驱动和个性化服务，以下是3.0模式的4个关键特点。

（1）利用大数据和人工智能技术：3.0模式强调利用大数据和人工智能技术来分析用户的购买行为和偏好。通过数据分析，零售商可以更好地了解用户，并为用户提供个性化推荐和定制化购物体验。

（2）跨界融合：在3.0模式中，数字零售与其他行业的融合更加紧密。例如，零售商与科技公司、物流公司、金融机构等合作，提供全方位服务。跨界融合有助于零售商提供更多的增值服务，提升用户的购物体验。

（3）社交化购物：社交媒体和社交网络在3.0模式中发挥着非常重要的作用。零售商可以通过社交媒体树立品牌形象、与用户互动，并进行社交化的购物推广。用户可以通过社交媒体分享购物体验和产品评价，这样有利于形成社交化的购物环境。

（4）无所不在的购物体验：在3.0模式中，购物体验不再局限于特定的时间和场所，用户可以通过多种设备（如智能手机、智能音箱等）随时随地进行购物。

职业技能训练

一、判断题

（1）在起步阶段，数字零售和电商侧重在线销售与交易。1.0模式的关键特点是线上店出现，用户可以通过网站浏览和购买产品。（   ）

（2）数字零售和电商的3.0模式主要基于数据驱动和同质化服务。（   ）

（3）传统渠道是"F2B+B2b+b2C"三级交易。（   ）

（4）数字化小闭环有3个重点：一是产品画像与用户画像的数字化匹配，二是短路径运营，三是用户直达。（   ）

二、单项选择题

（1）"快时尚"的4个关键词是（   ）。

  A．款多、量少、快速、低价　　　　　　B．廉价、量少、快速、质高

  C．款多、量少、快速、质高　　　　　　D．款多、量少、快速、廉价

（2）产品研发和用户运营分别需要（   ）。

A．借助产品画像精准研发产品，借助用户画像精准匹配用户

B．借助用户画像精准匹配产品，借助用户画像精准研发产品

C．借助产品画像精准匹配用户，借助产品画像精准研发产品

D．借助用户画像精准研发产品，借助产品画像精准匹配用户

参考文献

［1］刘春雄. 新营销3.0：bC一体数字化转型[M]. 北京：人民邮电出版社，2022.

［2］刘春雄，公方刚，牛恩坤，等. 新营销2.0：从深度分销到立体连接[M]. 沈阳：沈阳出版社，2021.

［3］吴长军. 数字赋能中小企业高质量发展[J]. 金融博览，2022（9）：36-38.

［4］陈琳莉，陈映川，敬军. AI+云数字化为合作伙伴渠道智慧运营注入新动能[J]. 通信与信息技术，2023（1）：109-113.

反侵权盗版声明

电子工业出版社依法对本作品享有专有出版权。任何未经权利人书面许可，复制、销售或通过信息网络传播本作品的行为；歪曲、篡改、剽窃本作品的行为，均违反《中华人民共和国著作权法》，其行为人应承担相应的民事责任和行政责任，构成犯罪的，将被依法追究刑事责任。

为了维护市场秩序，保护权利人的合法权益，我社将依法查处和打击侵权盗版的单位和个人。欢迎社会各界人士积极举报侵权盗版行为，本社将奖励举报有功人员，并保证举报人的信息不被泄露。

举报电话：（010）88254396；（010）88258888
传　　真：（010）88254397
E-mail： dbqq@phei.com.cn
通信地址：北京市海淀区万寿路173信箱
　　　　　电子工业出版社总编办公室
邮　　编：100036